数智化时代会计专业

融合创新系列教材

财务大数据分析与可视化

基于Power BI案例应用

第2版·微课版

顾瑞鹏　汪　刚◎主　编

丁　俊　刘　蕾◎副主编

温贻芳◎主　审

人民邮电出版社

北京

图书在版编目（CIP）数据

财务大数据分析与可视化 ： 基于 Power BI 案例应用 ： 微课版 / 顾瑞鹏， 汪刚主编. -- 2 版. -- 北京 ： 人民邮电出版社， 2024. -- （数智化时代会计专业融合创新系列教材）. -- ISBN 978-7-115-65841-8

Ⅰ. F231.2-39

中国国家版本馆 CIP 数据核字第 2025W0G551 号

内 容 提 要

随着我国信息化进程的不断加速及大数据和人工智能技术的不断发展，财务人员需要全面深入地分析财务数据和业务数据，帮助企业预测和防范经营过程中可能遇到的风险。本书以 Power BI 为数据分析工具，重点介绍了商业智能的相关知识，以及利用 Power BI 获取数据、整理数据，并对数据建模，进而实现财务大数据分析和可视化的内容。本书最后还提供了一个白色家电行业 3 家上市公司的财务分析案例和一个虚拟企业的经营分析案例，这些典型案例能够帮助读者进一步加深理解，学以致用。

本书内容新颖，强调数据思维训练，难度适宜，教学资源丰富，适用于应用型本科院校和高等职业院校会计类专业相关课程的教学，对希望了解财务大数据分析和可视化知识的从业人员也是一本通俗易懂的参考书。

◆ 主　　编　顾瑞鹏　汪　刚
　副 主 编　丁　俊　刘　蕾
　责任编辑　崔　伟
　责任印制　王　郁　彭志环

◆ 人民邮电出版社出版发行　　北京市丰台区成寿寺路 11 号
　邮编　100164　　电子邮件　315@ptpress.com.cn
　网址　https://www.ptpress.com.cn
　北京鑫丰华彩印有限公司印刷

◆ 开本：787×1092　1/16
　印张：14　　2024 年 12 月第 2 版
　字数：366 千字　　2025 年 6 月北京第 2 次印刷

定价：56.00 元

读者服务热线：(010)81055256　印装质量热线：(010)81055316
反盗版热线：(010)81055315

前　言

党的二十大报告指出，高质量发展是全面建设社会主义现代化国家的首要任务。目前，经济社会数字化转型深入推进，数字经济发展高歌猛进，为新时期会计信息化工作带来新的机遇，同时也带来了前所未有的挑战。会计工作是宏观经济管理和市场资源配置的基础性工作。加强会计信息化建设，加快会计工作数字化转型，方能有效支撑数字经济的高质量发展。加强会计信息化建设首次在2024年被写入《中华人民共和国会计法》（以下简称《会计法》），为推动会计数字化转型提供了法治保障，有助于推动会计工作更好地服务数字经济的高质量发展。

数据驱动决策

近年来，随着数字化技术的发展，以移动互联网、云计算、大数据、人工智能、物联网、区块链为代表的新兴技术，对会计信息化工作的变革驱动更为显著。为贯彻落实《会计法》的有关要求，规范数字经济环境下的会计工作，推动会计信息化健康发展，财政部印发了新的《会计信息化工作规范》。其中指出：鼓励单位运用各类信息技术开展会计数据治理，探索形成可扩展、可聚合、可比对的会计数据要素，丰富数据应用场景，服务价值创造。

数字化转型的本质是数据驱动决策。在当今的商业环境中，数据驱动决策的重要性日益凸显。特别是在财务领域，运用数据可视化技术将大量抽象的财务数据转化为直观的图表，不仅提高了信息传递的效率，也让财务人员能够更迅速地捕捉到关键信息。通过这种可视化方式，财务团队可以更深入地进行数据分析与挖掘，揭示数据背后的规律和趋势，从而为企业的战略规划和日常运营提供科学的决策依据。这种以数据为核心的决策模式，不仅优化了资源配置，还显著提升了企业的风险防控能力。

本书读者对象

本书作为“财务大数据分析”课程的入门级教材，主要面向应用型本科院校和高等职业院校的学生，以及对Power BI感兴趣的企事业单位人员，旨在帮助读者了解商业智能的基本原理，并掌握Power BI这种自助式智能分析工具的一般应用。

本书特色

1. 知识讲授与价值引领融合，彰显时代精神

本书每个项目都设置了“时代新知”栏目，其中不仅包含了对最新法律法规及行业政策的深入解读，还涵盖了前沿科技的探索与应用。这些内容紧跟时代脉搏，涉及人工智能、大数据、云计算等领域的最新发展，通过对这些尖端科技的深入探讨，读者能够更好地理解科技与社会的互动关系，同时提升合规意识和数字素养，增强解决实际问题的能力。

2. 产教融合，校企合作“双元”开发

本书由苏州市职业大学、北京信息科技大学、石家庄信息工程职业学院3所院校联合北京融智国创科技有限公司、江苏正金会计股份有限公司共同编写。编写团队在大量的企业调研和深入分析院校人才培养需求的基础上，紧密结合企业财务数字化转型的实施路径，确保教学内容契合职业岗位需求。

3. 结构完整，强调案例式教学

本书共分8个项目，各个项目的内容介绍如下。

项目一：讲述商业智能的基本原理、数据类型、财务大数据的界定、常见数据分析模型和数据分析方法、可视化技术基础等内容。

项目二：介绍Power BI的基础知识、应用模式、系列组件、安装与账号注册、应用界面等相关内容。

项目三：以一家烘焙连锁企业为例带领读者快速体验Power BI数据分析与可视化的基本流程。

项目四至项目六：详细介绍Power BI从数据获取、数据整理、数据建模到数据可视化的应用流程。

项目七：以白色家电行业的3家上市公司（格力电器、美的集团、海信家电）为例介绍其财务数据的智能分析与可视化过程（财务分析案例）。本案例所设计的财务分析模型可对任何一家上市公司复用。

项目八：以某滑雪品牌连锁店为例介绍其业务数据的智能分析与可视化过程（经营分析案例），其中运用了大量分析模型，如帕累托模型、会员画像模型、波士顿矩阵模型等。

4. 四维分析模型，提升数据思维能力

本书项目七和项目八的综合应用案例采用四维分析模型完成，如下所示。

此模型能快速且清晰地确定数据分析人员的分析思路：使用什么度量值进行分析（如资产负债率），从哪些维度进行分析（如公司、年度），用什么分析方法进行分析（如对比分析、趋势分析），用什么图表进行展示（如折线图、柱形图），最后对展示的数据进行解读，并给出决策建议。

5. “项目任务式”编写体例，突出OBE理念

本书按照一般认知规律，共设计五大模块，方便读者学习。

模块	作用
学习目标	明确读者学完每个项目后应具备的知识目标、能力目标和素养目标
项目导图	本项目学习内容的思维导图
情境案例	每个项目都设计一个情境案例。这些案例是与本项目内容相关的实际案例，或者是本项目任务中用到的模拟案例
项目学习	将每个项目拆分成不同的任务，逐一介绍每个任务完成的操作过程
巩固提高	读者通过5种题型（单选、多选、判断、思考、实训）的训练，不仅能进一步消化、理解所学的理论知识，而且能够提升实际操作能力

本书教学资源

本书配套了8种教学资源，方便教师无障碍教学。用书教师登录人邮教育社区（www.ryjiaoyu.com）即可检索获取。

序号	资源种类	格式	数量
1	教学大纲	Word	1份
2	教案	Word	1份
3	思政教学设计参考	Word	1份
4	习题答案	PDF	1份
5	教学课件	PPT	8份
6	微课视频	MP4	若干
7	案例数据	Excel、文本、CSV、MDB、PBIX等	若干
8	上市公司财务报表数据（含各种财务分析指标）	Excel	沪深两市5 000家以上

说明

本书提供了配套的学习通教学资源，用书教师可发邮件至cuiwei@ptpress.com.cn申请。

本书编写团队

本书由苏州市职业大学顾瑞鹏教授、北京信息科技大学汪刚副教授担任主编，苏州市职业大学丁俊教授、石家庄信息工程职业学院刘蕾副教授担任副主编，江苏正金会计股份有限公司董事长朱今明先生参与编写。苏州市职业大学党委书记温贻芳教授担任本书主审，并从职业教育的产教融合、项目化开发及教学资源的整体设计等方面提供了宝贵的指导意见。北京融智国创科技有限公司副总裁陆家寅先生为本书开发了配套的教务管理平台。

致谢

感谢人民邮电出版社的编辑对本书出版的大力支持。

限于编者水平，书中难免有疏漏或不足，恳请广大读者给予批评指正，以便再版时完善和修订。

编者

2024年9月

目　录

项目一

商业智能基础

学习目标

【知识目标】

✧ 能够准确描述商业智能的含义、系统构架及价值。

✧ 能够准确表述选择可视化图表类型应考虑的因素，掌握数据的分类方法。

✧ 能够精准阐述常见数据分析模型，重点理解SWOT分析模型、PEST模型、RFM模型和5W2H模型。

✧ 能够准确表述常用数据分析方法。

【能力目标】

✧ 能够结合不同的商业智能应用案例，分析其应用价值。

【素养目标】

✧ 培养数据驱动决策意识，尊重数据的真实性和客观性，避免主观臆断和偏见。

✧ 能够将商业智能与其他相关学科（如市场营销、财务管理等）的知识进行整合，提升综合应用能力。

✧ 在数据分析和商业智能应用中遵守商业伦理和道德，避免滥用数据。

项目导图

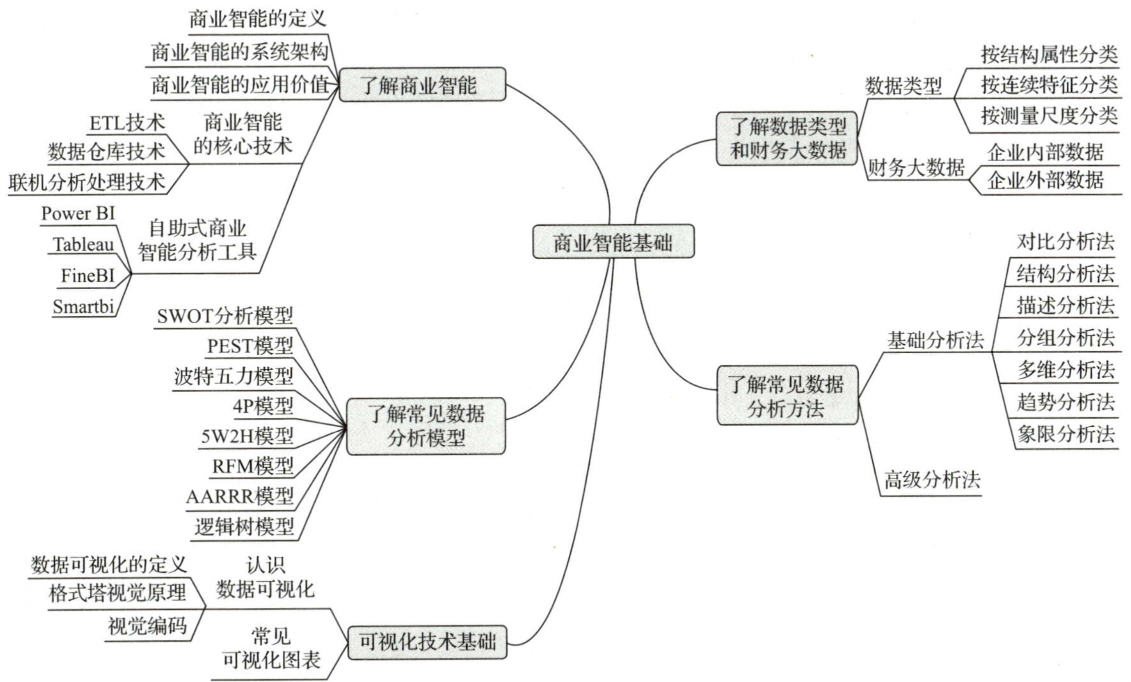

情境案例

微课 1-0

中国民生银行（以下简称“民生银行”）于1996年1月12日在北京正式成立，是一家主要由民营企业发起设立的全国性股份制商业银行。2023年，中国民生银行位居英国《银行家》“全球银行1 000强”第22位，美国《财富》“世界500强企业”第329位；中国银行业协会“中国银行业100强”第11位，全国工商联“中国民营企业500强”第54位。

近年来，随着信息技术的发展，企业内部积累了大量的数据。面对日益激烈的竞争环境，各级决策者更加注重对海量数据的分析利用。

2002年，民生银行开始信息科技建设，把离散在各个核心系统的数据进行统一的加工整合，形成可以看到全貌数据的数据仓库平台。2015年前后，“阿拉丁”平台诞生，它是一个开放、自由、可扩展、面向一线业务人员的云平台，可以容纳很多应用产品、开发工具、报表工具、数据挖掘分析和数据探索工具。从数据层面看，“阿拉丁”后台整合了大量不同的数据源，包括结构化和非结构化的，甚至实时的流动数据等。基于平台功能和海量数据，一线人员可以衍生出大量切合分行一线业务需求的应用，支持其做相关的工作，如客户管理、舆情管理、精准营销等。“阿拉丁”平台上线以来，分行业务人员基于此平台进行了很多有价值的探索与应用，如潜在高价值客户挖掘、ATM机合理布局、工资卡客户挖掘、基于地理信息的客户精准营销等。

下面我们来看一下工资卡客户挖掘这个应用案例。

民生银行各分行的一线业务人员每天会看到大量的客户转账记录，之前并没有人关注这些信息。“阿拉丁”平台上线后，一线业务人员通过Smartbi分析工具将转账交易情况做了一个简单的归类，发现有些客户存在一个很有意思的情况，就是每个月定期往其他银行账号上转钱，而且转账金额基本差不多。经过抽样了解发现，这些客户都是中小企业的会计，他们每月定期通过民生银行给自己的员工发工资。业务人员通过数据分析和挖掘，积极开展精准营销，为银行带来了大量工资卡客户。这些都是业务人员通过开放的“阿拉丁”平台接触到数据之后，利用自身的业务经验，再结合数据工具创造出的价值。

目前，“阿拉丁”平台已经为民生银行培养了近千人规模的数据分析挖掘团队，使得更多一线业务人员贡献业务经验，形成了更大的数据分析产品群落，最终获得效益的提升。

案例来源：中国民生银行和Smartbi官方网站。

项目学习

任务一　了解商业智能

在信息化飞速发展的今天，企业内外部的各类信息系统都积累了大量的数据。这些数据是企业的重要资产，其中蕴含了许多有价值的信息。如何从数据中充分挖掘有价值的信息，提高决策水平，满足不同层次、不同部门和行业应用的需求，已经成为各类组织关注的焦点。商业智能（Business Intelligence，BI）可以把各种数据及时转换为有价值的信息，帮助决策者做出正确的决策。

子任务一　商业智能的定义

微课 1-1-1

从20世纪90年代开始，商业智能已经被众多企业广泛关注。商业智能的概念最早由高德纳咨询公司的分析师霍华德·德雷斯纳（Howard Dresner）于1996年提出，他认为商业智能描述了一系列的概念和方法，可以应用基于数据的分析系统辅助商业决策的制定。商业智能技术为企业提供了迅速收集、分析数据的方法，可以把这些数据转化为有用的信息，提高企业决策的质量。

微软公司认为：商业智能是指任何尝试获取、分析企业数据，以便更清楚地了解市场和客户，改进企业流程，更有效地参与竞争的过程。商业智能是下列软件工具的集合：终端客户查询和报告工具、在线分析处理工具、数据挖掘软件、数据集市、数据仓库（Data Warehouse，DW）产品和主管信息系统。

甲骨文公司认为：商业智能是一种商务战略，能够持续不断地对企业的经营理念、组织结构和业务流程进行重组，实现以客户为中心的自动化管理。

SAP公司认为：商业智能是指收集、存储、分析和访问数据，以帮助企业更好地做出决策的技术。

IBM公司认为：商业智能是一系列技术支持的简化信息收集、分析过程的策略集合。

帆软公司认为：商业智能是利用数据仓库、数据可视化与分析技术，将指定的数据转化为信息和知识的解决方案，其价值体现为满足企业不同人群对数据查询、分析和探索的需求，使企业实现对业务的监测和洞察，从而支撑企业管理决策，提升企业管理水平，提高企业业务运营效率。

从以上观点可以看出，商业智能是融合了先进信息技术与创新管理理念的结合体，集成了企业内外的数据，加工处理并从中提取能够创造商业价值的信息和知识，面向企业战略并服务于管理层、业务层，指导企业经营决策，提升企业竞争力。

各界对商业智能的定义都倾向于从技术、应用的角度，更多的是从商业智能的过程去描述并理解商业智能。所以，商业智能不仅是指一套技术，更是一套完整的解决方案，商业智能的本质就是数据智能。

子任务二　商业智能的系统架构

微课 1-1-2

商业智能需要将企业积累的大量数据处理成信息，再转化为知识，最后通过可视化方式将信息和知识展现给企业相关人员，便于企业进行商务决策。一个完整的商业智能系统架构体系包括数据获取层、数据管理层、数据分析层和数据展示层，如图1-1所示。

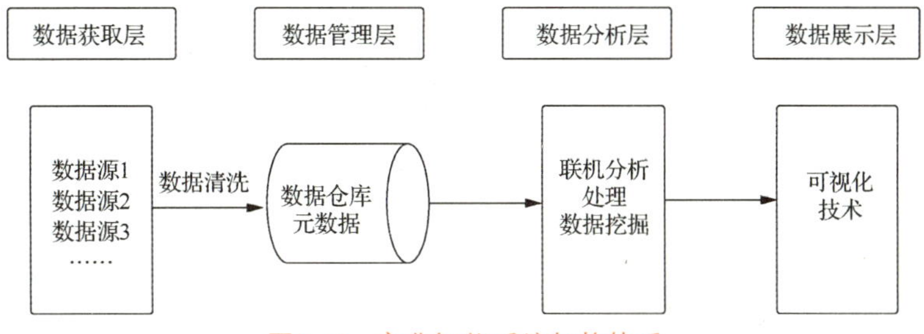

图1–1　商业智能系统架构体系

1. 数据获取层

商业智能的基础是数据。获取什么样的数据及如何获取数据，是商业智能系统数据获取层的主要工作内容。

从数据来源看，数据获取层中的数据通常包括企业内部的数据和企业外部的数据。企业内部的数据包括来自财务系统、采购系统、销售系统、生产系统等ERP系统的数据，以及办公自动化系统（OA）的数据。企业外部的数据包括政策数据、市场数据、行业数据、竞争对手的数据、各类统计数据等。

从数据存储结构上看，数据获取层中的数据分为结构化数据和非结构化数据两种。结构化数据主要是以二维表格形式存储的数据。非结构化数据主要包括所有格式的办公文档、文本、图片、音频和视频文件等。

从数据存储形式上看，数据获取层中的数据包括.xlsx文件、.txt文件、.csv文件和各类数据库文件等。目前的商业智能系统都能直接读取并连接各种类型的结构化数据。

商业智能系统获取数据后，还要经过数据清洗操作。数据清洗是商业智能分析过程中重要的一个环节。

2. 数据管理层

数据管理层主要通过数据仓库和元数据（Metadata）管理方式实现对数据的管理。

经过ETL处理的数据被加载到数据仓库中。数据仓库是面向主题的，其中的数据按照一定的主题域进行组织。主题是指客户使用数据仓库进行决策时所关心的重要方面。一个主题通常与多个操作型信息系统相关。数据仓库是集成的，有些数据来自分散的操作型数据，系统需要将这些数据从原来的数据中抽取出来，进行加工与集成，然后才能进入数据仓库。数据仓库中的数据是在对原有分散的数据进行抽取、清理的基础上，经过系统加工、汇总和整理得到的。数据分析人员必须消除元数据中的不一致性，以保证数据仓库内的信息是关于整个企业的一致的全局信息。数据仓库的数据主要供企业决策分析之用，所涉及的数据操作主要是数据查询，一旦某个数据进入数据仓库以后，一般情况下都将被长期保留。也就是说，数据仓库中一般有大量的查询操作，但修改和删除操作很少，通常只需要定期加载、刷新即可。数据仓库中的数据通常包含历史信息，系统记录了企业从过去某一时点（如开始应用数据仓库的时点）到当前各个阶段的信息。通过这些信息，管理人员可以对企业的发展历程和未来趋势做出定量分析和预测。

为了便于管理数据仓库中的数据，我们引入了元数据的概念。元数据是指在数据仓库建设过程中所产生的与数据源定义、目标定义和转换规则等相关的关键数据。同时，元数据还包含关于数据含义的商业信息，所有这些信息都应当妥善保存，并很好地管理，为数据仓库的发展和使用提供方便。

3. 数据分析层

数据分析层主要包括联机分析处理（Online Analytical Processing，OLAP）和数据挖掘（Data Mining，DM）两种分析工具。联机分析处理与数据挖掘是相辅相成的，它们都是进行决策分析不可缺少的工具。

联机分析处理是以海量数据为基础的复杂分析技术。它支持各级管理决策人员从不同的角度、快速灵活地对数据仓库中的数据进行复杂查询和多维分析处理，并且能以直观易懂的形式将查询和分析结果展现给决策人员。联机分析处理使用的逻辑数据模型为多维数据模型。数据挖掘是从海量数据中提取隐含在其中的、人们事先不知道但又可能有用的信息和知识的过程。数据挖掘的数据有多种来源，包括数据仓库、数据库或其他数据源。

从上述定义可以看出，联机分析处理是验证型分析工具，而数据挖掘是预测型分析工具。

4. 数据展示层

数据展示层主要是通过可视化技术将分析内容以各种图表的方式展示出来，供企业决策人员、管理人员、分析人员、业务人员等相关人员进行洞察和决策。可视化技术是以图像处理技术为基础，将数据转换为图形或图像形式，显示到屏幕上，并进行交互处理的理论方法和技术。它涉及计算机视觉图像处理、计算机辅助设计、计算机图形学等多个领域，并逐渐成为一种研究数据表示、数据综合处理、决策分析等一系列问题的综合技术。企业数据分析的内容包括利润分析、收入分析、成本分析、资产分析、运营分析、投融资分析等，需要展示哪些指标和内容，与企业战略、经营管理需要有密切关系。

子任务三　商业智能的应用价值

商业智能可以帮助管理者减少收集、处理信息的时间，把更多精力用于决策上。商业智能的应用价值主要体现在以下几个方面。

1. 增强业务洞察能力

商业智能可以加速决策过程，使正确的信息于正确的时间在信息系统中流向各类相关人员。管理者通过监控关键绩效指标（Key Performance Indicator，KPI），可以掌控业务执行的状况，以便及时调整策略。例如，管理者通过KPI监控销售人员最新的销售信息、任务额信息和任务完成度信息，可随时掌握企业的营收完成情况。

微课 1-1-3

2. 优化企业营销策略

企业通过构建商业智能分析模型，可以深入挖掘消费者行为，从而制定适当的营销策略。“啤酒和尿布”的故事，就是著名的零售企业沃尔玛通过商业智能分析发现了尿布销售额和啤酒销售额具有一定的相关性，于是管理层做出决策，将尿布和啤酒这两种看上去不相关的商品摆放在一起销售，从而提高企业的销售业绩。

小知识

“啤酒和尿布”的故事

沃尔玛的数据仓库中存储了各门店的详细原始交易数据。为了能够准确了解客户在各门店的购买习惯，沃尔玛在这些原始交易数据的基础上，利用数据挖掘技术对这些数据进行分析和挖掘。一个意外的发现是：跟尿布一起购买最多的商品竟是啤酒！经过大量实际调查和分析，揭示了美国人隐藏在“啤酒与尿布”背后的一种行为模式：在美国，一些年轻的爸爸下班后经常要到超市购买婴儿尿布，而他们中有30%～40%的人同时也会为自己买一些啤酒。产生这一现象的原因是：妈妈们常叮嘱她们的丈夫下班后为小孩买尿布，而丈夫们在买尿布后又随手带回了他们喜欢的啤酒。

这就是著名的“啤酒和尿布”的故事。沃尔玛正是根据这一发现，及时调整营销策略，在尿布旁边摆放啤酒，从而大大增加了两种商品的销售收入。

3. 提高市场响应能力

企业借助商业智能的大数据整合能力，将行业信息、政策法规等信息融入商业智能系统，通过适当的模型以预测市场变化，精简流程，确定需要改进的环节，从而适应外部环境的变动。

4. 加强风险管理能力

企业可通过商业智能风险预警模型，发现企业存在的潜在风险，如经营风险、财务风险、纳税风险等。当出现这些风险预警时，企业可随时调整其经营策略来应对、规避、降低各类风险。例如，就贷款业务而言，银行可以应用数据挖掘技术对客户进行信用分析，发现其中的欺诈行为特征，作为有效的预警机制，为银行减少损失。

5. 改善客户关系管理

很多企业正在逐渐由“以产品为中心”转化为“以客户为中心”。企业应用商业智能中的在线分析处理和数据挖掘等技术，对客户的交易记录等相关资料进行处理与挖掘，并对客户行为进行分类，然后针对不同类型的客户制订相应的服务策略。这类应用就叫作“客户智能”。电信企业利用分析模型对客户行为、信用度等进行评估，对不同类型的客户提供有针对性的服务，从而提高客户的满意度和忠诚度。

子任务四　商业智能的核心技术

微课 1-1-4

商业智能以大数据为基础，对这些数据进行ETL处理后，将其按一定方式存储在数据仓库中，再经过联机分析处理，从中挖掘出数据的价值。商业智能的核心技术包括以下3种。

1. ETL技术

ETL是将业务系统的数据经过抽取（Extract）、转换（Transform）之后加载（Load）到数据仓库的过程，目的是将企业中分散、零乱、标准不统一的数据整合到一起，为企业的决策提供分析依据。ETL是商业智能中的一个重要环节。ETL的过程如图1-2所示。

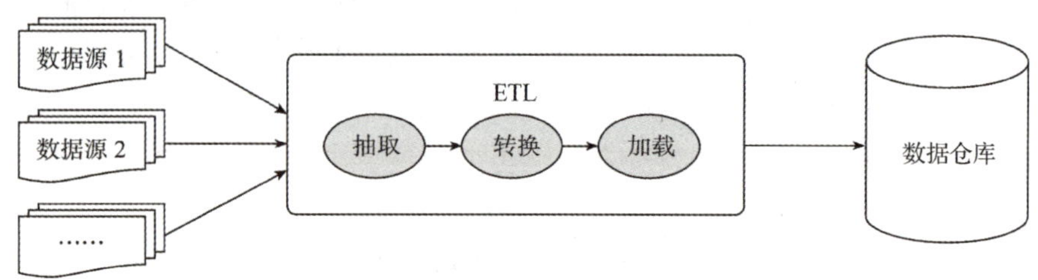

图1-2　ETL的过程

（1）数据抽取。数据仓库中的数据是面向主题的，分析人员在将源数据导入数据仓库之前，需要识别出与分析决策相关的数据。抽取过程通常考虑以下几个方面：①确定源数据及其含义；②进行数据抽取，确定访问哪些数据库、文件和表；③确定抽取频率；④确定抽取数据保存的位置；⑤无法抽取时的异常处理。

（2）数据转换。数据转换就是将抽取的数据变成数据分析所需要的、完整的、准确的目标数据，主要包括数据清洗、格式转换、汇总计算等。数据清洗将从数据的准确性、完整性、一致性、唯一性、有效性几个方面来处理数据的缺失值、错误值、重复值、不一致等问题。

① 缺失值的处理方法。这里的缺失值是指数据不完整。大多数情况下，缺失值必须手工补充填入（即手工清理）并与数据提供方进行确认。当无法得到数据提供方确认时，某些缺失值可以从本数据源或其他数据源推导出来，这就可以用平均值、最大值、最小值或更为复杂的概率估计代替缺失的值。如果缺失值很少且不影响数据分析，也可将缺失值记录直接删除。

② 错误值的处理方法。错误值的产生大多是由于业务系统不够健全，在接收并输入数据后，没有进行判断直接写入后台数据库造成的，如字符串包含若干空格、日期格式不正确、日期越界等。产生错误值时，可以人工修改或用统计分析的方法识别可能的错误值或异常值，从而将其加以修正。

③ 重复值的处理方法。数据库中属性值相同的记录被认为是重复记录。重复的记录只保留一条即可，其余的记录可删除。

④ 不一致性数据的处理方法。从多个数据源集成的数据可能存在语义冲突，如性别字段中的“男性”，有的表中表示为“1”，有的表中表示为“男”。当数据出现不一致时，可定义完整性约束条件来检测不一致性，也可通过分析数据发现联系，从而使数据保持一致。

（3）数据加载。数据加载是将清洗和转换后的、符合数据分析要求的数据加载到数据仓库中。加载方式包括直接追加和全面覆盖两种。

2. 数据仓库技术

数据仓库是一个面向主题的、集成的、相对稳定的、反映历史变化的数据集合，用于支持管理决策。数据仓库模型主要包括概念模型、逻辑模型和物理模型。概念模型通过主题来表达，用维和度量表示。逻辑模型也叫关系模型，用于确定关系模式的定义，如数据分割策略。物理模型是逻辑模型在数据仓库中的实现，如数据索引策略、数据的存储策略及存储优化分配等。下面重点介绍逻辑模型。

逻辑模型一般有两种，即星形模型和雪花模型。

（1）星形模型。星形模型由事实表和维度表组成，事实表可连接多种维度表，维度表只有一层。维度表和事实表必须有能够关联的字段。某公司采购业务数据的星形模型如图1-3所示。其中，采购订单表是事实表，包含企业实际发生的全部采购订单数据，通常记录数很多；而日期表、商品表、物流表、供应商表等都是维度表，其中的数据作为分析的维度，数据量较少。

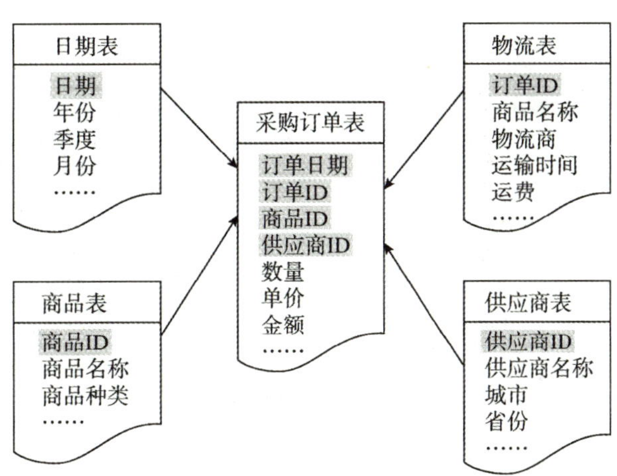

图1-3　某公司采购业务数据的星形模型

（2）雪花模型。雪花模型是星形模型的扩展，在事实表的外部有多层维度表。例如，将供应商表中的城市和省份字段拆分出来放入地区表中，再将地区表作为供应商表的维度表，这样做可以减少数据冗余。

在数据联机分析处理中，大多使用星形模型。

3. 联机分析处理技术

联机分析处理技术是使用最广的数据分析技术，它通过对数据仓库的多维分析，可以快速实现洞察并发现问题。联机分析处理中最主要的操作结构是数据立方体，它是一种支持快速数据分析的多维数据结构（实际的或虚拟的），能够进行多维度、高效率的操作和数据分析，如图1-4所示。分析人员通过改变数据位置和定义，可以在整个数据库中进行导航，并能提取数据的一个特定子集。常见的OLAP操作包括切片（Slice）、切块（Dice）、钻取（Drill-down）、上卷（Roll-up）和旋转（Pivot）等。

（1）切片操作是选择特定的维度值进行分析。例如，只选择东北地区的销售数据，或者只查看2024年度的销售数据，如图1-5所示。

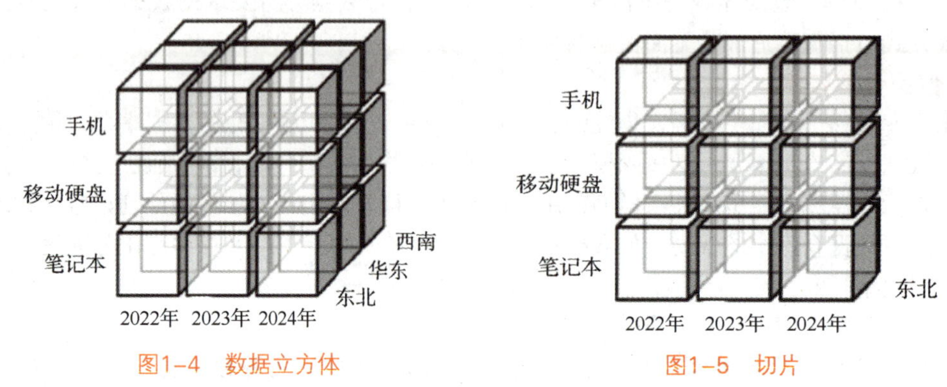

图1-4 数据立方体　　图1-5 切片

（2）切块操作是选择维度中特定区间的数据或某批特定值进行分析。例如，选择2023—2024年的销售数据，如图1-6所示。

（3）钻取操作是在维度的不同层次间的变化，如从上层维度降到下层维度，或者将汇总数据拆分为更详细的数据。例如，对手机维度向下钻取，得到的数据立方体如图1-7所示。

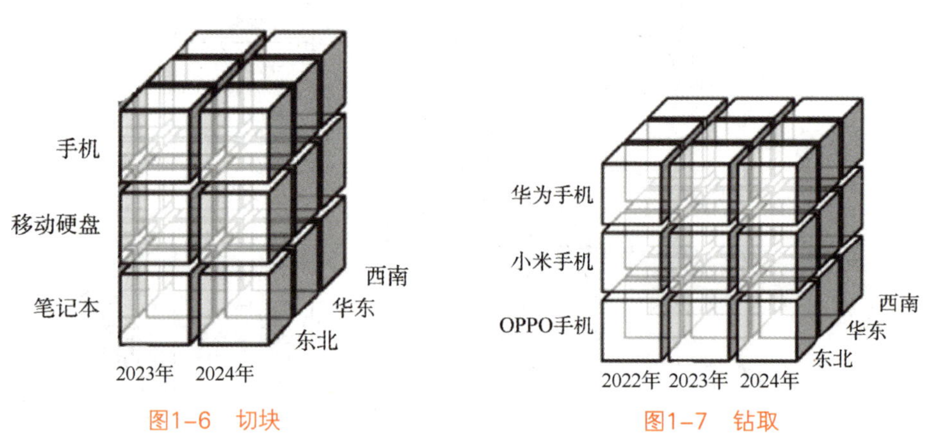

图1-6 切块　　图1-7 钻取

（4）上卷操作是钻取的逆操作，即从低层维度向高层维度聚合。例如，将华为手机、小米手机和OPPO手机向上汇总。

（5）旋转即维度位置互换，类似二维表的行列转换。例如，将年份维度和地区维度互换，如图1-8所示。

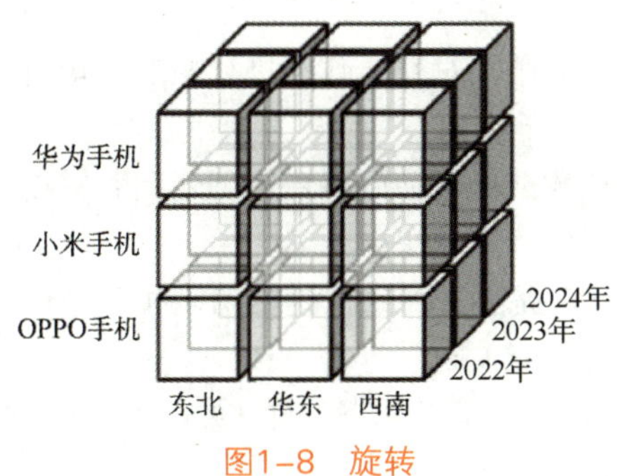

图1-8　旋转

子任务五　自助式商业智能分析工具

自助式商业智能分析工具不再只面向IT部门的技术人员，而是面向更多不具备IT背景的业务、财务分析人员。与传统商业智能分析工具相比，自助式商业智能分析工具更灵活，并且更易于使用。下面介绍几种自助式商业智能分析工具。

微课 1-1-5

1. Power BI

Power BI是微软官方推出的可视化数据探索和交互式报告工具。Power BI能让静态数据转化为动态报表，是一个让非专业数据分析人员也可以有效整合企业数据，并快速准确地提供商业智能分析的数据可视化“神器”。

Power BI应用包括Windows桌面应用程序（Power BI Desktop）、云端在线服务（Power BI Online-Service）和移动端应用（Power BI Mobile）。

2. Tableau

Tableau是一个可视化分析平台，它改变了使用数据解决问题的方式，使个人和组织能够充分利用自己的数据。作为现代商业智能市场的领先产品，Tableau使人们能够更加轻松地探索和管理数据，更快地发现和共享各种有价值的见解。

Tableau是斯坦福大学一个计算机科学项目的成果。该项目旨在改善分析流程，并让人们能够通过可视化技术更轻松地使用数据。自成立以来，Tableau公司一直不断进行研发投资，开发各种解决方案来帮助所有需要使用数据的人更快地找到答案，发现意想不到的见解。Tableau在2019年被Salesforce收购，但其使命不变：帮助人们查看并理解自己的数据。

Tableau以其简单易用、极速高效、视图美观、轻松实现数据融合等优势，帮助人们使用数据推动变革，其家族产品包括Tableau Desktop、Tableau Server、Tableau Online、Tableau Public和Tableau Reader。

3. FineBI

FineBI是帆软软件有限公司推出的一款商业智能产品。业务人员使用该产品可以自主分析企业的信息化数据，帮助企业发现并解决存在的问题，协助企业及时调整策略，做出更好的决策，增强企业的可持续竞争力。FineBI定位于自助式大数据分析工具，能够帮助企业的业务人员和数据分析师开展以问题为导向的探索式分析。

FineBI产品的优势是：业务人员和数据分析师可以自主制作仪表板，进行探索分析。数据取自业务，并应用于业务，让需要分析数据的人可以自主处理、分析数据。

FineBI的系统构架包括4个部分。

（1）数据处理。数据处理服务用来对原始数据进行抽取、转换、加载，并为分析服务生成数据仓库FineCube。

（2）即时分析。业务人员和数据分析师可以快速创建图表使数据可视化，还可以添加过滤条件筛选数据并即时排序，使数据分析更加快捷。

（3）多维度分析。FineBI可以提供各种分析挖掘功能和预警功能，如任意维度切换、添加、多层钻取、排序、自定义分组、智能关联，等等。

（4）仪表盘（Dashboard）。仪表盘可以提供各种样式的图表服务，配合各种业务需求展现数据。

4. Smartbi

Smartbi是思迈特软件公司旗下的产品，可以满足客户对企业级报表进行数据可视化分析、自助分析、数据挖掘建模、AI智能分析等方面的需求。Smartbi在国内商业智能领域处于领先地位，产品广泛应用于金融、制造、零售、地产等众多行业。

Smartbi产品系列主要包括四大平台。

（1）大数据分析平台。大数据分析平台可以对接各种业务数据库、数据仓库和其他大数据分析平台，对数据进行加工处理、分析挖掘和可视化展现，满足客户的各种数据分析应用需求，如可视化分析、探索式分析、复杂报表、应用分享，等等。

（2）数据化运营平台。数据化运营平台可以围绕业务人员提供企业级数据分析工具和服务，满足不同类型业务客户的需求，还可以在Excel或者浏览器中实现全自助的数据提取、数据处理、数据分析和数据共享服务，具有很强的适用性。

（3）大数据挖掘平台。通过深度数据建模，大数据挖掘平台可以为企业提供预测能力支持、文本分析、五大类算法和数据预处理功能，并为客户提供流程式建模、拖曳式操作和可视化配置体验等一站式服务。

（4）SaaS分析云平台。SaaS分析云平台是全新一代云端数据分析平台，可以提供快速搭建数据分析应用的自助式服务，还可以分享深刻见解，提升团队的决策能力。

任务二　了解数据类型和财务大数据

微课 1-2

大数据（Big Data）本身是一个比较抽象的概念，单从字面来看，它表示规模庞大的数据。针对大数据，目前存在多种不同的理解和定义。维基百科对“大数据”的解释是：大数据或称巨量数据、海量数据、大资料，指的是所涉及的数据量规模巨大到无法通过人工在合理时间内实现截取、管理、处理并整理成为人类所能解读的信息。维克托·迈尔-舍恩伯格和肯尼思·库克耶编写的《大数据时代》一书认为，大数据具有4V特征，即规模性（Volume）、高速性（Velocity）、多样性（Variety）、价值性（Value）。

子任务一　数据类型

数据是一种对客观事物的逻辑归纳，是事实或观察的结果。随着科学技术的发展，凡是可以电子化记录的都是数据，如社交网络产生的社交数据，购物网站产生的大量客户及购物数据，物联网技术催生的车联网数据，等等。数据的内涵越来越广泛，不仅包括像GDP、股市指数、人口数量等数值型数据，还包括文本、声音、图像、视频等非数值型数据。数据类型有3种常见的分类方法，分别是按结构属性分类、按连续特征分类与按测量尺度分类。

1. 按结构属性分类

按结构属性分类，数据可以分为结构化数据与非结构化数据两种。它们不仅存储形式不同，在数据处理和数据分析的方法上也大相径庭。

结构化数据通常是指存储在数据库里，可以用二维表结构来表示的数据。从数据存储角度看，Excel表格数据，SQL Server数据库和Oracle数据库中的数据，都是结构化数据；从应用的角度看，企业ERP系统数据、企业会计信息系统数据、银行交易记录数据等，也是结构化数据，它们大多存储在大型数据库中，用户可以方便地检索、分析和处理。

非结构化数据通常是指不能用二维表结构来表示和存储的数据。相对于结构化数据而言，非结构化数据没有统一的规则，涉及音（视）频、图片、文本等形式。例如，利用一定手段从网站抓取的新闻数据、某个电影的评价数据等，都需要通过一定的方法，将这些数据量化为结构化数据，才能进行有效的分析。

2. 按连续特征分类

按连续特征分类，数据又可以分为连续型数据与离散型数据。连续型数据与离散型数据的区别，可以用线、点来区分理解。

连续型数据是指在一定区间内可以连续取值的数据。例如，人的身高、体重数值，气温度数，电影票房收益等。

离散型数据也被称为不连续数据，其取值只能用自然数或整数表达。例如，硬币的正反面取值、某人的学历取值等。

3. 按测量尺度分类

按测量尺度，数据可分为4类，即定类数据、定序数据、定距数据和定比数据。

（1）定类数据表现为类别，用于标识数据所描述的主体对象的类别或者属性名称。定类数据只能用来标识事物类别或名称，不区分顺序，无法描述大小、高度等信息，不能进行任何运算，包括比较运算。比如，人的性别分为男性和女性两类，量化后可分别用0和1表示；企业按行业分类，分为旅游业、教育业、制造业、建筑业、金融业等，分别用数字1、2、3、4、5表示。这些数字只是代号，不能区分大小或进行任何数学运算。

（2）定序数据表现为类别，但有顺序，也称为序列数据，用于对事物所具有的属性按顺序进行描述。定序数据虽然可以用数字或者序号来排列，但并不代表数据的大小，只代表数据之间的顺序关系。例如，人的受教育程度分为高中毕业、大学本科毕业、硕士研究生毕业、博士研究生毕业，分别用1、2、3、4表示，这些只代表顺序，按照大小正序排列，但不能进行计算。定序数据不仅具有定类数据的特点，可以将所有的数据按照互斥穷尽原则（MECE原则）加以分类，而且各类型之间具有某种意义上的等级差异，从而形成一种确定的排序。

小知识

MECE原则

MECE（Mutually Exclusive Collectively Exhaustive，相互独立、完全穷尽）是麦肯锡咨询顾问芭芭拉·明托在《金字塔原理》中提出的一个思考工具。

分析问题时，在把整体层层分解为要素的过程中，工作人员应遵循“相互独立、完全穷尽”的基本法则，确保每一层的要素之间“不重叠、不遗漏”。

MECE原则是一种简洁有力的思维工具。SWOT分析、波特五力模型、波士顿矩阵、平衡计分卡等都是建立在MECE原则基础之上的战略分析工具。

（3）定距数据是由定距尺度计量形成的，表现为数值，可以进行加减运算，不能进行乘除运算。定距数据没有绝对零点，比如温度计的零点是人为指定的，并不能说20 ℃就是10 ℃的两倍，但可以说20 ℃比10 ℃高10 ℃。

（4）定比数据是由定比尺度计量形成的，表现为数值，既可以进行加减运算，也可以进行乘除运算。定比数据代表数据的最高级，既有测量单位，也有绝对零点（可以取值为0）。比如，小明的体重是60千克，小刚的体重是30千克，我们可以说小明的体重是小刚体重的2倍。

由此可以看出，定类数据和定序数据表现为分类，属于定性数据；定距数据和定比数据表现为数值，属于定量数据。

子任务二　财务大数据

如何界定企业的财务大数据，不同学者持有不同的观点。本书作者认为，企业的财务大数据主要包括企业内部数据和企业外部数据两种。

1. 企业内部数据

企业内部与财务相关的大数据主要来自ERP系统或会计信息系统中的财务、业务数据，例如用友U8、金蝶K3、SAP等系统中的数据，以及存储在Access、SQL Server、Oracle等数据库中的数据。在做数据分析时，我们需要将这些数据从信息系统中导出。

2. 企业外部数据

企业外部与财务相关的大数据主要包括政策法规文件、行业数据、客户（供应商）数据、国家统计数据等。

企业内部数据的获取相对容易，企业外部数据主要来自公开的网站。

获取企业外部数据的一般途径

就各种结构化数据而言，我们可以通过国家统计局网站获取各种宏观经济数据，通过中国人民银行网站获取各种金融统计数据，通过财政部网站获取其定期公布的各种财政数据，通过上海证券交易所网站和深圳证券交易所网站获取各种证券交易数据，还可以通过一些权威的财经类网站，如新浪财经获取各种相关数据。此外，一些金融数据库，如Wind数据库、锐思数据库、CSMAR数据库等也可以提供各种有价值的数据，但是这些数据库需要购买方可使用。

对于非结构化数据，我们通常可以通过各上市公司的公告信息或者证券交易所的公告获取。一些行政法规、处罚公告、法律文书等也可以通过相关网站获取。

微课 1-3

任务三　了解常见数据分析模型

数据分析一般可以分为明确分析思路、获取数据、处理数据、分析数据、展示数据、撰写报告六步，整个分析过程是一个完整的闭环。明确分析思路是数据分析的起点，也是最关键的环节。明确分析思路需要基于分析目的确定分析的主题，在什么框架下进行分析、用什么模型进行分析，以及在具体分析时会用到哪些分析指标、分析维度、分析方法及具体的展现方式，如图1-9所示。

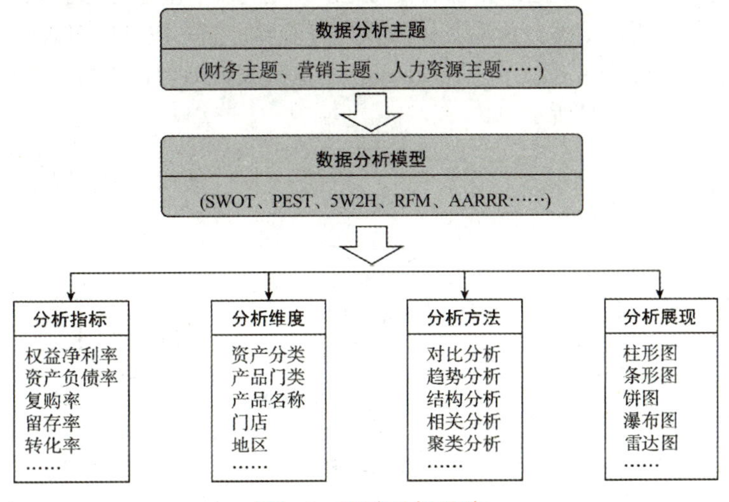

图1-9 明确分析思路

数据分析模型是经过实践验证的、行之有效的数据方法体系，能够提供数据分析的完整思路。

常见的数据分析模型有：用于企业战略分析的SWOT分析模型；用于外部宏观环境分析的PEST模型；用于外部微观环境分析的波特五力模型；用于客户分析与评价的5W2H模型、RFM模型；用于市场营销分析的4P模型；用于客户分析的AARRR模型；用于理清业务问题思路的逻辑树模型。

子任务一 SWOT分析模型

SWOT分析法也叫态势分析法，20世纪80年代初由美国旧金山大学的管理学教授韦里克提出，经常被用于企业战略制定、竞争对手分析等场合。

SWOT分析模型是产业研究中最常用的分析工具之一，是对企业内部的优势（Strength）与劣势（Weakness）、外部环境的机会（Opportunity）与威胁（Threat）进行综合分析，并结合企业的经营目标对备选战略方案做出系统评价，最终制定出一种正确的经营战略，如图1-10所示。

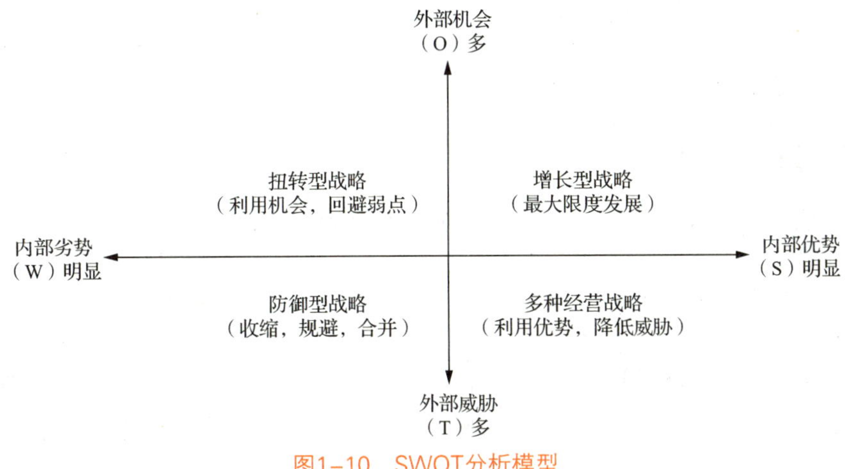

图1-10 SWOT分析模型

子任务二　PEST模型

PEST模型是战略咨询顾问用来帮助企业分析其外部宏观环境的一种方法。宏观环境又称一般环境，是指影响一切行业和企业的各种宏观力量。不同行业和企业会根据自身特点和经营需要对宏观环境因素进行分析，虽然分析的具体内容会有差异，但一般都应对政治（Politics）、经济（Economic）、社会（Society）和技术（Technology）这四大类影响企业的主要外部宏观环境因素进行分析。PEST模型如图1-11所示。

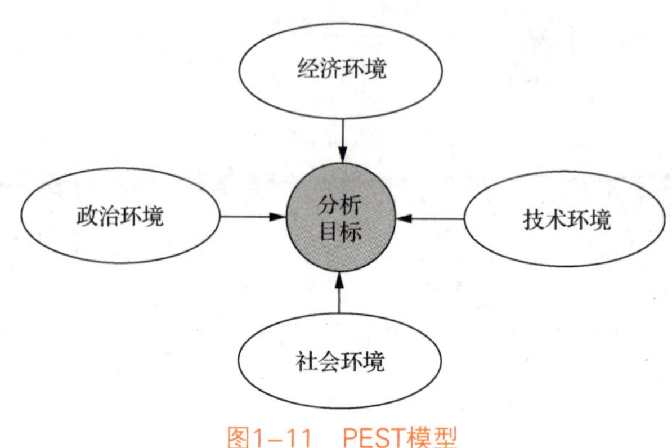

图1-11　PEST模型

1. 政治环境

政治环境包括一个国家的社会制度，执政党的性质，政府的方针、政策、法令等。

2. 经济环境

经济环境主要包括宏观和微观两个方面的内容。宏观经济环境主要指一个国家的人口数量及其增长趋势，国民收入、国内生产总值及其变化情况，以及通过这些指标能够反映的国民经济发展水平和发展速度。微观经济环境主要指企业所在地区或所服务地区的消费者的收入水平、消费偏好、储蓄情况、就业程度等因素。这些因素直接决定着企业目前及未来的市场规模。

3. 社会环境

社会环境包括一个国家或地区的居民受教育程度和文化水平、宗教信仰、风俗习惯、价值观念等。

4. 技术环境

技术环境除了包括与企业直接相关的技术手段的发展变化外，还包括：①国家对科技开发的投资和支持重点；②该领域技术发展动态和研究开发费用总额；③技术转移和技术商品化速度；④专利及其保护情况等。

子任务三　波特五力模型

波特五力模型由美国管理学家迈克尔·波特（Michael Porter）于20世纪80年代初提出，是企业制定竞争战略时经常利用的战略分析工具。波特五力分析属于外部环境分析中的微观环境分析，主要用来分析本行业的企业竞争格局，以及本行业与其他行业之间的关系。

根据波特的观点，一个行业中的竞争，不只是在原有竞争对手之间进行，而是存在5种基本的竞争力量（供应商的议价能力、购买者的议价能力、潜在竞争者进入的能力、替代品的替代能力、行业内竞争者现在的竞争能力），这5种竞争力量的状况及综合强度决定着行业的竞争激烈程度。5种力量的不同组合变化，最终影响行业利润潜力的变化。

波特五力模型如图1-12所示。

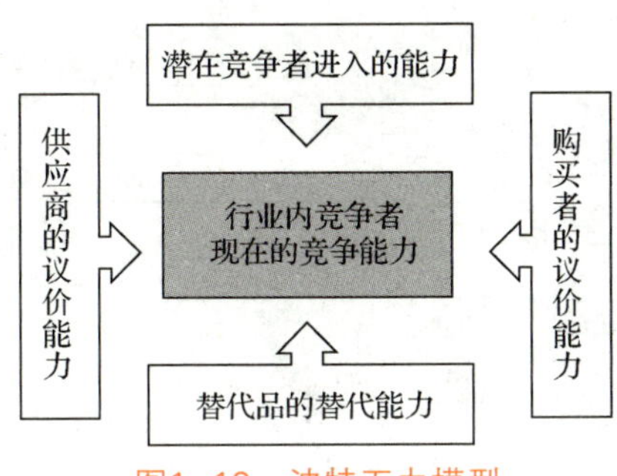

图1-12　波特五力模型

子任务四　4P模型

4P模型产生于20世纪60年代的美国，是随着营销组合理论的提出而出现的，如图1-13所示。营销组合实际上有几十个要素，杰罗姆·麦卡锡于1960年在其《基础营销》一书中将这些要素概括为4类：产品（Product）、价格（Price）、渠道（Place）、促销（Promotion），即著名的4P模型。1967年，菲利普·科特勒在其畅销书《营销管理：分析、规划与控制》中进一步确认了以4P为核心的营销组合方法，具体分析如下。

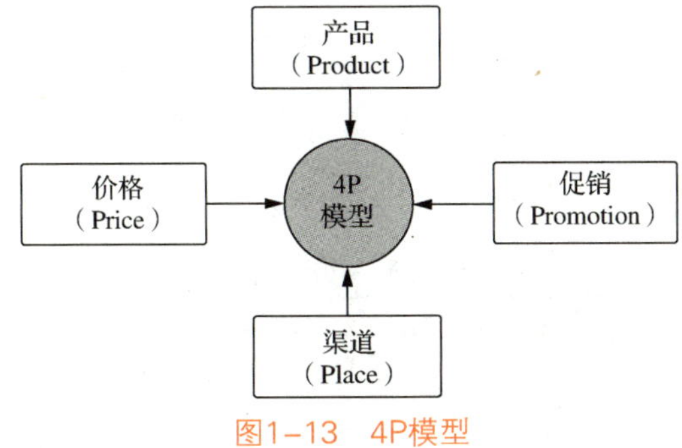

图1-13　4P模型

（1）产品：注重产品开发，要求产品有独特的卖点，把产品的功能诉求放在第一位。

（2）价格：根据不同的市场定位，制定不同的价格策略。产品的定价依据是企业的品牌战略，注重品牌的含金量。

（3）渠道：企业并不直接面对消费者，而是注重经销商的培育和销售网络的建立，企业与消费者的联系是通过经销商来进行的。

（4）促销：企业注重通过销售行为的改变来刺激消费者，以短期行为（如打折、买一送一等）吸引其他品牌的消费者或促进提前消费，从而获得销售的增长。

子任务五　5W2H模型

5W2H模型是围绕时间、地点、人物、事件、原因、方式方法、程度7个要素，即为什么（Why）、什么事（What）、谁（Who）、什么时候（When）、什么地方（Where）、如何做（How）、什么价格（How much），发现解决问题的线索，如图1-14所示。

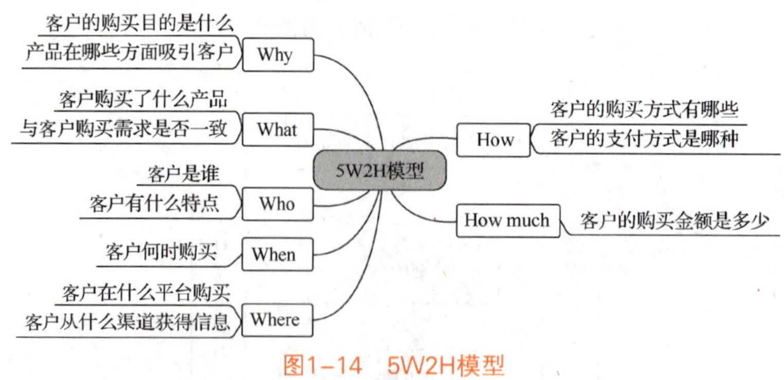

图1-14 5W2H模型

5W2H模型简单、方便，易于理解，主要用于客户行为分析、业务问题分析和营销活动等，对于企业决策和制订活动措施非常有帮助，也方便考虑问题时查漏补缺。

子任务六 RFM模型

挖掘客户价值对企业来说至关重要。有的公司看中客户的消费能力，有的公司则看中客户的忠诚度。各公司的业务目的不同，客户价值的体现自然也不同。RFM模型是企业衡量客户价值和客户创利能力的重要工具和手段。

具体来说，RFM模型是根据客户最近一次消费（Recency）、消费频率（Frequency）和消费金额（Monetary）计算出RFM值，并通过这3个维度来评估客户的价值，如图1-15所示。

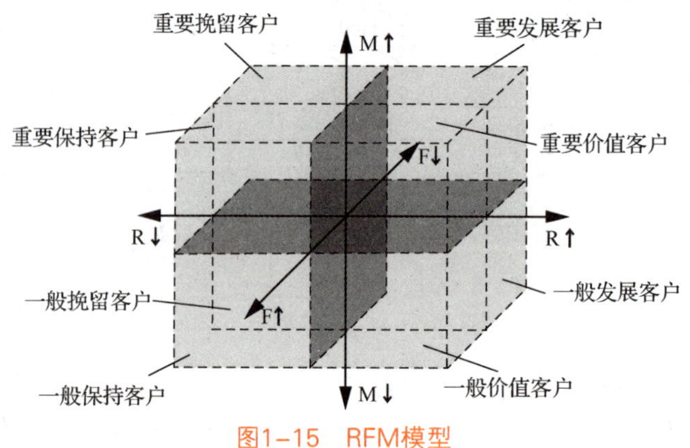

图1-15 RFM模型

- 最近一次消费（R）：客户距离上一次消费的时间间隔。R值越大，表示客户最近一次消费的时间距现在越久。R指标反映了客户对品牌的熟悉度和回购频率。
- 消费频率（F）：客户在一段时间内的消费次数。F值越大，表示客户在最近一段时间交易的次数越多。F指标反映了客户对品牌的忠诚度及购买习惯是否养成。
- 消费金额（M）：客户在一段时间内的消费金额。M值越大，表示客户的消费能力越强。M指标反映了客户的价值和产品认可度。

RFM分析就是根据客户活跃程度和交易金额的贡献，进行客户价值细分的一种方法。RFM分析的主要作用是识别优质客户，从而提供个性化的沟通和营销服务，为更多的营销决策提供有力支持。

子任务七　AARRR模型

AARRR模型是一套客户分析模型，主要是从传统的成本分析转化成客户价值分析，从而确立一些新的数据指标体系。AARRR模型是一种漏斗模型，对应不同的阶段，帮助企业更好地理解获取客户和留存客户的原理，如图1-16所示。

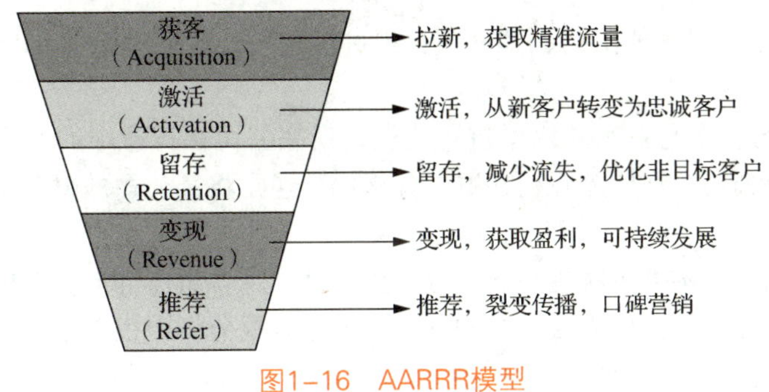

图1-16　AARRR模型

子任务八　逻辑树模型

逻辑树又称为问题树、演绎树或者分解树，是麦肯锡公司提出的一种分析问题、解决问题的重要方法。逻辑树模型是把已知的问题比作树干，然后考虑哪些问题与已知问题有关，并将这些问题比作逻辑树的树枝；一个大的树枝还可以继续延伸出更多小树枝，并逐步列出与已知问题相关联的所有问题。逻辑树模型如图1-17所示。

问题陈述
分支问题1
子问题1
子问题2
子问题3
分支问题2
分支问题3

图1-17　逻辑树模型

逻辑树的作用主要有3个方面：一是逻辑树能厘清思路，避免进行重复和无关的思考；二是能保证解决问题的过程完整；三是逻辑树能将工作细分，确定各部分的优先顺序，把责任明确到具体部门。

通常情况下，进行逻辑树分析可分成7个步骤。

（1）确认要解决的问题。

（2）分解问题，运用树枝的逻辑层层展开。

（3）剔除次要问题。

（4）制订详细的工作计划，并将计划按日期排开。

（5）进行关键分析。关键驱动点要通过头脑风暴等方法找到解决方案。

（6）综合分析调查结果，建立论证。

（7）陈述工作过程，进行交流沟通。

任务四　了解常见数据分析方法

数据分析方法分为基础分析法和高级分析法。

子任务一　基础分析法

基础分析法是在日常分析中使用较多的分析方法，主要包括以下几种。

（1）对比分析法。对比分析法是日常工作中最常用的分析方法，是指将两个或两个以上的数据进行比较，分析它们的差异，从而揭示这些数据所代表的事物发展变化情况和规律性。

对比分析的参照标准主要有以下几个方面。

① 时间标准：与过去某个时间水平进行比较，说明其发展水平或增长速度，如同比和环比。

② 目标标准：与目标数据进行比较，查看目标的完成情况。在相关人员的业绩考核中，经常会用到此标准。

③ 企业标准：与公司其他部门、其他项目组进行比较，说明在公司中所处的位置或对公司的整体贡献度。

④ 行业标准：与整个行业平均水平进行比较，反映公司在行业中的水平，或者与行业先进标准进行比较，反映公司存在的差距。在财务分析中，经常将某公司的财务指标和行业标准进行对比分析。

（2）结构分析法。结构分析法也叫比重分析法，是计算各组成部分占总体的比重，进而分析总体数据的内部特征的一种分析方法。结构分析法也是数据分析中很常用的一种方法，如分析人群中男性和女性的比例。

（3）描述分析法。描述分析法也叫现状分析法，是对当前状态下各种维度指标数据进行直接展示的一种分析方法，如只展示销售数量、销售金额等。描述分析法通常使用卡片图或表进行数据可视化。

（4）分组分析法。分组分析法是根据数据分析对象的特征，按照一定的指标把数据对象划分为不同的部分和类型来进行研究，以发现事物的本质和规律的一种分析方法。分组分析法的关键在于确定组数与组距。例如，分析不同年龄段人群的网购情况，以 10 岁为一个组距来进行分组。

（5）多维分析法。多维分析法是指对某一数据指标多维度、多层次、全方位、高效率地进行分析，从而发现问题本质所在的一种分析方法。例如，对于销售额数据，可从不同地区、省份、店铺、商品分类多维度地进行分析，从而发现哪些地区、省份、店铺、商品销售额贡献度最大，促使决策者做出有针对性的决策。

（6）趋势分析法。趋势分析法也叫预测分析法，此方法是根据已知的历史数据，预测某一指标在未来某个时间出现的可能值。预测分析法常用的预测手段有回归分析和移动平均。例如，根据1—10月的订单数量预测11月、12月的订单数量。

（7）象限分析法。象限分析法也称矩阵分析法，是指将某业务的两个指标作为分析的依据，进行分类关联分析，从而找出并发现问题的一种分析方法。例如，将销售额和利润率两个指标用矩阵分析法进分析，落到4个象限的不同产品，其营销策略应有所不同，尤其应重点关注1和4象限的商品，如图1-18所示。

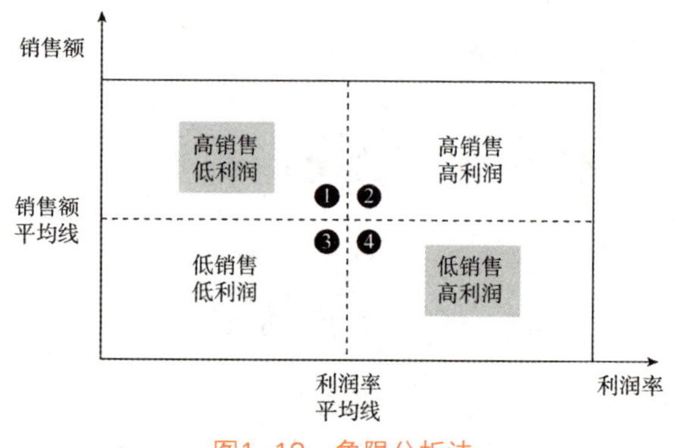

图1–18　象限分析法

子任务二　高级分析法

高级分析法通常是指统计学中常用的分析方法，包括描述性统计分析、相关分析、回归分析、时间序列分析、假设检验、方差分析等。这些分析方法在科研工作中使用得更多一些，感兴趣的读者可查阅相关资料了解。

任务五　可视化技术基础

可视化主要是借助图形化手段，清晰有效地传达与沟通信息。本任务我们首先介绍可视化的原理，然后介绍实践中常见的可视化图表。

子任务一　认识数据可视化

数据可视化是关于数据视觉表现形式的科学技术。

1. 数据可视化的定义

人类从外界获取的信息中，有83%来自视觉，11%来自听觉，6%来自其他。由此可以看出，视觉是获取信息最重要的通道，超过50%的人脑功能用于视觉的感知，包括解码可视信息、高层次可视信息处理和思考可视符号。可视化是一种映射，可以把客观世界的信息映射为易于被人类感知的视觉模式。这里的视觉模式指的是能够被感知的图形、符号、颜色、纹理等。数据可视化就是将工作中处理的各类数据映射为视觉模式，来探索、解释隐藏在数据背后的信息，在保证信息传递的基础上寻求美感，用数据讲“故事”。因此，数据可视化既是一门科学，又是一门艺术。

数据可视化的作用包括数据表达、数据操作和数据分析。数据表达是数据可视化最原始的作用。数据表达常见的形式有文本、图表、图像、地图等。有些时候，用可视化方式比文字方式表达更直观，更易于理解。借助有效的图形，可以在较小的空间中呈现大规模的数据。数据操作是以计算机提供的界面、接口等为基础完成人与数据的交互需求。当前基于可视化的人机交互技术发展迅速，包括自然交互、可触摸、自适应界面和情景感应等在内的多种新技术极大地丰富了数据操作的方式。数据分析的任务通常包括定位、识别、区分、分类、聚类、分布、排列、比较关联等。将信息以可视化的方式呈现给客户，可以直接提升客户对信息认知的效率，并引导客户从可视化结果中分析、推理出有效信息，帮助人们挖掘数据背后隐藏的信息与客观规律，有助于知识和信息的传播。

南丁格尔玫瑰图是经典的数据可视化作品之一，如图1-19所示。

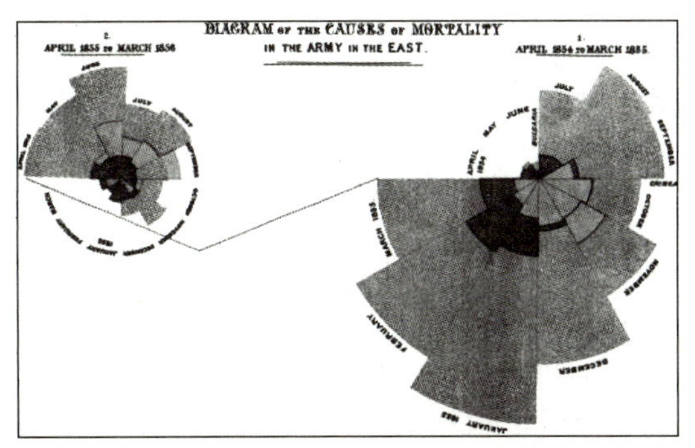

图1-19　南丁格尔玫瑰图

小知识

南丁格尔玫瑰图

南丁格尔玫瑰图由世界上第一个真正的女护士——弗洛伦斯·南丁格尔发明。

19世纪50年代，欧洲爆发了克里米亚战争。南丁格尔主动申请担任战地护士。当时的医院卫生条件极差，伤员死亡率高达42%，直到1855年政府机构派人到医院改善整体的卫生环境后，死亡率才降至2.5%。南丁格尔注意到这件事，认为政府应该改善战地医院的条件来拯救更多年轻的生命。由于担心不受重视，她发明了一种色彩缤纷的图（见图1-19），使人们能够对数据产生更加深刻的印象。图1-19中的灰色区域表示原本可避免感染但最终死亡的士兵人数；红色区域表示因受伤过重而死亡的士兵人数；棕色区域表示死于其他原因的士兵人数。其中，右侧较大的玫瑰图展现的是1854年4月至1855年3月因医疗条件差而导致死亡的人数明显偏高；而左侧的玫瑰图展现的则是1855年4月至1856年3月在南丁格尔游说英国政府加强公众医疗卫生建设和相关投入后的死亡人数。我们从中可以看出，因医疗条件差而导致的死亡人数明显下降。

因此，南丁格尔玫瑰图成为数据可视化图表的典范。

2. 格式塔视觉原理

格式塔视觉原理可以帮助我们理解如何通过视觉认识周围世界的规则，它解释了在呈现图形元素时人类有组织感知的模式和对象，如图1-20所示。

图1-20 格式塔视觉原理

格式塔视觉原理包括一个基本点、两个假设、五个原则。一个基本点是指人类的视觉是整体的。两个假设分别是捆绑假设和关联假设。捆绑假设认为每个复合体都是由基本内容和片段组成；而关联假设则认为，如果一个对象或场景频繁与另一对象或场景一同出现，那么人们通常倾向于在其中一个对象或场景出现时召唤另一个。五个原则分别为相似原则、闭合原则、接近原则、连续原则、图形与背景关系原则。

- 相似原则：如果其他因素相同，那么相似的元素看起来归属同一组。
- 闭合原则：如果元素属于封闭图形的一部分，视觉系统通常自动将其感知为一个整体。
- 接近原则：距离相近的元素通常被认为属于同一组。
- 连续原则：如果定向的单元和组是相互连接在一起的，视觉上通常视之为一个整体。
- 图形与背景关系原则：元素被视为图形（视觉焦点）或背景（图像中的背景）。

3. 视觉编码

视觉编码是一种将视觉信息映射成可视化元素的技术。Bertin视觉编码是其中比较常用的一种。

Bertin视觉编码也叫Bertin视觉变量，共分为七大变量，分别是位置、大小、形状、数值、色相、方向和纹理，如图1-21所示。

- 位置：根据位置的不同判断趋势和群组。
- 大小：通过图形的大小，反映某一变量取值的大小。
- 形状：形状不同，可以表示不同的分组。
- 数值：指颜色的饱和度数值。同一颜色的饱和度不同，则变量的取值不同。
- 色相：也指色调，即颜色。颜色不同，分组不同。
- 方向：表示趋势的不同，也可用作比较。
- 纹理：表示分组的不同，与色相类似。

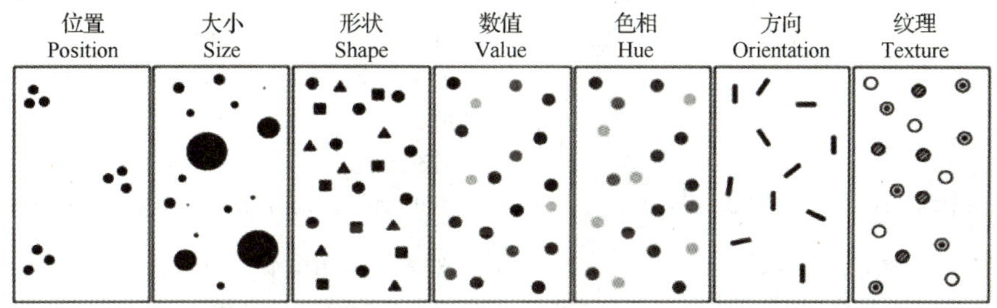

图1-21 Bertin视觉编码

子任务二 常见可视化图表

在进行数据可视化时，选择什么样的图表可以达到最佳效果，可以从两个方面考虑：①数据想表达什么；②各个类型图表的特性是什么。可视化专家安德鲁·阿伯拉（Andrew Abela）给出过一个图表选择思维导图。电子表格应用大会首席讲师明月将图表选择思维导图进行优化，总结出图形选择决策树，将数据的展示分成比较、序列、描述、构成4种，如图1-22所示。

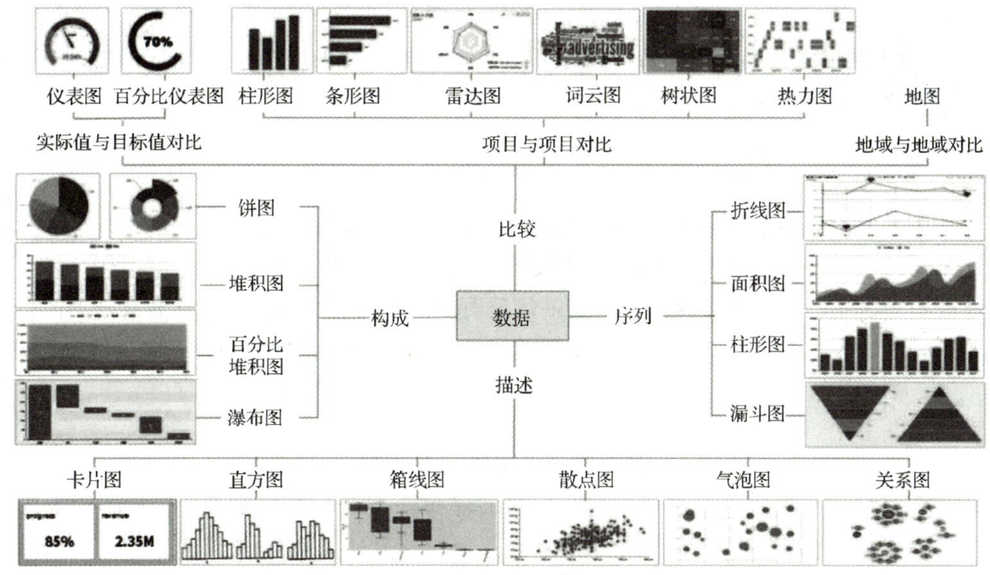

图1-22 图形选择决策树

资料来源："明月说数据"微信公众号

进行数据可视化时，用户究竟选择哪种图表更方便呈现数据背后的含义，我们根据实际应用效果做了以下总结，如表1-1所示。

表1-1　图表选择参考

分类	子分类	图表	解释
比较	实际值与目标值对比	仪表图（或称油量表）、马表图	实际值与目标值的比较，关注目标值的完成情况
		百分比仪表图（或称进度图）	实际值相对于目标值的占比情况（比如90%）
	项目与项目对比	柱形图	适合1～2个维度数据的比较（数据不多的情形）
		条形图	适合1～2个维度数据的比较（数据较多的情形）
		雷达图	适合3个或更多维度数据的对比
		词云图	过滤大量低频文本，快速提取高频文本
		树状图	用矩形大小比较同维度下不同的数据
		热力图	通过颜色深浅来表示两个维度数据的大小
	地域与地域对比	地图	不同地域间的数据比较，点越大，数据值越大
序列	连续、有序类别的数据波动（趋势）	折线图 面积图 柱形图	常用于显示随时间变化的数值；折线图和面积图可以展示多个维度的变化数据
	各阶段递减过程	漏斗图	将数据自上而下分成几个阶段，每个阶段的数据都是整体的一部分
描述	关键指标	卡片图（或称指标卡）	突出显示关键数据
	数据分组差异	直方图	将数据根据差异进行分类展示
	数据分散	箱线图（或称盒须图）	展示数据的分散情况（最小值、中位数、最大值等）
	数据相关性	散点图、气泡图	识别变量之间的关系
	人或事物之间的关系	关系图	表示人或事物之间的关系
构成	占比	饼图、环形图、南丁格尔玫瑰图	展现某一维度下不同数值的占比情况
	多类别部分到整体	堆积图、百分比堆积图	展现多个维度下某一维度不同数值的部分和整体情况
	各成分分布情况	瀑布图	表达最后一个数据点的数据演变过程

说明

上述分类并非绝对，某些图形不只是属于一种分类，可能会有交叉。比如，柱形图既可以用作比较，也可以用作序列。表1-1所述仅供图表选择时作为参考。

在数据分析中，使用最多的基本图表是柱形图、条形图、饼图、折线图和散点图。

时代新知

基于数据驱动的业务创新

在信息化时代，数据成了新的资产，挖掘数据的价值，对于企业的发展至关重要。民生银行作为一家由民营企业发起设立的股份制商业银行，在面对激烈的市场竞争时，积极拥抱信息技术，通过建立数据仓库和“阿拉丁”平台，实现了对海量数据的整合和分析。这种敢于创新、勇于变革的精神，正是新时代青年应该具备的。

"阿拉丁"平台不仅是一个技术平台，更是一个创新的舞台。它鼓励一线业务人员利用数据工具，结合自身的业务经验，创造出更多的价值。这种跨界的思维方式，正是当前社会所需要的。通过"阿拉丁"平台，民生银行不仅提高了自身的竞争力，还为社会培养了大量的数据分析挖掘人才。

巩固提高

一、单选题

1. 联机分析处理的英文简称是（　　）。

A. OLAP　　B. OLDP　　C. DM　　D. DW

2. 史上经典的南丁格尔玫瑰图与下列（　　）事件相关。

A. 因受伤过重而死亡的士兵人数下降

B. 结束了克里米亚战争

C. 改善战地医疗条件，令因为医疗条件差导致死亡的人数明显下降

D. 设立了护士领域的最高奖项"南丁格尔"奖

3. 格式塔视觉原理中，"如果元素属于封闭图形的一部分，视觉系统通常自动将其感知为一个整体"，这句话体现了（　　）原则。

A. 相似原则　　B. 接近原则　　C. 连续原则　　D. 闭合原则

4. 按结构属性分类，数据类型分为（　　）。

A. 定性数据和定量数据

B. 结构化数据与非结构化数据

C. 连续型数据与离散型数据

D. 定类数据、定序数据、定距数据、定比数据

5. SWOT分析中，当企业拥有外部机会同时又拥有内部优势时，可以采取（　　）。

A. 防御型战略　　B. 扭转型战略　　C. 增长型战略　　D. 多种经营战略

二、多选题

1. 一个完整的商业智能系统的构架包括（　　）。

A. 数据获取层　　B. 数据管理层　　C. 数据分析层　　D. 数据展示层

2. "啤酒和尿布"的故事能够体现商业智能（　　）的价值。

A. 增强业务洞察能力　　B. 优化企业营销策略

C. 加强风险管理能力　　D. 改善客户关系管理

3. 下列属于国产自助式商业智能工具的有（　　）。

A. FineBI　　B. Power BI　　C. Smartbi　　D. Tableau

4. 能够呈现实际值与目标值比较的图表有（　　）。

A. 仪表图　　B. 马表图　　C. 柱形图　　D. 树状图

5. 营销理论中的4P模型包括（　　）。

A. 产品（Product）B. 渠道（Place）　C. 价格（Price）　D. 支付（Pay）

6. 在对比分析中，常用的比较标准有（　　）。

A. 时间标准　　B. 目标标准　　C. 企业标准　　D. 行业标准

三、判断题

1. “数据仓库”的英文简称是DM。(　　)

2. 视觉编码是一种将视觉信息映射成可视化元素的技术。(　　)

3. 定距数据可以进行乘除运算，而定比数据不可以。(　　)

4. 在界定财务大数据时，只包括来自企业内部信息系统的业务、财务数据，不包括来自外部的政策法规、行业数据等。(　　)

5. RFM分析就是根据客户活跃程度和交易金额的贡献，进行客户价值细分的一种方法。(　　)

6. 某销售数据分析中，从“地区”维度入手，查看不同省份的销售额，此操作属于联机分析处理的切块操作。(　　)

四、思考题

1. 阐述商业智能构架体系的组成。
2. 商业智能的应用价值有哪些？
3. 阐述格式塔视觉原理的一个基本点、两个假设和五个原则各是什么。
4. Bertin视觉编码或Bertin视觉变量包括哪些内容？
5. 选择图表进行数据可视化时应考虑哪些因素？
6. 数据类型的分类方法有哪些？如何界定财务大数据？
7. 常见的数据分析模型有哪些？谈谈你对SWOT分析模型、PEST模型、RFM模型的认识。
8. 请画图说明如何明确数据分析思路。
9. 请解释商业智能中的ETL技术及联机分析处理技术。
10. 常见的数据分析方法有哪些？请画图说明象限分析法。

五、实训题

请从Power BI、Tableau、FineBI、Smartbi官方网站上查找一个商业智能应用的典型案例，仔细研究该案例，并将研究成果制作成PPT与大家分享。

建议：可以从以下几个方面制作PPT。

- 项目背景
- 项目目标
- 技术构架
- 建设方案
- 项目价值

以上框架只做参考，读者可根据研究案例的特点自行设计。

项目二
认识Power BI

学习目标

- **知识目标**

✧ 能够准确描述自助式商业智能分析和传统商业智能分析的区别。

✧ 能够准确说明Power BI的特点，熟悉Power BI的应用模式和系列组件。

✧ 能够准确描述Power BI Desktop的组成，以及Power BI Desktop 3种视图的区别。

- **能力目标**

✧ 能够下载并安装桌面应用程序Power BI Desktop。

✧ 能够注册Power BI Desktop账号并登录使用。

- **素养目标**

✧ 培养对自助式商业智能分析技术的兴趣和好奇心，能够主动探索新技术和应用。

✧ 能够将Power BI Desktop的学习与其他相关学科（如统计学、数据科学等）知识的学习进行整合，提升综合应用能力。

✧ 能够利用Power BI Desktop进行创新和实践，为企业数字化转型和创新发展做出贡献。

项目导图

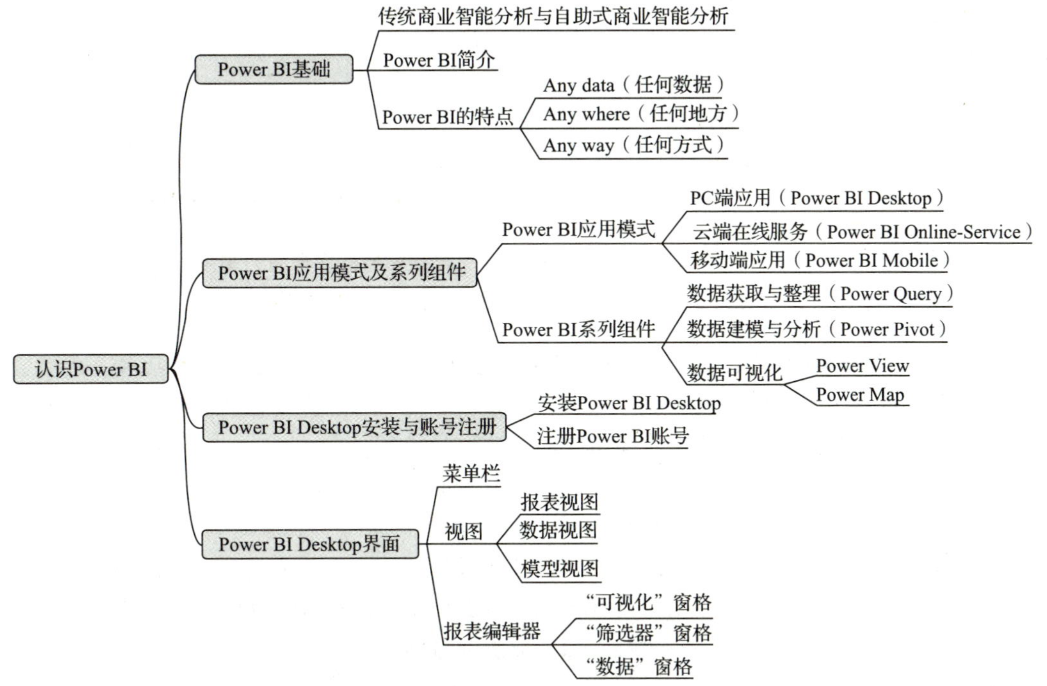

情境案例

在当今互联网时代，由于大数据研究热潮的兴起，以及数据挖掘、机器学习等技术的改进，各种数据可视化应用层出不穷。如何让大数据分析结果生动呈现，成了一个具有挑战的课题。随之也出现了大量的商业可视化分析工具，微软公司的Power BI是其中应用范围较广、使用便捷、呈现效果较好的可视化分析工具之一。

Power BI是一种商业分析解决方案，可对数据进行可视化分析、在组织中共享见解、将见解嵌入应用或网站中；可连接数百个数据源，并使用实时仪表板和报表让数据变得更加生动，提升数据的价值。

2023年1月，咨询机构高德纳公司发布的《商业智能和分析平台魔力象限》(*Magic Quadrant for BI and Analytics Platforms*）年度报告显示，微软公司连续16年入选最具领导力和超前愿景的商业智能公司，如图2-1所示。

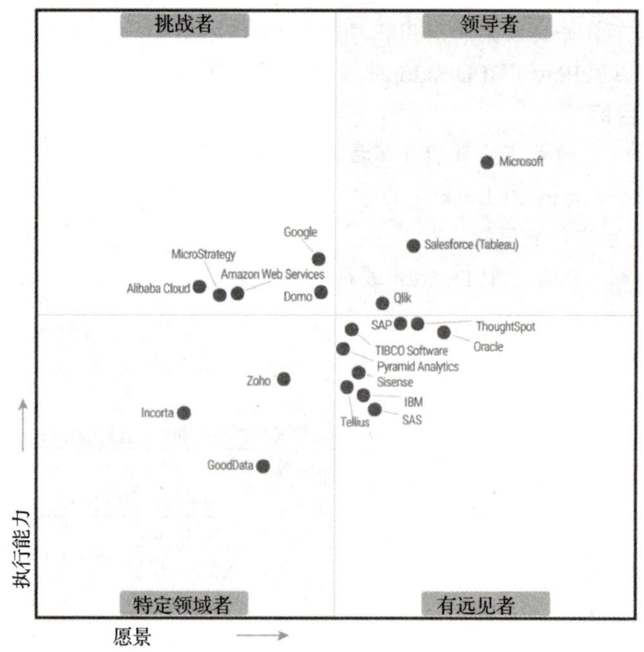

图2-1　2023年商业智能和分析平台魔力象限

图片来源：高德纳公司（2023年1月）

从图2-1可以看出，横轴表示愿景，包括厂商拥有的产品底层技术基础、市场领导能力、创新能力和外部投资能力等；纵轴表示执行能力，即落实和实施的能力，包括产品的使用难度、市场服务的完善程度和技术支持能力、管理团队的经验和能力等。

在高德纳的报告中，处于领导者象限的是Microsoft、Salesforce（Tableau）和Qlik。微软（Microsoft）公司凭借其产品 Power BI的创新获得了高德纳的认可，且遥遥领先。

Power BI在产品愿景和执行能力方面都取得了显著增长。更重要的是，Power BI实现了一项重大目标，即“商业智能大众化，商业智能人人可用”。微软公司不仅希望商业智能分析成为企业的标配，而且能为每个人所用，即“人人都是数据分析师”。

任务一 Power BI基础

微课 2-1

Power BI是一个让非数据分析人员也能做到有效地整合企业数据，并快速准确地提供商业智能分析的自助式工具。Power BI既是员工的个人报表和数据可视化工具，又是项目组、部门或整个企业背后的分析和决策引擎。

子任务一 传统商业智能分析与自助式商业智能分析

商业智能是指通过获取、处理原始数据，从而产生对商业行为有价值的洞察。

传统商业智能分析工具通常是指企业内部由IT部门主导的分析平台，面向的是有IT技术背景的人员（如企业信息技术部门的人员），部署开发的周期非常长。IT部门往往需要理解业务部门的需求，然后制作相关报表，报表格式也较为固定，分析不灵活、不及时，无法满足业务部门的需求。代表性的产品如Oracle BI、SAP BO等均提供了丰富的功能，适合打造大型统一平台。

自助式商业智能分析工具不再面向IT部门的技术人员，而是面向不具备IT背景的业务、财务分析人员。与传统商业智能分析工具相比，自助式商业智能分析工具更灵活，且更易于使用。商业智能探索的核心和目的不仅仅是提供一串串数字、一张张报表，更重要的是能解释数字背后的商业行为，进行深层次的数据挖掘。在自助式商业智能分析工具的帮助下，业务、财务人员可以凭借自己的专业知识，对各种可能的情况进行探索，挖掘数字背后的秘密。比如，业务人员通过报表可以看出今年的利润较上年下降了。在分析利润下降的原因时，业务人员可以层层分解：是收入下降了，还是费用上升了；下降和上升的影响因素有哪些；是什么原因造成的。业务人员借助自助式商业智能分析工具，很容易回答上述问题，并且省时高效。这类问题若是按照传统商业智能分析的方式，业务、财务部门向IT部门提出数据分析需求，然后由技术人员实现，业务、财务人员再进行验证，那么解决问题的时间可能长达数周甚至数月。

Power BI作为一种自助式商业智能分析工具，不是单纯的数据可视化软件。它整合了数据清洗、数据建模和数据可视化功能，很容易上手，能减轻部门的负担，让业务、财务人员能够自助完成数据分析，使数据分析与业务结合更密切，分析更精准。

子任务二 Power BI简介

什么是Power BI？微软公司官方给出的解释是：Power BI是一系列软件服务、应用和连接器的集合，它们协同工作，将不相关的数据源转化为合乎逻辑、视觉上逼真的交互式见解。无论数据是简单的Excel电子表格，还是基于云和本地混合数据仓库的集合，Power BI都可以让用户轻松地连接到数据源，直观地看到（或发现）重要内容，与任何希望参与的人进行共享，如图2-2所示。

Power BI简单且快速，能够从Excel电子表格或本地数据库快速创建见解。同时，Power BI也是可靠的企业级分析工具，可以进行丰富的建模和实时分析，以及自定义开发。

简单来说，Power BI就是可以从各种数据源中提取数据，对数据进行整理分析，然后生成精美的图表，并且可以在PC端和移动端（手机、PAD）与他人共享的一个工具。

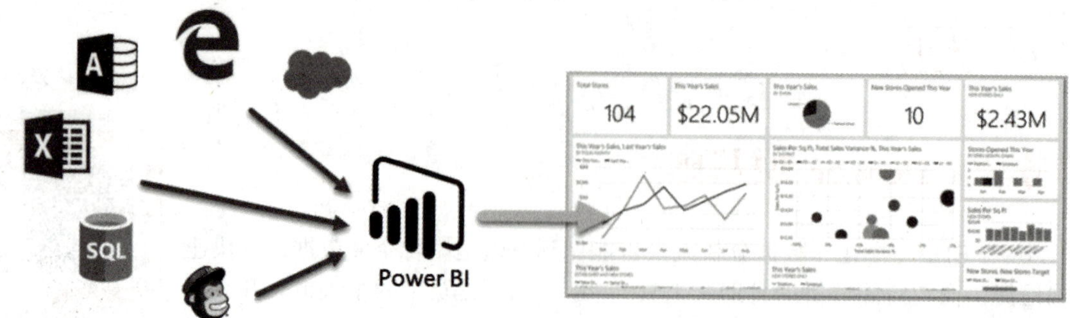

图2-2　Power BI应用

子任务三　Power BI的特点

Power BI可以在3A（Any data，Any where，Any way）场景中应用。

1. Any data（任何数据）

Power BI可以支持各种数据源，包括文件（如Excel、CSV、XML、JSON、文本等文件及文件夹），数据库（如Access、SQL Server、Oracle、DB2、MySQL等），以及各种微软云数据库和其他外部数据源（如R脚本、Hadoop文件、Web等），如图2-3所示。

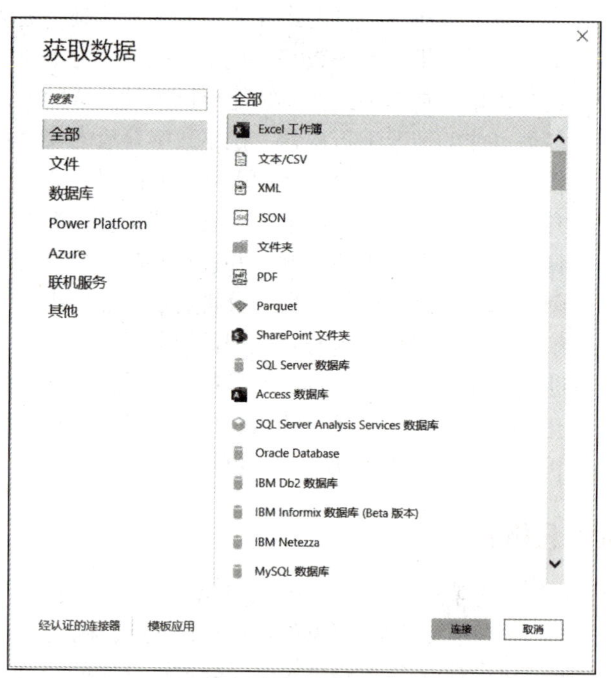

图2-3　Power BI可以连接的数据库

2. Any where（任何地方）

Power BI支持用户可以在任何地方编辑和修改报表，而不仅仅是在PC端Power BI Desktop中编辑和发布报表。微软公司还提供了一种功能丰富的在线编辑工具，通过模型的发布，可以对组合发布的报表使用分享功能，并发送到指定邮箱或者嵌入业务系统中，非常方便，如图2-4所示。

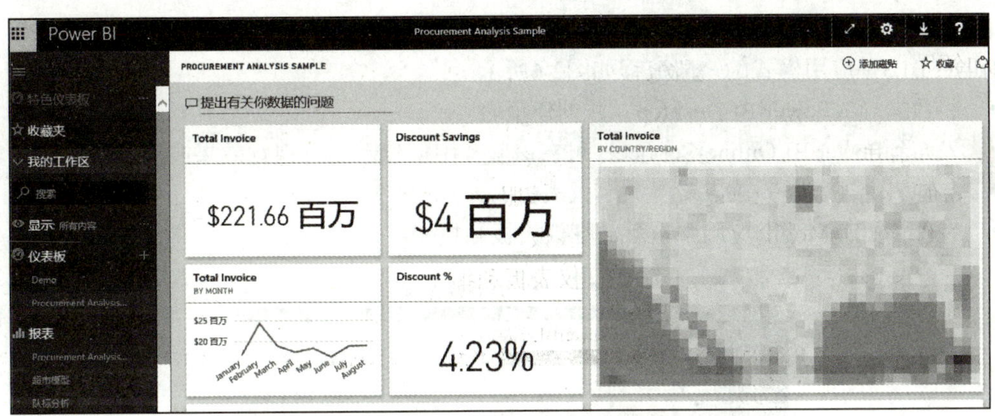

图2-4　Power BI可以应用的场景

3. Any way（任何方式）

无论开发者、使用者还是企业领导，都可以随时在PC端、移动端根据赋予的权限查询、探索、分析相关数据，并做出决策，如图2-5所示。

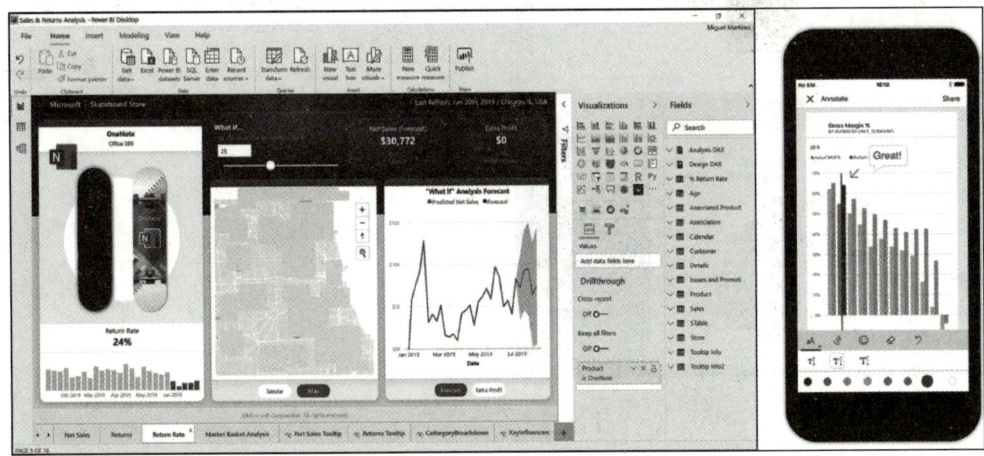

图2-5　Power BI的应用方式

任务二　Power BI应用模式及系列组件

Power BI有3种应用模式，并包括一系列组件，下面我们分别进行介绍。

微课 2-2

子任务一　Power BI应用模式

项目一中讲过，Power BI应用包括PC端应用（Power BI Desktop）、云端在线服务（Power BI Online-Service）和移动端应用（Power BI Mobile）。

Power BI Desktop是安装在PC端的桌面应用程序，可在PC端进行数据获取、数据整理、数据建模、数据可视化等一系列数据分析工作。

Power BI Online-Service属于在线云服务，不受时间、地点限制，可以在线进行数据分析工作，同时亦可将PC端的可视化分析报表发布到在线服务上，共享给组织内外的相关人员。

Power BI Mobile是可以在iOS和Android系统的移动设备上使用的App软件，一般供相关业务人员和领导在App中查看可视化报表数据。

Power BI 3种应用模式的一般流程如图2-6所示。

- 将数据导入Power BI Desktop，并创建报表。
- 发布到Power BI Online-Service，可在该服务中创建新的可视化效果或构建仪表板。
- 与他人（尤其是差旅人员）共享仪表板。
- 在Power BI Mobile应用中查看共享仪表板和报表。

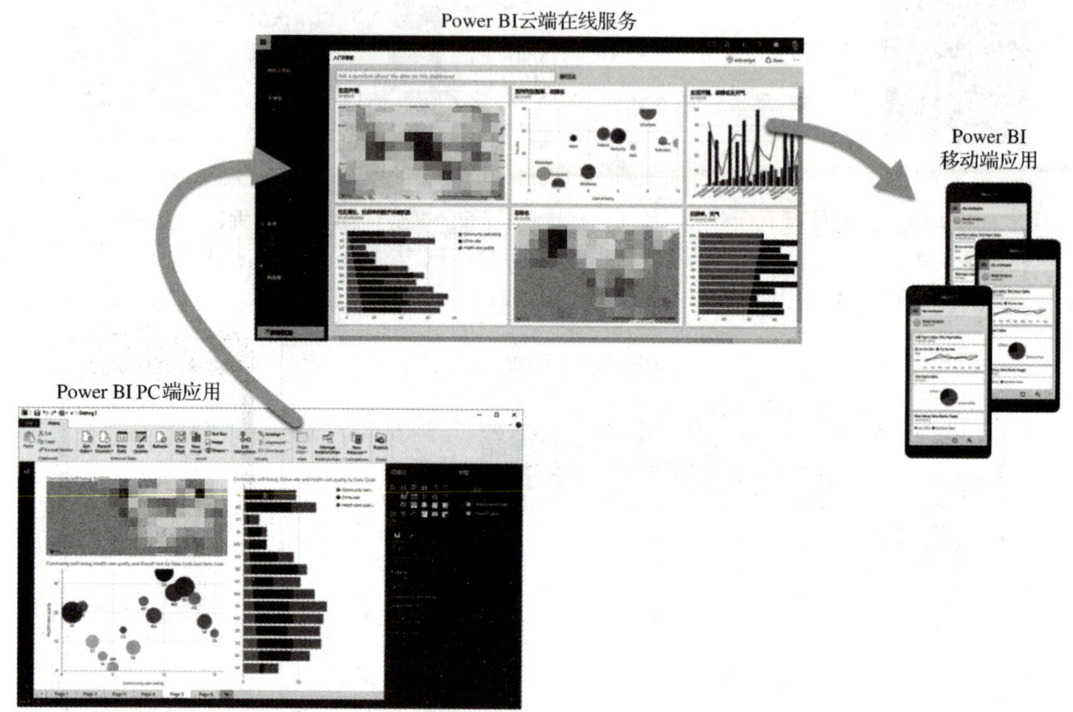

图2-6　Power BI 3种应用模式的一般流程

子任务二　Power BI系列组件

Power BI的前身可以追溯到Power Pivot for Excel 2010。Power Pivot分析引擎是一个列式存储的内存数据库，可以将自助式商业智能分析工具引入每个员工的桌面，使原先使用Excel数据透视表的业务分析人员能够执行更复杂的数据分析。到Excel 2013版推出时，Power View交互式报表、Power Map三维地图和负责抓取整理数据的Power Query一起出现，Power BI家族的“成员”增加到4位。Power BI Desktop则整合了前面4个插件，成为真正意义上的自助式商业智能分析工具和数据可视化“神器”。它使最终用户在不需要专业技术人员介入的情况下，只要掌握简单的工具就能快速上手商业数据分析及数据可视化，实现了“人人可以进行商业智能分析”的愿景。

Power BI Desktop和Power Query、Power Pivot、Power View、Power Map 4个插件的关系如图2-7所示。

- Power BI Desktop通过调用Power Query获取和整理数据。
- Power BI Desktop通过调用Power Pivot进行数据建模和分析。
- Power BI Desktop通过调用Power View和Power Map进行数据可视化，生成各类交互式报表和地图。

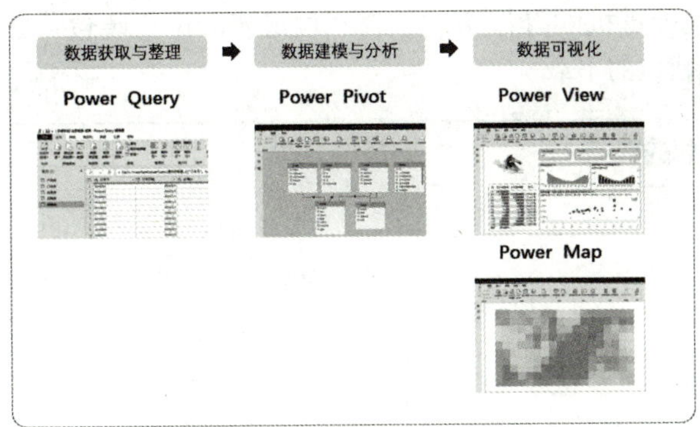

图2-7　Power BI系列组件

任务三　Power BI Desktop安装与账号注册

微课 2-3

Power BI Desktop的安装与账号注册非常方便，下面我们分别进行介绍。

子任务一　安装Power BI Desktop

用户可登录Power BI官方网站下载安装程序，然后在本地计算机自行安装。

步骤01　打开Power BI中文版官方网站，单击页面链接“资源”，如图2-8所示。

步骤02　继续单击“免费获取”链接，如图2-9所示。

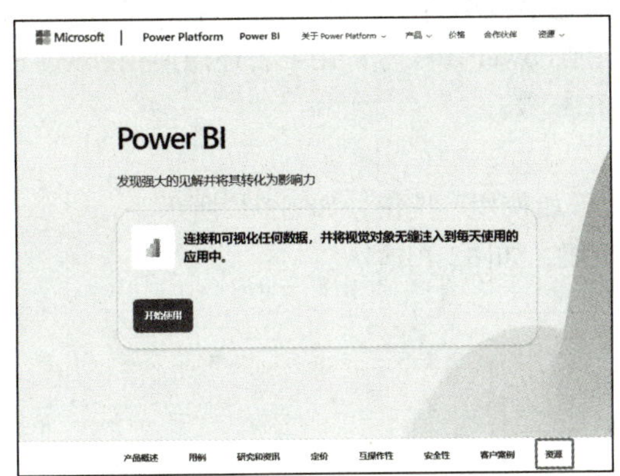

图2-8　Power BI Desktop下载链接

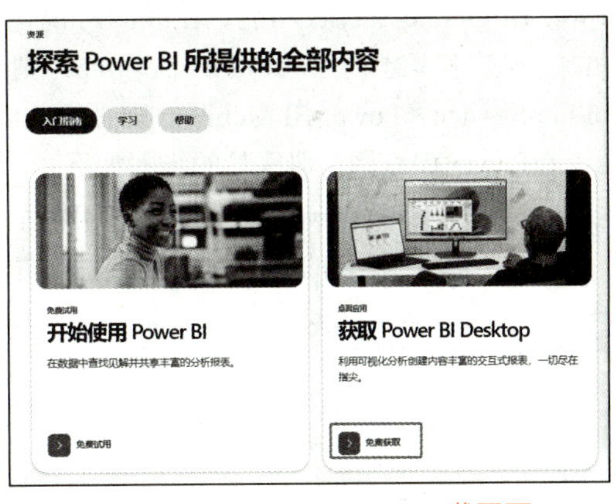

图2-9　Power BI Desktop下载页面

步骤03　在打开的页面中，选择语言“中文（简体）”，并单击“下载”按钮，如图2-10所示。

图2-10　选择语言

步骤04 根据个人计算机的操作系统选择32位或者64位安装包，如图2-11所示。单击“下载”按钮，即可进行安装包的下载。

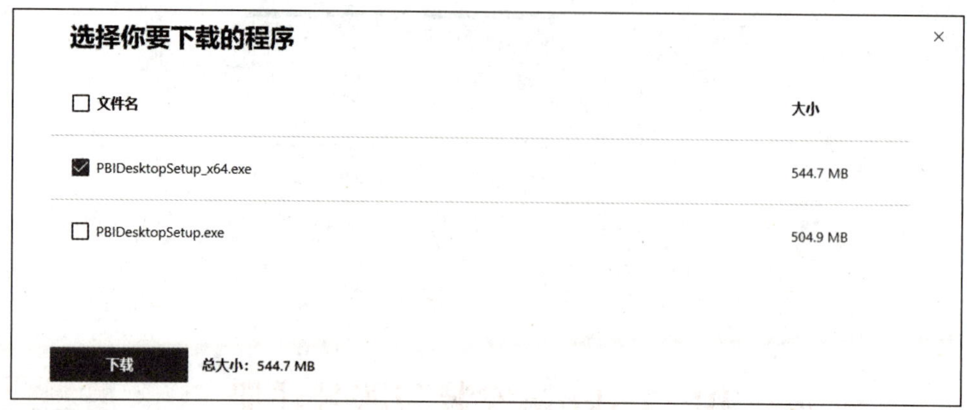

图2-11 选择要下载的程序

步骤05 双击安装程序，根据系统提示操作即可。

步骤06 安装完成后，桌面会生成图标。双击此图标，即可启动Power BI Desktop应用程序。

子任务二 注册Power BI账号

用户若想将Power BI Desktop制作的可视化报表进行在线发布、查看和编辑，就需要启动Power BI Online-Service功能。在线的可视化报表若想在手机中查看，则需使用Power BI Mobile功能。用户若只想使用Power BI Desktop，则可以不注册Power BI账号；用户若还想使用Power BI Online-Service和Power BI Mobile，则必须注册Power BI账号。

在Power BI官网注册账号的步骤如下。

步骤01 打开Power BI中文版官方网站，单击“开始使用”按钮，如图2-12所示。

步骤02 在打开的页面中，单击“免费试用”按钮，如图2-13所示。

图2-12 “开始使用”按钮

图2-13 “免费试用”按钮

步骤03 在打开的页面中，输入工作电子邮件地址进行注册，如图2-14所示。

图2–14　注册账号

注意

这里必须输入工作电子邮件地址，即企业邮箱。163、126、QQ等公共邮箱和个人邮箱均不能注册。

步骤04 根据系统提示输入密码和个人信息。密码必须包含大写字母、小写字母、数字和规定的特殊符号。

账号注册成功后，不仅可以使用Power BI Desktop功能，亦可使用Power BI Online-Service和Power BI Mobile功能。

微课 2-4

任务四　Power BI Desktop界面

Power BI Desktop界面由菜单栏、视图和报表编辑器3部分构成，如图2-15所示。

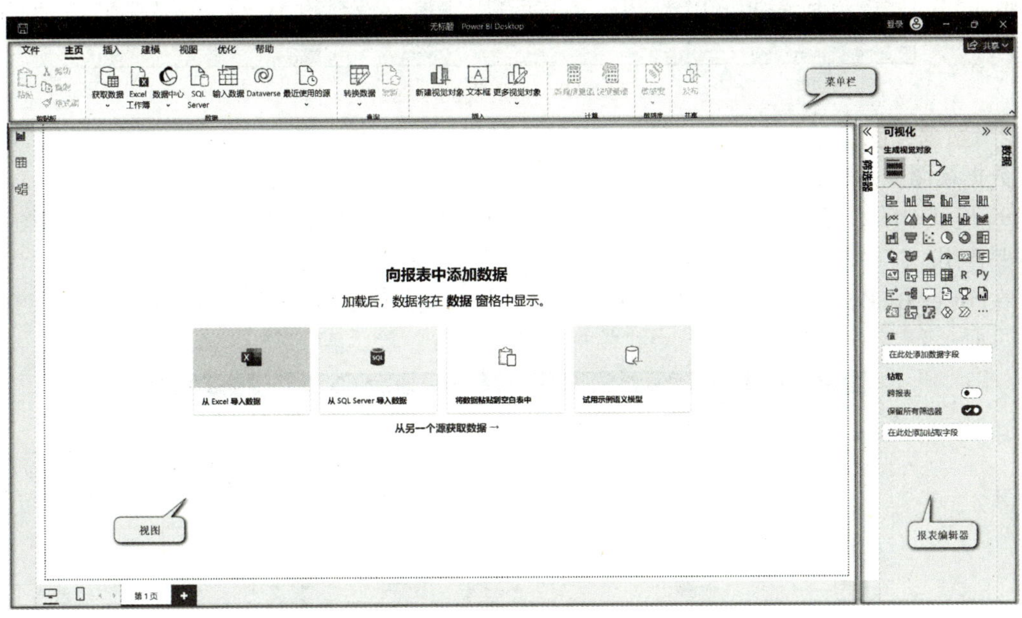

图2–15　Power BI Desktop界面

子任务一　菜单栏

菜单栏主要有“文件”“主页”“插入”“建模”“视图”“优化”“帮助”等菜单，可用于数据可视化的基本操作。

子任务二 视图

Power BI Desktop中有3种视图，分别是报表视图、数据视图和模型视图。下面按照操作的顺序逐一介绍。

1. 报表视图

在报表视图中，用户可以创建任意数量的具有可视化图表的报表页。每一个报表页的初始状态就是一张空白的画布，在画布上可以插入文本、图形、图片，以及条形图、柱形图、地图等各种可视化对象。

在Power BI Desktop中，单击窗口左侧的“报表”按钮，可以看到类似图2-16所示的报表视图页面。

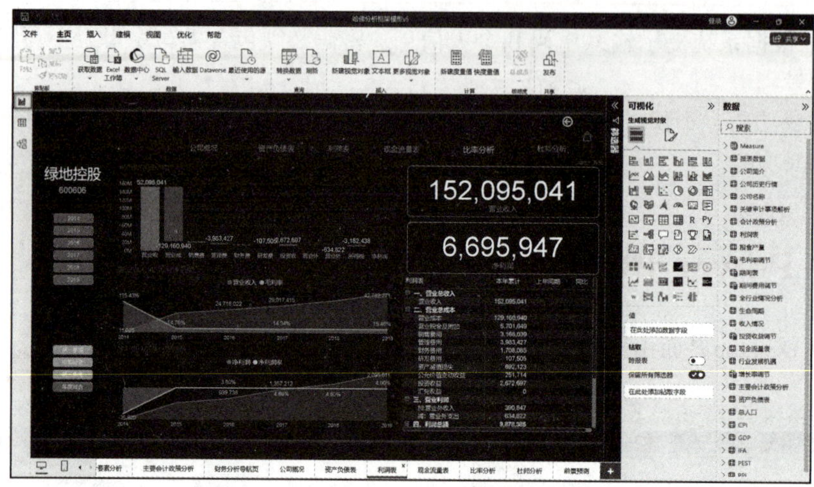

图2-16 报表视图举例

2. 数据视图

数据视图显示的是获取并整理后的数据。用户通过数据视图可检查、浏览和了解Power BI Desktop模型中的数据。在需要创建、计算度量值时，或者需要识别数据类型时，数据视图可发挥重要作用。

在Power BI Desktop中，单击窗口左侧的“数据”按钮，可以看到类似图2-17所示的数据视图页面。

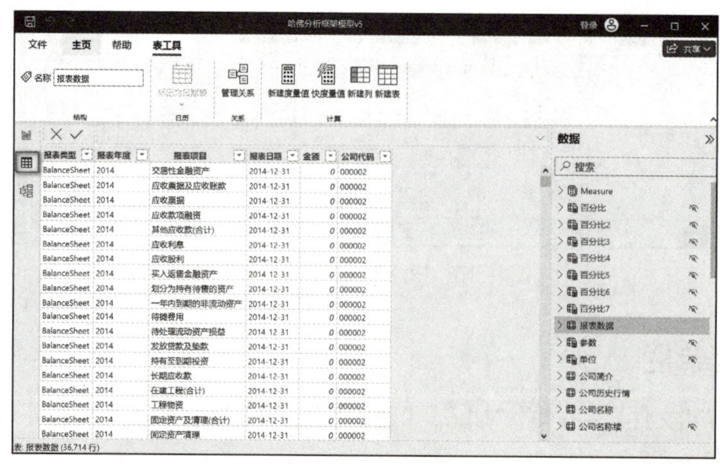

图2-17 数据视图举例

3. 模型视图

模型视图用于显示模型中的所有表、列和关系。在模型视图中可以建立表和表之间的关联，即数据建模。数据建模是数据可视化的基础，因此非常重要。

在Power BI Desktop中，单击窗口左侧的“模型”按钮，可以看到类似图2-18所示的模型视图页面。

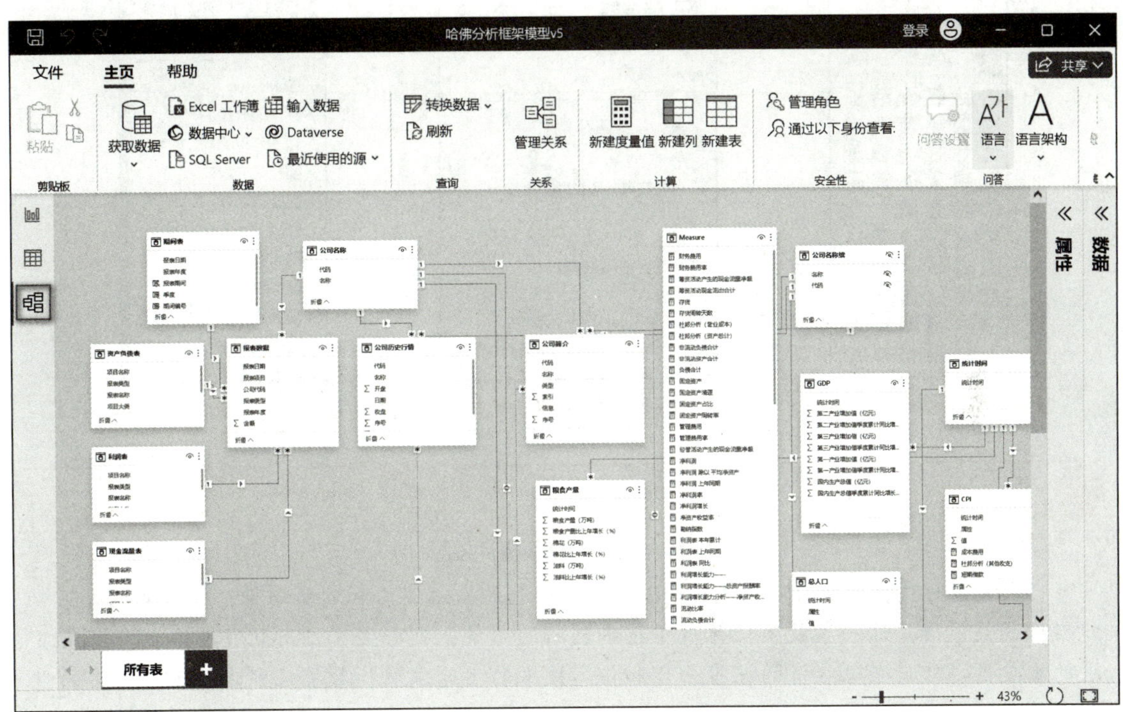

图2-18　模型视图举例

子任务三　报表编辑器

报表编辑器由“可视化”“筛选器”“数据”3个窗格组成。“可视化”和“筛选器”用于控制可视化对象的外观和编辑交互，包括可视化图表类型、格式设置以及筛选器设置等；“数据”则管理用于可视化效果的基础数据。报表编辑器各个窗格中显示的内容会随着报表画布中可视化对象的不同而发生变化。

1. “可视化”窗格

“可视化”窗格提供了饼图、折线图、散点图、地图、切片器等可视化图表类型，如图2-19所示。

用户单击按钮，可以选择可视化图表并设置相关参数；单击按钮，可以设置可视化图表的格式。

2. “筛选器”窗格

“筛选器”窗格主要用于查看和设置视觉级、页面级和报告级筛选器，对可视化图表对象之间的编辑交互范围进行控制，如图2-20所示。

3. “数据”窗格

“数据”窗格主要用于显示数据模型中的表、字段和度量值，并根据需要将相应的字段和度量值拖放到“可视化”窗格的参数设置中或“筛选器”窗格的筛选设置中，用以创建动态可视化效果，如图2-21所示。

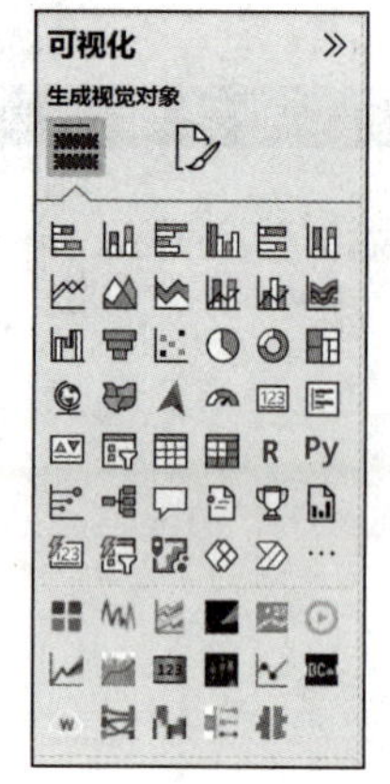

图2-19 “可视化”窗格

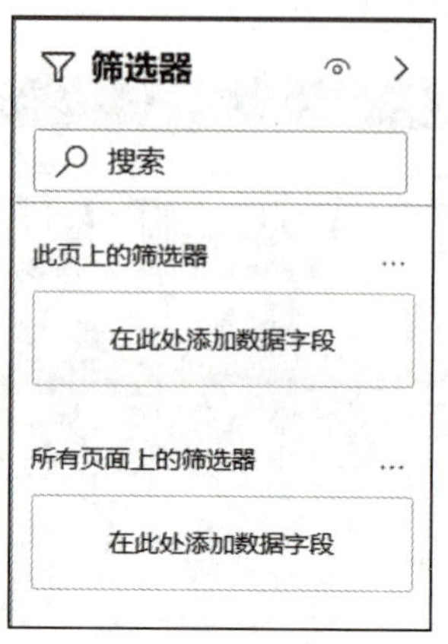

图2-20 “筛选器”窗格

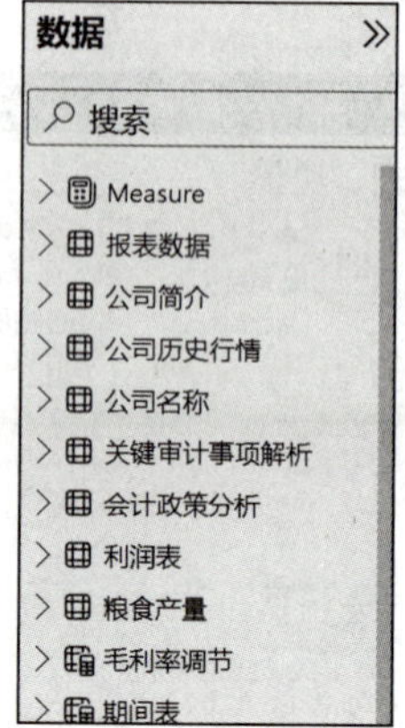

图2-21 “数据”窗格

国际化视野与创新驱动发展

在大数据时代，微软公司的Power BI凭借其卓越的技术实力和创新精神，成为全球商业智能领域的佼佼者。这一成就不仅体现了技术创新的力量，更彰显了国际化视野和创新驱动发展的重要性。随着全球经济的深度融合和信息技术的飞速发展，数据已经成为连接世界的重要纽带。Power BI能够连接数百个数据源，实现数据的实时分析和可视化，为全球范围内的企业和个人提供了强大的决策支持。Power BI不断推出新功能、优化用户体验，满足了不同行业和不同用户的需求。这种创新精神不仅推动了Power BI自身的发展，也为全球的商业智能行业树立了榜样。作为新时代青年，我们应该积极拥抱新技术、新变化，不断提升自己的国际化视野和创新意识。只有这样，我们才能在全球化的浪潮中立于不败之地。

一、单选题

1. Power BI的PC端应用程序是（　　）。

   A. Power BI Online-Service　　B. Power BI Mobile

   C. Power BI App　　D. Power BI Desktop

2. Power BI Online-Service是一种（　　）应用模式。

   A. 移动端　　B. PC端　　C. 云端　　D. 服务器端

3. Power BI Desktop通过调用（　　）进行数据建模和分析。

   A. Power Query　　B. Power Map　　C. Power Pivot　　D. Power View

4. （　　）显示的是获取并整理后的数据，通过它可以检查、浏览和了解Power BI Desktop

模型中的数据。

A. 报表视图　B. 编辑视图　C. 数据视图　D. 模型视图

5. （　　）是“报表”视图的按钮。

A. 　B. 　C. 　D.

二、多选题

1. Power BI的3A特点是（　　）。

A. Any time　B. Any data　C. Any where　D. Any way

2. 2023年高德纳公司发布的《商业智能和分析平台魔力象限》中，处于领导者象限的公司有（　　）。

A. Tableau　B. Microsoft　C. Qlik　D. SAP

3. Power BI 应用模式包括（　　）。

A. PC端应用　B. 云端在线服务　C. 授权应用　D. 移动端应用

4. Power BI整合了（　　）插件。

A. Power Query　B. Power Pivot　C. Power View　D. Power Map

5. Power BI Desktop的视图类型包括（　　）。

A. 报表视图　B. 编辑视图　C. 数据视图　D. 模型视图

三、判断题

1. 自助式商业智能分析工具不再只面向IT部门的技术人员，而是面向不具备IT背景的业务、财务分析人员。（　　）

2. Power BI Desktop通过调用Power Query来获取和整理数据。（　　）

3. 账号注册成功后，仅可使用Power BI Desktop功能，不能使用Power BI Online-Service和Power BI Mobile功能。（　　）

4. “可视化”和“筛选器”用于控制可视化对象的外观和编辑交互，包括可视化图表类型、格式设置、筛选器设置等。（　　）

四、思考题

1. 阐述传统商业智能分析和自助式商业智能分析各有什么特点。

2. Power BI的应用模式有哪几种？它们有何区别？

3. Power BI Desktop的系列组件包括哪些？各有何作用？

4. Power BI Desktop的视图包括哪几种？各有何作用？

五、实训题

1. 下载并安装PC端应用程序Power BI Desktop。

2. 注册个人的Power BI Desktop账号。

项目三

快速实践Power BI

学习目标

- **知识目标**

✧ 能够精准描述数据维度表和事实表的区别。

✧ 能够准确描述自助式商业智能分析工具的一般流程。

✧ 能够准确列举常见的可视化元素。

- **能力目标**

✧ 能够结合企业运营数据，掌握Power BI商业智能分析的一般流程。

- **素养目标**

✧ 具备积极探索、持续学习的态度，能够利用数据分析工具解决实际问题。

✧ 培养动手实践能力，通过实际操作Power BI等数据分析工具，加深对数据可视化分析的理解。

项目导图

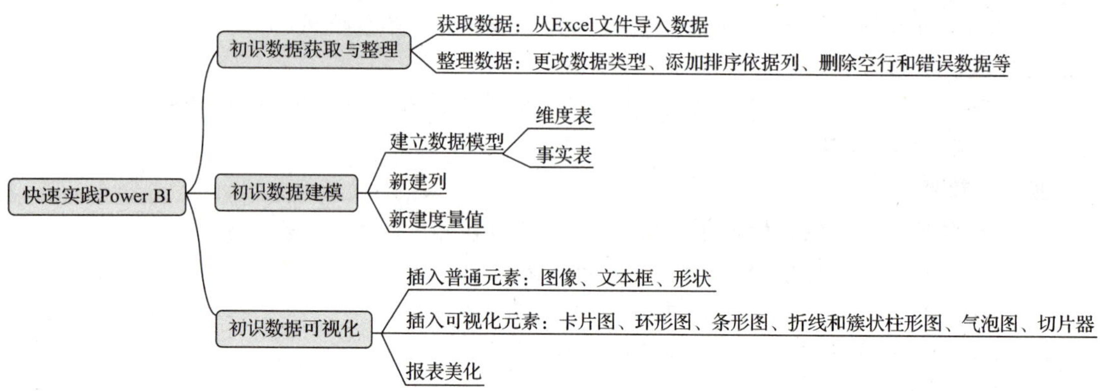

情境案例

微课 3-0

1. 企业简介

烘焙工坊是长春市一家烘焙连锁企业，在全国20个省份共拥有22家店铺，主要制作并销售面包和饼干两类产品，同时代销部分饮料。该连锁企业制作并销售的面包有吐司面包、牛角面包和全麦面包3种，饼干有曲奇饼干和苏打饼干两种；代销的饮料有可乐和果汁两种。

烘焙工坊从其各店的POS信息系统中提取并整理了门店数据、日期数据、产品数据和销售数据（2022年和2023年），希望利用Power BI的可视化分析功能，通过各店相关数据的横向、纵向对比分析，找到存在的问题，发现新的销售增长点。

2. 案例数据

案例数据\项目三\烘焙工坊-案例数据.xlsx

（说明：本书所有案例数据可从教学资源中获取，以下不再重复说明）

（1）工作表数据。“烘焙工坊-案例数据.xlsx”文件包括产品表、日期表、门店表和销售表4张工作表。

① 产品表包括“产品分类ID”“产品分类名称”“产品ID”“产品名称”“单价”共5个字段和7条数据（记录），如图3-1所示。

	A	B	C	D	E
1	产品分类ID	产品分类名称	产品ID	产品名称	单价
2	11	面包	1001	吐司面包	23
3	11	面包	1002	牛角面包	18
4	11	面包	1003	全麦面包	12
5	12	饼干	2001	曲奇饼干	8
6	12	饼干	2002	苏打饼干	6
7	13	饮料	3001	可乐	2
8	13	饮料	3002	果汁	4

图3-1　产品表

② 日期表包括“日期”“年”“月”“季度”共4个字段。部分数据如图3-2所示。

③ 门店表包括“店铺ID”“店铺名称”“省份名称”共3个字段和22条数据。部分数据如图3-3所示。

	A	B	C	D
1	日期	年	月	季度
2	2022/1/1	2022年	1月	第1季度
3	2022/1/2	2022年	1月	第1季度
4	2022/1/3	2022年	1月	第1季度
5	2022/1/4	2022年	1月	第1季度
6	2022/1/5	2022年	1月	第1季度
7	2022/1/6	2022年	1月	第1季度
8	2022/1/7	2022年	1月	第1季度
9	2022/1/8	2022年	1月	第1季度

图3-2　日期表（部分）

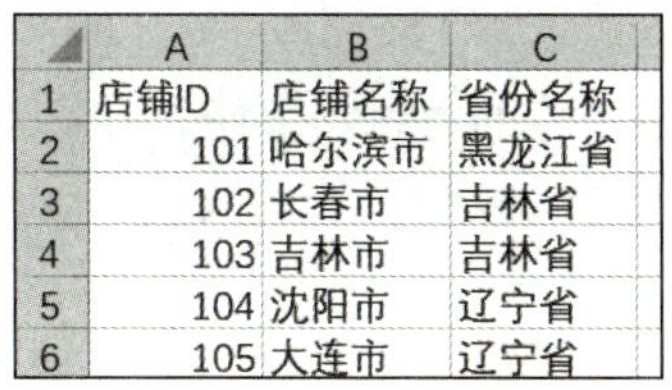

	A	B	C
1	店铺ID	店铺名称	省份名称
2	101	哈尔滨市	黑龙江省
3	102	长春市	吉林省
4	103	吉林市	吉林省
5	104	沈阳市	辽宁省
6	105	大连市	辽宁省

图3-3　门店表（部分）

说明

店铺名称简化为城市名，方便进行地图可视化。

④ 销售表包括“订单号”“订单日期”“店铺ID”“产品ID”“会员ID”“数量”共6个字段和24 812条数据。部分数据如图3-4所示。

	A	B	C	D	E	F
1	订单号	订单日期	店铺ID	产品ID	会员ID	数量
2	N2000001	2022/1/1	111	3002	1495	3
3	N2000002	2022/1/1	104	3002	8769	2
4	N2000003	2022/1/1	110	3002	3613	5
5	N2000004	2022/1/1	110	1001	5860	8
6	N2000005	2022/1/1	104	2002	4684	6
7	N2000006	2022/1/1	102	3002	9356	5
8	N2000007	2022/1/1	102	2001	3455	5
9	N2000008	2022/1/1	106	2001	8495	11
10	N2000009	2022/1/1	111	1003	2141	3
11	N2000010	2022/1/1	111	1002	3650	11
12	N2000011	2022/1/1	109	2001	1725	6

图3-4　销售表（部分）

（2）工作表类型。为了便于数据建模和数据分析，Power BI将数据表分为维度表和事实表两类。维度表的主要特点是包含类别属性信息，数据量较小。本项目案例中的产品表、日期表和门店表就属于维度表。事实表的主要特点是含有多列数值类型的数据，能够提取度量值（在任务二中介绍）信息，数据量较大。本项目案例中的销售表就属于事实表。

财务人员在进行数据分析时，一般是通过维度表中的不同维度来分析事实表中的各类度量值数据。本项目案例就是通过产品表中的“产品分类”“产品名称”，日期表中的“年”“月”“季度”，以及门店表中的“店铺名称”“省份名称”等维度，来分析销售表中的“金额”和“数量”等数据。

项目学习

任务一　初识数据获取与整理

本任务主要包括获取数据和整理数据两部分内容。获取数据是指从各种数据源获取数据。整理数据也叫数据清理或数据清洗，是指通过各种方法将获取的数据整理成正确的数据格式和内容，保证数据满足可视化的要求。

子任务一　获取数据

Power BI可以从文件、数据库、Web网页等几十种数据源中获取各类数据，其中从Excel工作簿中获取数据是最常见的方式。本任务将从“案例数据\项目三\烘焙工坊-案例数据.xlsx”文件中获取可视化分析的数据。

微课 3-1-1

【任务实现】

步骤 01 在“主页”选项卡的“数据”组中单击“Excel工作簿”按钮，或者从视图栏中单击“从Excel导入数据”链接，如图3-5所示。

步骤 02 选择“案例数据\项目三\烘焙工坊-案例数据.xlsx”文件，单击“打开”按钮。

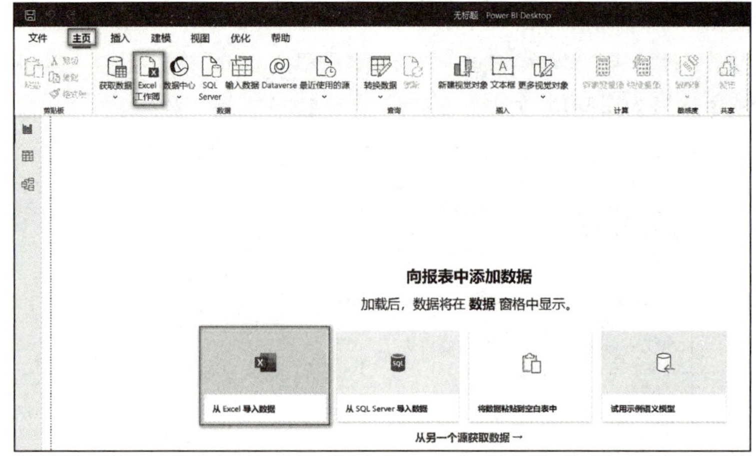

图3-5　获取数据

步骤03 选中“产品表”“门店表”“日期表”“销售表”4张表，单击“加载”按钮，如图3-6所示。

步骤04 单击左上角的按钮，选择相应的存储位置，并输入文件名“烘焙工坊-快速可视化分析”（扩展名默认为pbix），然后单击“保存”按钮。至此，操作人员即得到所需的分析数据。

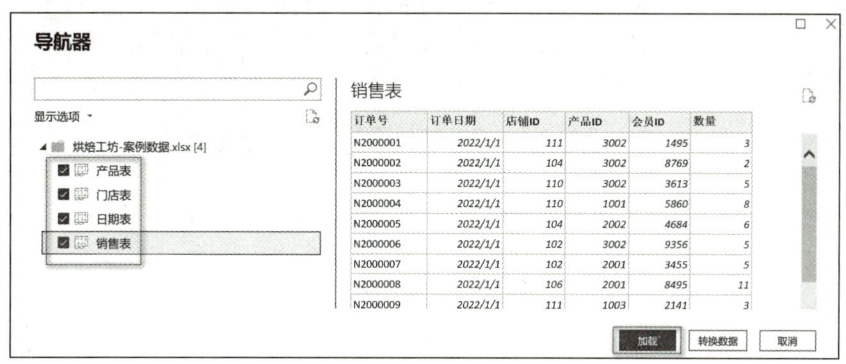

图3-6　加载数据

子任务二　整理数据

下面我们通过调整字段类型、添加排序依据列和删除无用数据来介绍Power BI中整理数据的方法。

微课 3-1-2

1. 更改数据类型

导入Power BI中的数据表，原表的数据类型可能会改变，而且表中可能存在空行、空值等情况，因此需要在集成的Power Query编辑器中整理数据。整理数据的方法主要有筛选、填充、替换、转置、列操作等。本任务整理数据的思路如下。

（1）产品表、门店表和销售表的数据相对完整，不需要调整。

（2）日期表中“年”和“月”的字段类型为日期型，需将其调整为文本型，与原表类型一致。

【任务实现】

步骤01 执行“主页”→“查询”→“转换数据”→“转换数据”命令，如图3-7所示，进入“Power Query编辑器”窗口。

步骤02 选中“日期表”，再单击“年”字段前的按钮，从下拉菜单中选择“文本”选项，如图3-8所示。

图3-7　“转换数据”命令

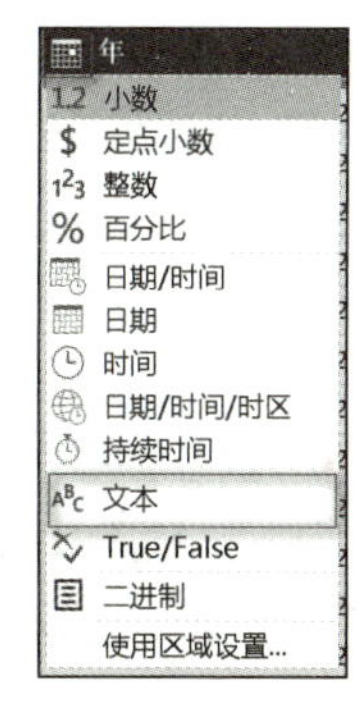

图3-8　调整数据格式

步骤03 单击“替换当前转换”按钮，即可将“年”字段的数据类型改为文本型。同理，可调整“月”字段的数据类型为文本型。调整后的结果如图3-9所示。

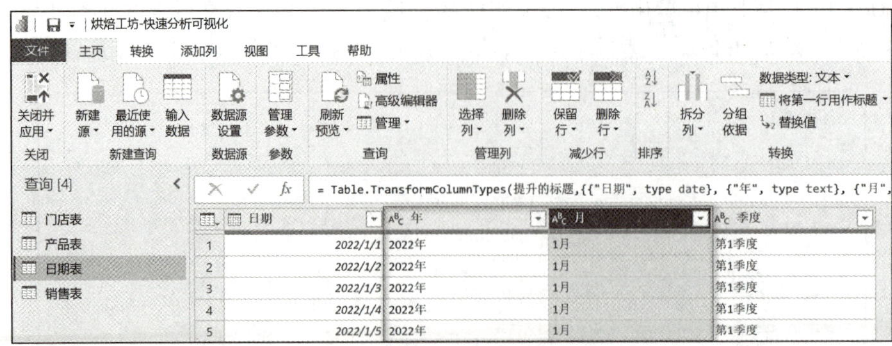

图3-9 调整后的结果

2. 添加排序依据列

“月”字段当前是按文本排序的，这样的顺序不正确。对“月”字段设置排序依据列，即可正确排序。表3-1清晰阐明了对“月”字段按默认排序和设置排序依据列后排序结果的差别。

表3-1 “月”字段不同排序方式的结果

排序方式（升序）	结果
默认	10月、11月、12月、1月、2月、3月、4月、5月、6月、7月、8月、9月
设置排序依据列	1月、2月、3月、4月、5月、6月、7月、8月、9月、10月、11月、12月

本任务需将“月”字段复制一份，然后将数据中的“月”字拆分掉，只保留整数部分作为月份排序的依据。

【任务实现】

步骤01 在Power Query编辑器中，选中“月”字段，执行“添加列”→“常规”→“重复列”命令，如图3-10所示。

图3-10 “重复列”命令

步骤02 系统将自动添加与月份数据相同的列，执行“转换”→“文本列”→“拆分列”→“按字符数”命令，如图3-11所示。

步骤03 在打开的窗口中输入字符数为“1”，并选中“一次，尽可能靠右”单选按钮，然后单击“确定”按钮，如图3-12所示。

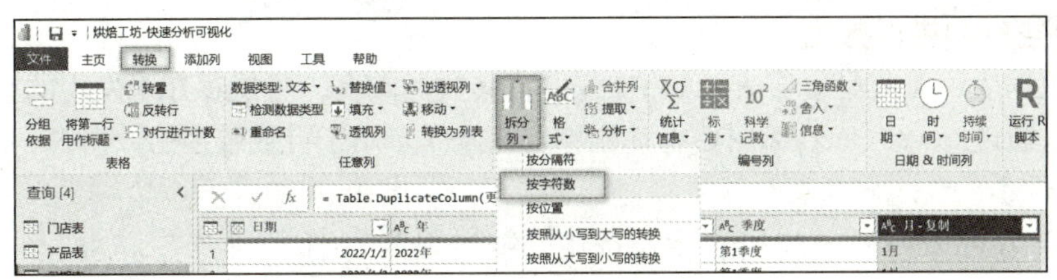

图3-11　按字符数拆分列

图3-12　设置字符数和拆分样式

步骤04 系统将复制的"月"列拆分成两列：月份整数单独一列，"月"字单独一列，如图3-13所示。

	日期	年	月	季度	月-复制.1	月-复制.2
1	2022/1/1	2022年	1月	第1季度	1	月
2	2022/1/2	2022年	1月	第1季度	1	月
3	2022/1/3	2022年	1月	第1季度	1	月
4	2022/1/4	2022年	1月	第1季度	1	月
5	2022/1/5	2022年	1月	第1季度	1	月
6	2022/1/6	2022年	1月	第1季度	1	月

图3-13　拆分结果

步骤05 选中"月-复制2"列，单击鼠标右键，从弹出的快捷菜单中选择"删除"选项，删除该列。然后再双击"月-复制1"列，将其改名为"月排序依据"，如图3-14所示。

	日期	年	月	季度	月排序依据
1	2022/1/1	2022年	1月	第1季度	1
2	2022/1/2	2022年	1月	第1季度	1
3	2022/1/3	2022年	1月	第1季度	1
4	2022/1/4	2022年	1月	第1季度	1

图3-14　重命名列

提示

在Power Query编辑器中，系统会自动记录已经应用（操作）过的步骤。若要回退某一步骤，可选中该步骤并单击鼠标右键，从弹出的快捷菜单中选择"删除"选项，或者单击该步骤前的×按钮，即可删除操作过的步骤，如图3-15所示。

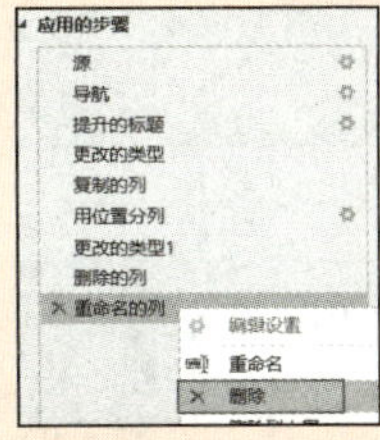

图3-15　删除已经应用过的步骤

3. 删除空行和错误数据

导入的数据表，尤其是事实表（如销售表），其数据较多，可能存在未发现的空行或错误数据，此时可以通过Power Query编辑器将其删除。此操作多用于行数较多的数据表。

【任务实现】

步骤 01 在Power Query编辑器中，选中“销售表”，执行“主页”→“减少行”→“删除行”→“删除空行”和“删除错误”命令，如图3-16所示。

步骤 02 执行“文件”→“关闭”→“关闭并应用”命令，退出Power Query编辑器。

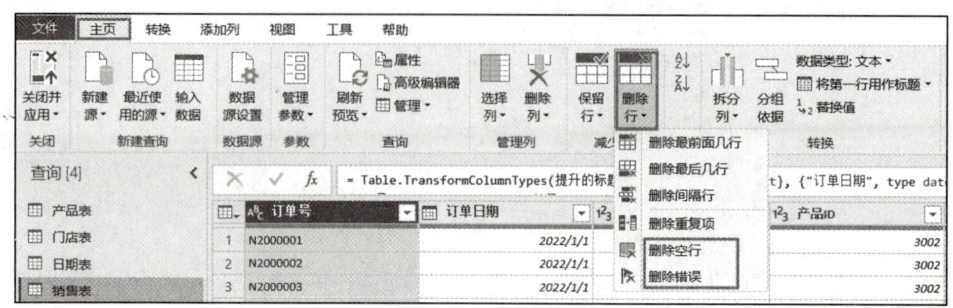

图3-16 删除空行和删除错误

任务二 初识数据建模

Power BI 突破了单表限制，可以从多个表格、多种来源的数据中，根据不同的维度、不同的逻辑来聚合分析数据；而提取数据的前提是要将这些数据表建立关联，这个建立关联的过程就是数据建模。简单来说，数据建模就是建立维度表和事实表之间关联的过程。数据建模后，还可以通过新建列、新建度量值等方式建立各类分析数据，用于可视化分析。

子任务一 建立数据模型

微课 3-2-1

本任务我们将建立维度表（产品表、日期表、门店表）和事实表（销售表）之间的关联，有相同字段的两张表会自动建立关联。例如，产品表通过“产品ID”与销售表自动关联；门店表通过“店铺ID”与销售表自动关联；日期表通过“日期”与销售表中的“订单日期”对应，从而建立与销售表的关联。

了解了各表之间的关联后，可以通过产品分类、产品名称、年、月、季度、店铺名称和省份名称进一步分析烘焙工坊各店铺的销售数据及其他相关数据。各维度表与事实表之间的关联如图3-17所示。

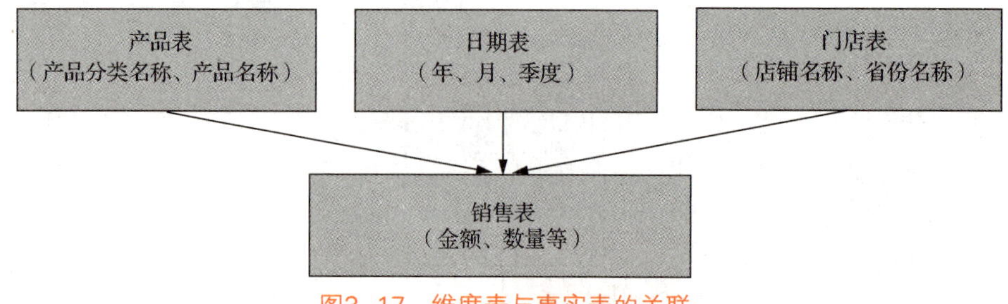

图3-17 维度表与事实表的关联

【任务实现】

步骤01 单击Power BI Desktop窗口左侧的“模型”按钮，即可显示各表之间的关联。产品表、门店表与销售表自动建立关联，将上述3个维度表拖曳到事实表（销售表）的上方，则模型视图如图3-18所示。

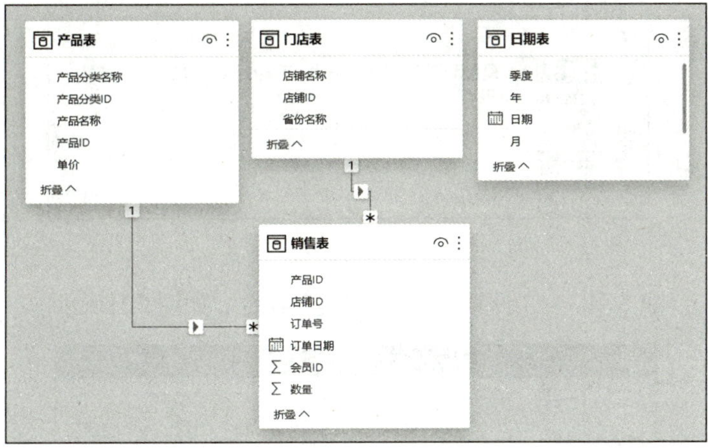

图3-18　模型视图

步骤02 将日期表中的“日期”字段拖曳到销售表的“订单日期”字段，即可建立日期表与销售表之间的关联，如图3-19所示。

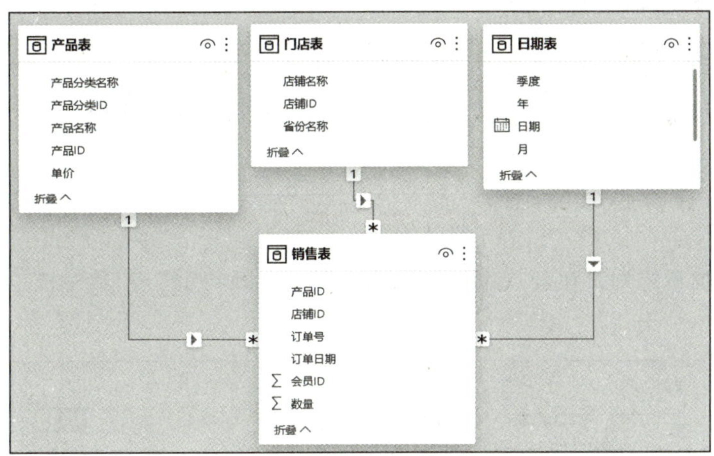

图3-19　创建日期表与销售表之间的关联

子任务二　新建列

由于本案例中销售表只有“数量”列，为了便于计算销售金额，可将产品表中的“单价”列引入销售表并新建“金额”列，从而反映每笔订单的销售金额。新建的两列均需设置DAX（Data Analysis Expression，数据分析表达式）公式。有关DAX公式的内容将在项目五中详细介绍。

```
单价 =RELATED('产品表'[单价])
金额 ='销售表'[数量]*'销售表'[单价]
```

微课 3-2-2

【任务实现】

步骤 01 单击Power BI Desktop窗口左侧的“数据”按钮，选择窗口右侧的“销售表”，然后单击“订单号”字段右侧的下拉按钮，从弹出的下拉菜单中选择“以升序排序”选项，如图3-20所示。

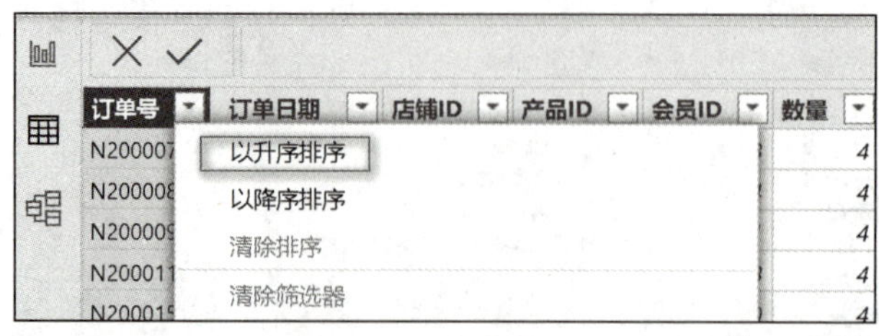

图3-20 字段排序

步骤 02 执行“表工具”→“计算”→“新建列”命令，如图3-21所示。

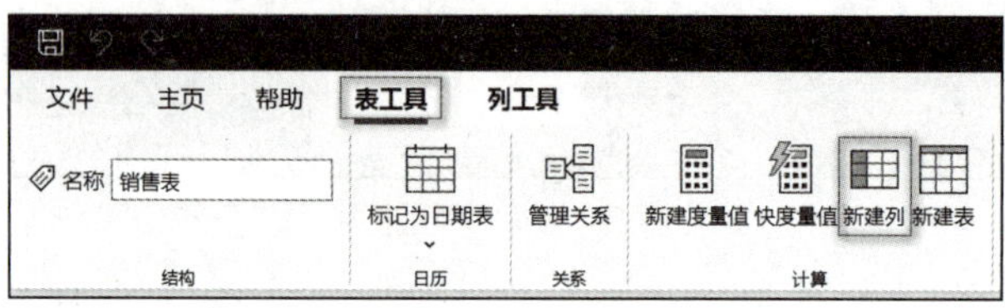

图3-21 新建列

步骤 03 在公式编辑栏输入公式“单价=RELATED('产品表'[单价])”，如图3-22所示。

图3-22 输入“单价”公式

步骤 04 继续新建列，在公式编辑栏输入公式“金额='销售表'[数量]*'销售表'[单价]”，如图3-23所示。

图3-23 输入“金额”公式

子任务三 新建度量值

度量值可以说是Power BI数据建模的核心，指的是用DAX公式创建一个虚拟字段的数据值。度量值不改变源数据，也不改变数据模型，它可以随着不同维度的选择而变化，一般在报表交互时使用。因此，度量值又被称为“移动的公式”。

本任务共设置4个度量值，分别是“销售金额”“销售数量”“营业店铺数量”“单店平均销售额”。它们的DAX公式分别如下。

```
销售金额 =SUM('销售表'[金额])
销售数量 =SUM('销售表'[数量])
营业店铺数量 = DISTINCTCOUNT('销售表'[店铺ID])
单店平均销售额 =[销售金额]/[营业店铺数量]
```

【任务实现】

步骤01 选择“销售表”，执行“表工具”→“计算”→“新建度量值”命令，如图3-24所示。此外，我们在“主页”选项卡的“计算”组中也可以找到“新建度量值”命令。

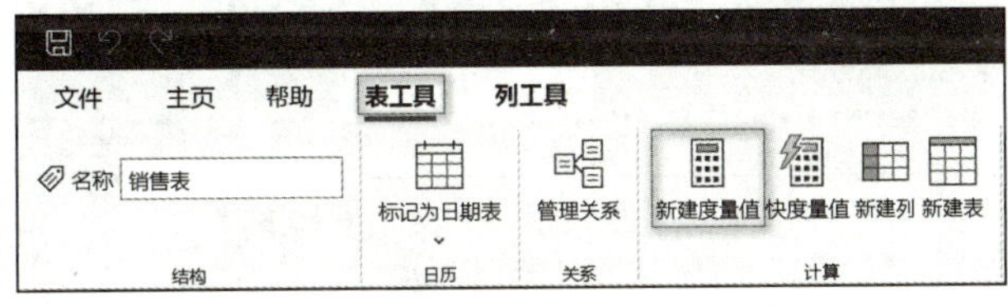

图3-24 “新建度量值”命令

步骤02 在公式编辑栏输入度量值公式“销售金额=SUM('销售表'[金额])”，如图3-25所示。

步骤03 在右侧“数据”窗格下方可查看到新增的“销售金额”度量值，如图3-26所示。

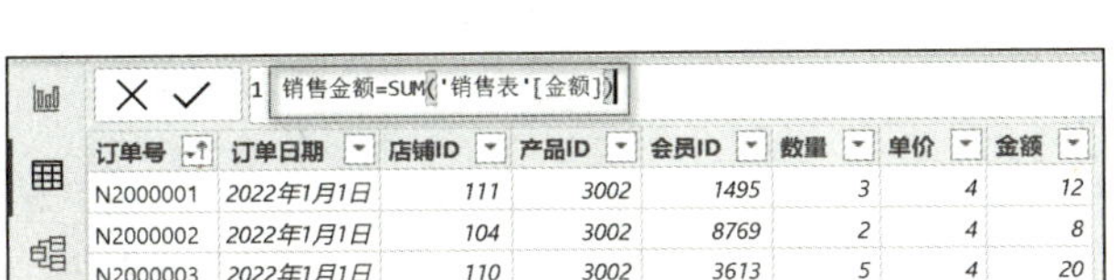

图3-25 输入“销售金额”度量值公式

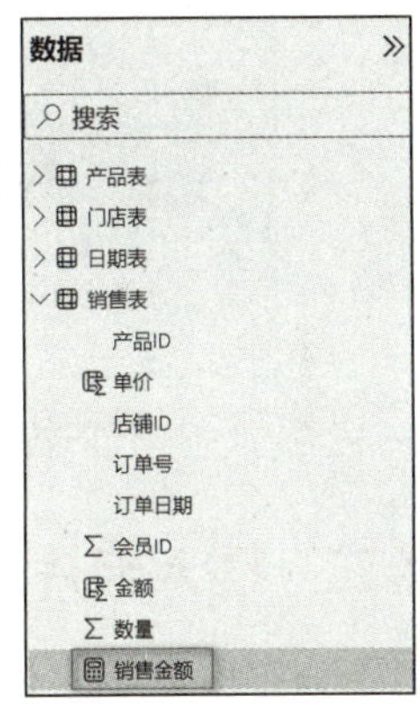

图3-26 查看“销售金额”度量值

步骤04 同理，可设置“销售数量”“营业店铺数量”“单店平均销售额”3个度量值的公式。

任务三 初识数据可视化

数据可视化就是在Power BI报表页插入各种图表等可视化元素来展示数据。Power BI自带的图表元素有条形图、柱形图、散点图、折线图、卡片图、切片器等。用户也可以从相关网站下载个性化的图表元素，进行更加炫酷的可视化展示。

微课 3-3-1

子任务一 插入图像、文本框、形状

为了体现不同公司的可视化内容和风格，我们通常会在可视化页面加上公司的标识（Logo），这时就会用到插入图像和文本框功能。插入竖线、横线等形状将不同的可视化元素进行分割，能够使可视化页面更加清晰、明确。

本任务将插入“烘焙工坊”的Logo图像和文字。图像文件与本项目案例源文件来自同一文件夹。另外，我们还要在Logo下插入一条横线。

【任务实现】

步骤01 单击窗口左侧的“报表”按钮，然后执行“插入”→“元素”→“图像”命令，选择要插入的图像文件，即可插入烘焙工坊的Logo图像，如图3-27所示。按同样的方法，分别单击“文本框”和“形状”按钮，可插入烘焙工坊的店铺名称和线条。

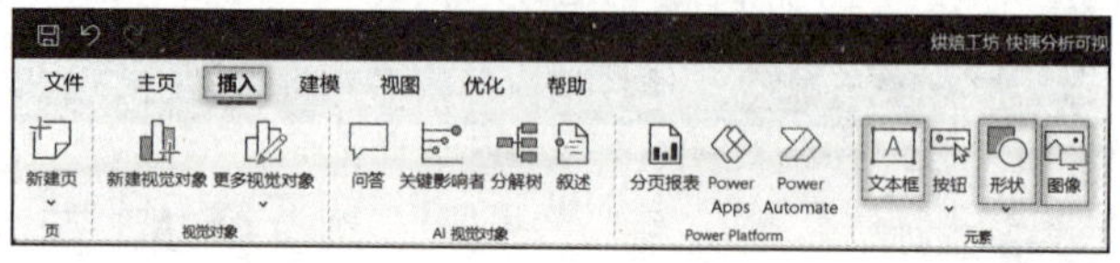

图3-27 插入图像、文本框和形状

步骤02 在窗口右侧的“设置形状格式”窗格中，设置线条颜色，如图3-28所示。

步骤03 将添加的各个元素调整到合适的位置和大小，最终得到的结果如图3-29所示。

图3-28 设置线条的格式

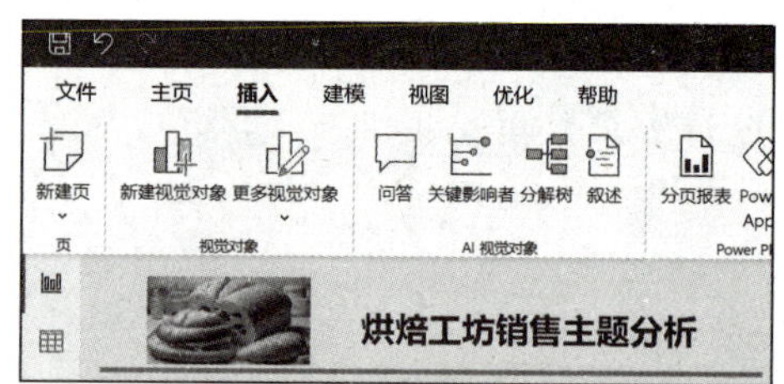

图3-29 最终结果

子任务二 插入卡片图

卡片图通常用于突出显示可视化分析的关键数据，比如收入、利润、完成率等指标。本任务将“销售金额”“销售数量”“营业店铺数量”“单店平均销售额”4个度量值以卡片图形式呈现。

微课 3-3-2

【任务实现】

步骤01 单击窗口右侧“可视化”窗格中的“卡片图”按钮，然后将“字段”窗格中“销售表”的“销售金额”度量值拖曳到“字段”处。再单击“格式”按钮，在“视觉对象”→“标注值”→“字体”栏设置文本大小为25，将“常规”→“效果”→“视觉对象边框”设置为打开，同时将圆角像素设置为7，结果如图3-30所示。

图3-30 插入卡片图

步骤 02 复制此卡片图3份，分别更改为“销售数量”“营业店铺数量”“单店平均销售额”3个度量值，调整其大小及合适位置，结果如图3-31所示。

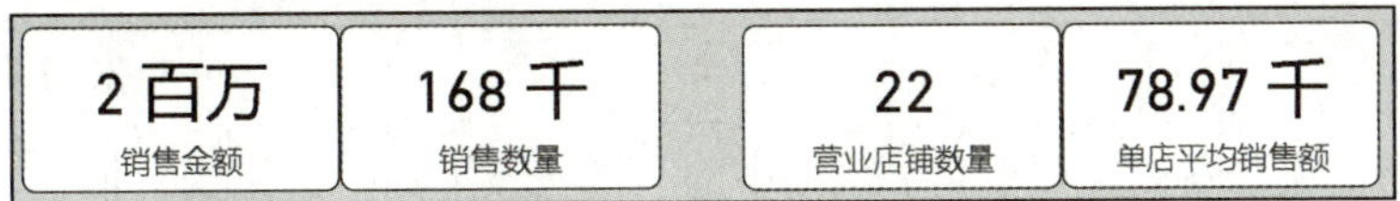

图3-31 插入其他卡片图并调整大小及位置

子任务三 插入环形图

微课 3-3-3

环形图也叫圆环图，它形如中间挖空的饼图，依靠环形的长度来展示比例的大小。本任务将在环形图中显示不同产品的销售金额占比情况。环形图的可视化参数设置如表3-2所示。

表3-2 环形图的可视化参数设置

参数名称	图例	值
属性值	产品名称	销售金额

【任务实现】

步骤 01 单击窗口右侧“可视化”窗格中的“环形图”按钮◎，根据表3-2中的可视化参数设置将“字段”窗格中的相关字段拖曳到“可视化”窗格的相应参数中，如图3-32所示。

步骤 02 用户可将其调整到合适位置，并设置数据显示格式及标题背景色（灰色），得到的环形图可视化结果如图3-33所示。

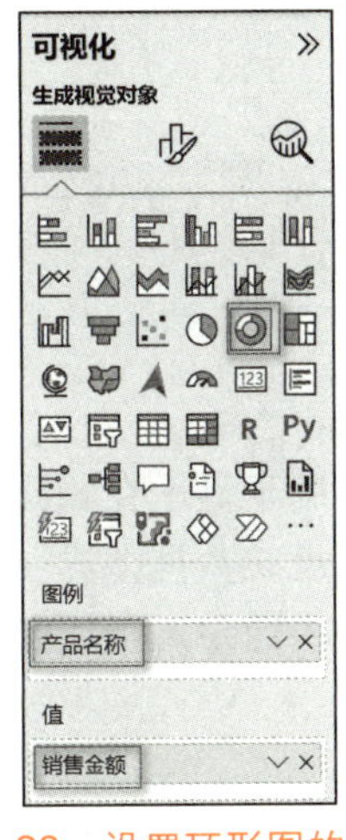

图3-32 设置环形图的属性

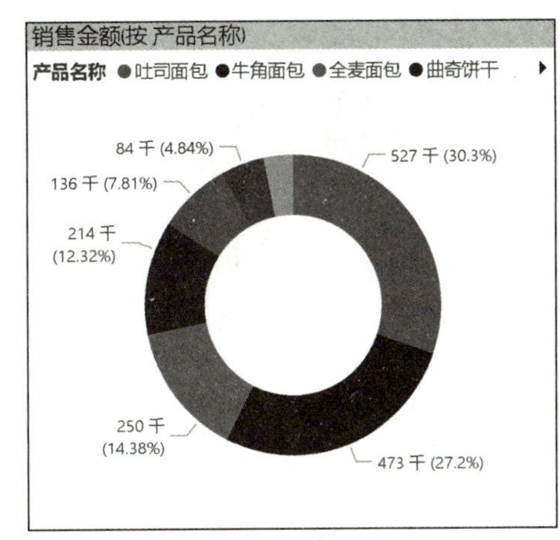

图3-33 环形图的可视化效果

子任务四 插入条形图

微课 3-3-4

条形图可利用条形的长度反映数据的差异，通常适用于多个项目的分类排名比较。本任务将在条形图中显示不同产品分类下的销售额，并按销售额大小进行排序。条形图的可视化参数设置如表3-3所示。

表3-3 条形图的可视化参数设置

参数名称	Y轴	X轴	图例
属性值	产品分类名称	销售金额	产品分类名称

【任务实现】

步骤01 单击窗口右侧“可视化”窗格中的“堆积条形图”按钮，根据表3-3中的可视化参数设置将“字段”窗格的相关字段拖曳到“可视化”窗格的相应参数中，如图3-34所示。

步骤02 单击“可视化”窗格中的“更多选项”按钮…，从弹出菜单中选择“排列轴”→“销售金额”→“以降序排序”选项，则销售金额可按降序排序，如图3-35所示。

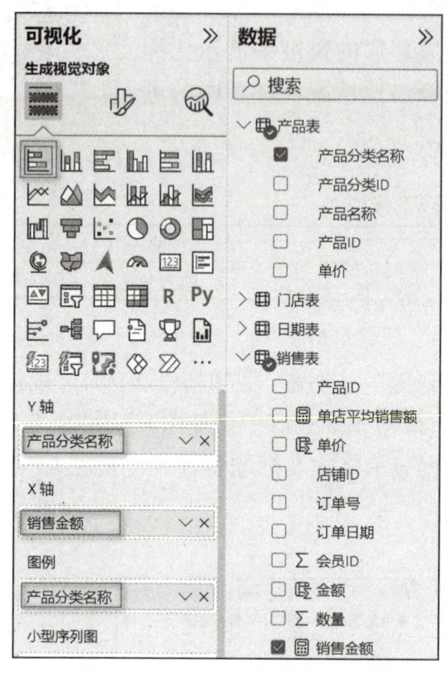

图3-34 设置条形图的属性

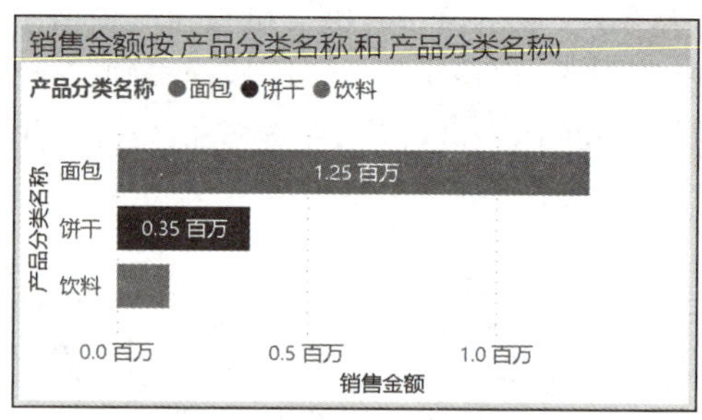

图3-35 条形图的可视化效果

子任务五 插入折线和簇状柱形图

微课 3-3-5[①]

折线图可以显示随时间变化的连续数据，适用于显示在相同时间间隔内的数据变化趋势。簇状柱形图可以利用柱形的高度反映数据差异。本任务将在折线和簇状柱形图中显示不同月份的销售金额和销售数量。折线和簇状柱形图的可视化参数设置如表3-4所示。

表3-4 折线和簇状柱形图的可视化参数设置

参数名称	X轴	列Y轴	行Y轴
属性值	月	销售金额	销售数量

【任务实现】

步骤01 单击窗口右侧“可视化”窗格中的“折线和簇状柱形图”按钮，根据表3-4中的参数设置将“字段”窗格中的相关字段拖曳到“可视化”窗格的相应参数中，如图3-36所示。

① 本微课视频中操作演示部分使用折线和堆积柱形图来完成，实际效果与使用折线和簇状柱形图是一样的。

步骤02 单击“可视化”窗格中的···按钮，从弹出菜单中选择“排列轴”→“月”→“以升序排序”选项，如图3-37所示。

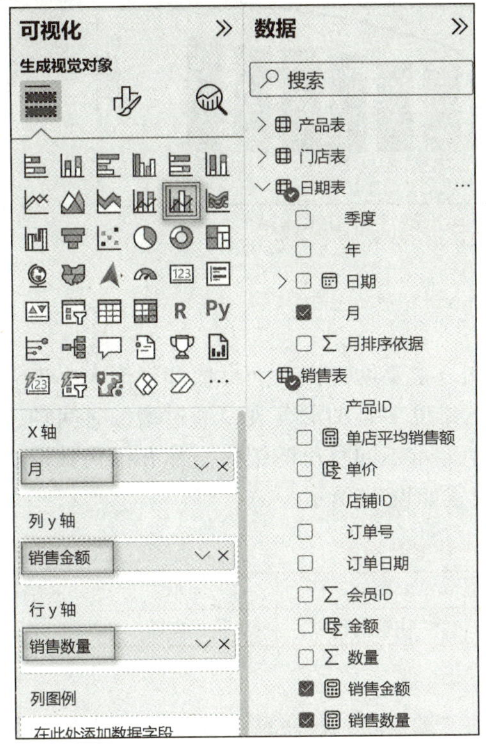

图3-36　设置折线和簇状柱形图的属性

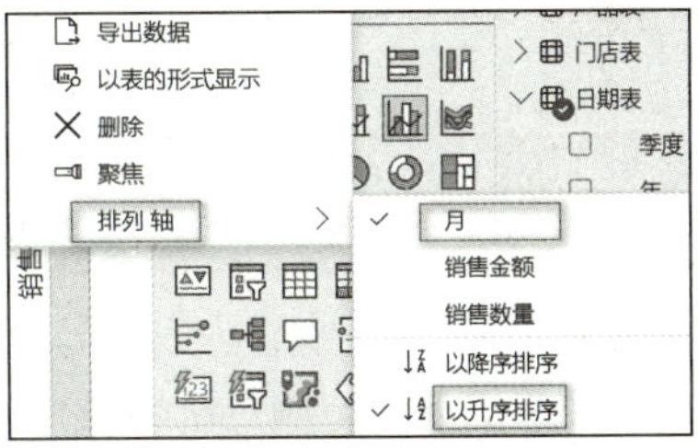

图3-37　按月以升序排序

步骤03 选中日期表中的“月”字段，再执行“列工具”→“排序”→“按列排序”→“月排序依据”命令，如图3-38所示。

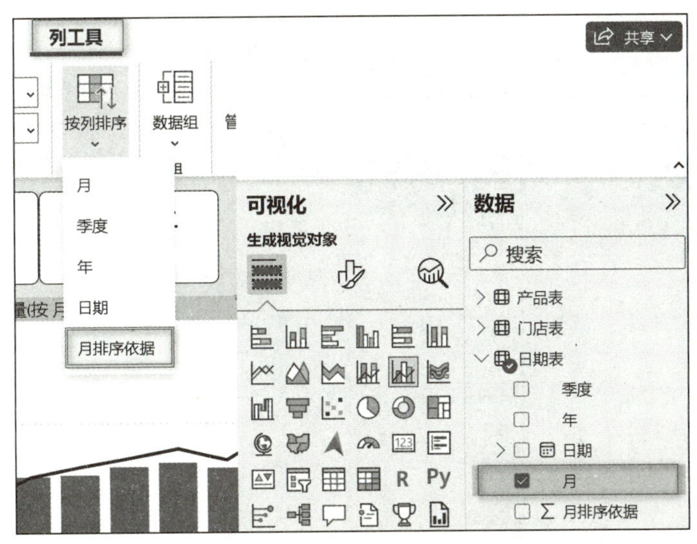

图3-38　“月排序依据”命令

步骤04 设置后的折线和簇状柱形图的可视化效果如图3-39所示。

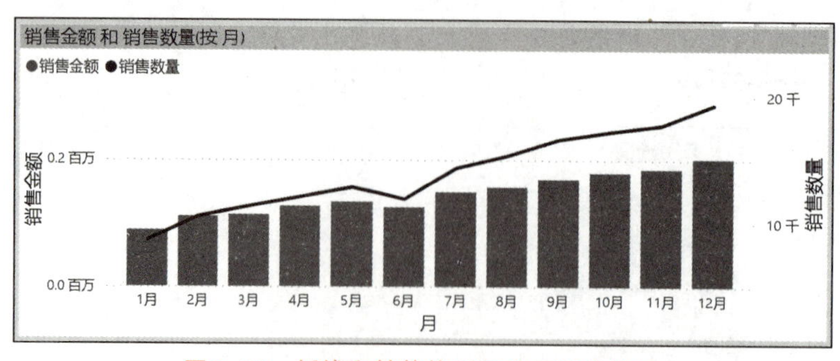

图3-39　折线和簇状柱形图的可视化效果

微课 3-3-6

子任务六　插入气泡图

气泡图是一种特殊的散点图，主要通过横纵坐标值和气泡大小来展现数据的分布情况。气泡图表现数据的维度多且图形美观，通过增加时间轴还可动态展示数据。本任务将在气泡图中显示不同月份的销售金额和销售数量的动态变化情况。气泡图的可视化参数设置如表3-5所示。

表3-5　　气泡图的可视化参数设置

参数名称	X轴	Y轴	图例	大小	播放轴
属性值	销售金额	销售数量	店铺名称	销售金额	月

【任务实现】

步骤01 单击窗口右侧“可视化”窗格中的“散点图”按钮，根据表3-5中的参数设置将窗口右侧“字段”窗格的相关字段拖曳到“可视化”窗格的相应参数中，如图3-40所示。

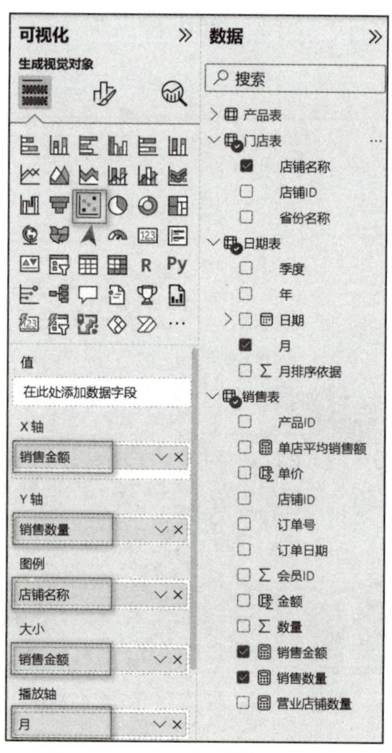

图3-40　设置气泡图的属性

步骤02 生成的气泡图可视化效果如图3-41所示。单击▶，可查看气泡图的动态显示效果。

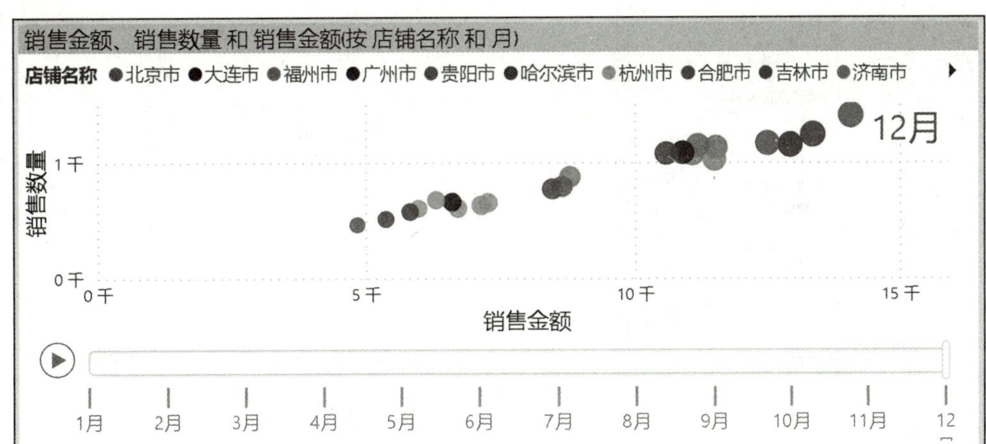

图3-41 气泡图的可视化效果

子任务七 插入切片器

切片器是画布中的视觉筛选器，是报表中的一种可视化图形元素。切片器本身不为了展示数据，而是作为展示数据时的各种维度选择。本任务将设置“年”和“店铺名称”切片器，通过切片器中不同年度、不同店铺的选择来展示各类分析数据。

【任务实现】

步骤01 单击窗口右侧“可视化”窗格中的“切片器”按钮，然后将右侧“日期表”中的“年”拖曳到左侧“可视化”窗格下方的“字段”参数中，如图3-42所示。

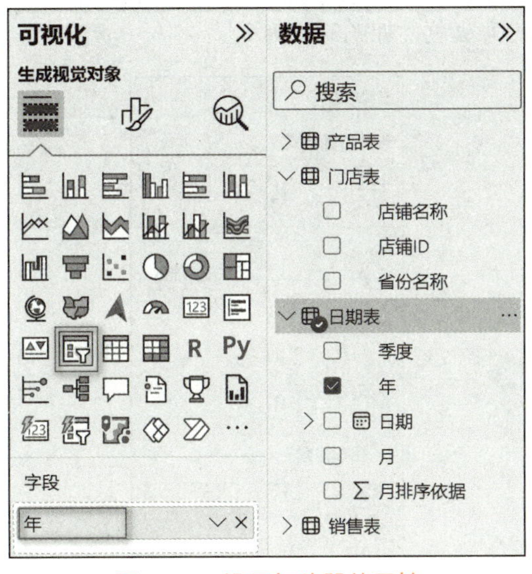

图3-42 设置切片器的属性

步骤02 选中切片器，然后单击“可视化”窗格中的“格式”按钮，并将切片器的“边框”设为“开”，如图3-43所示。最终得到的“年”切片器可视化效果如图3-44所示。

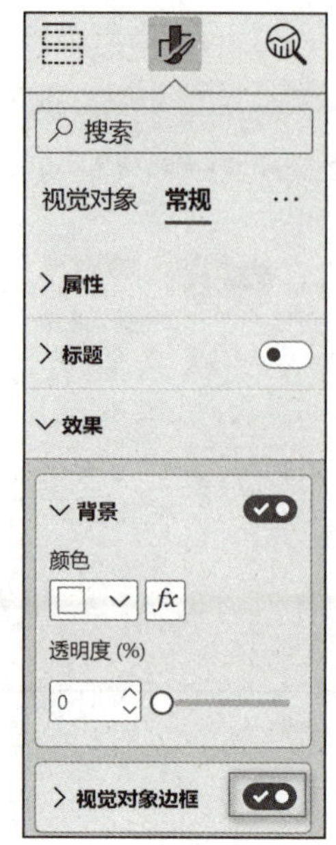

图3-43 设置切片器的格式

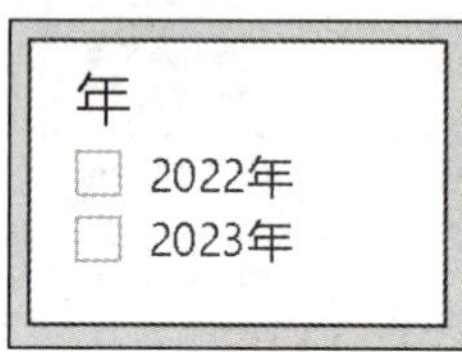

图3-44 "年"切片器的可视化效果

步骤03 用同样的方法，设置"店铺名称"切片器。

子任务八 报表美化

微课 3-3-8

设置好报表中的各类可视化元素后，需调整各类可视化元素的位置，以及格式、主题风格等，使其更加美观、醒目。本任务要设置画布的背景色。

【任务实现】

步骤01 单击画布空白处，单击"可视化"窗格中的"格式"按钮，将背景色设置为灰色，如图3-45所示。

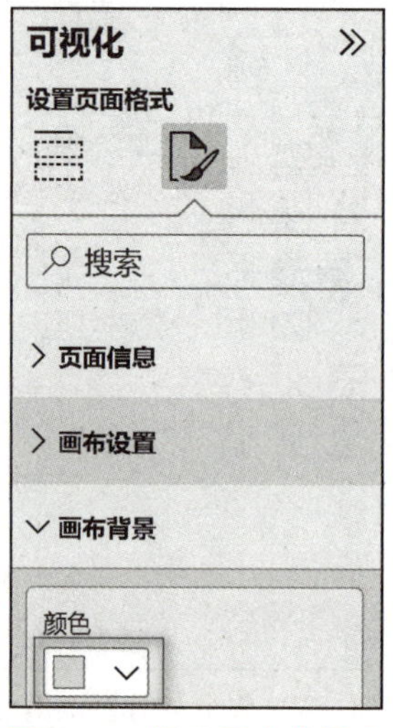

图3-45 设置画布背景色

步骤02 根据需要，对报表进行其他美化操作。美化后的报表（整体）如图3-46所示。

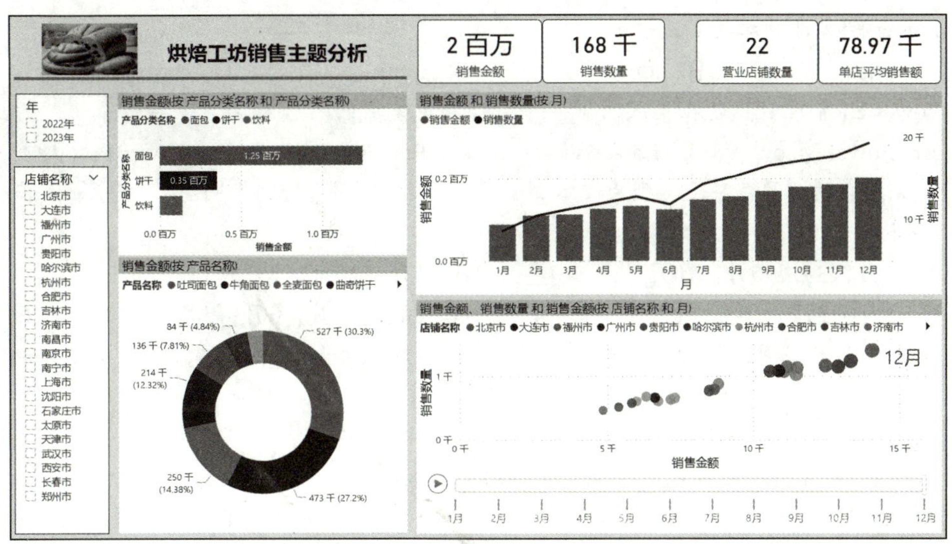

图3-46　报表页显示效果

时代新知

中小企业数字化转型之路

随着数字经济时代的到来，中小企业纷纷踏上数字化转型的征程。烘焙工坊，作为一家拥有22个店铺的烘焙连锁企业，面临着激烈的市场竞争和消费者日益多样化的需求。为了提升竞争力，烘焙工坊决定利用Power BI进行数据分析，以实现精准决策和业务拓展。

本项目情境案例中，烘焙工坊在数字化转型的过程中，首先整合了各门店的POS信息系统，提取了门店数据、日期数据、产品数据和销售数据。通过Power BI的可视化分析功能，管理团队发现了一些问题：部分门店的销售额波动较大，部分产品的销售增长率低于企业平均水平。

知识链接

《中小企业数字化转型指南》

针对这些问题，管理团队进行了深入的横向和纵向对比分析，发现部分门店的产品结构单一，且缺乏与消费者的互动和反馈机制。为了解决这个问题，烘焙工坊决定优化产品结构，增加新品研发，并加强与消费者的互动。同时，利用Power BI的数据分析功能，烘焙工坊还发现了新的销售增长点：在某些地区，消费者对无糖低脂的烘焙食品需求较大。针对这一需求，烘焙工坊推出了无糖全麦面包等健康产品，并加强了相关产品的宣传和推广。

巩固提高

一、单选题

1. 在“烘焙工坊”案例中，下列属于事实表的是（　　）。

   A. 产品表　　B. 销售表　　C. 日期表　　D. 门店表

2. 为了便于数据建模和数据分析，Power BI将数据表分为（　　）两类。

   A. 一维表和二维表　　B. 一维表和事实表

   C. 二维表和维度表　　D. 维度表和事实表

3. Power BI文件的扩展名是（　　）。

A. .xlsx　　B. .docx　　C. .pbix　　D. .pptx

4. Power BI 整理数据是在集成的（　　）程序中完成的。

A. Power Map　　B. Power View　　C. Power Query　　D. Power Pivot

5. 某日期表的“月”字段类型为文本型，其值包括“3月”“5月”“1月”“10月”，若对“月”字段以升序排序，则排序后的结果为（　　）。

A. 1月，3月，5月，10月　　B. 1月，10月，3月，5月

C. 3月，5月，10月，1月　　D. 10月，1月，3月，5月

6. 将日期表的“月”字段值（如“12月”）拆分成数字和文字两列，本项目中采用的拆分方法是（　　）。

A. 按位置　　B. 按字符数　　C. 按分隔符　　D. 按数字

7.（　　）通常用于突出显示可视化分析的关键数据。

A. 折线图　　B. 卡片图　　C. 切片器　　D. 条形图

8. 在条形图中，若要不同产品分类名称的条形显示不同的颜色，如图3-47所示，则需要将产品分类名称设置到（　　）属性中。

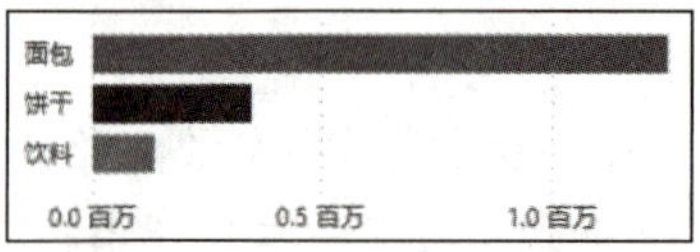

图3-47　设置条形颜色

A. 轴　　B. 分类　　C. 图例　　D. 值

9. 在可视化元素中，[图标]代表的是（　　）。

A. 切片器　　B. 筛选器　　C. 漏斗图　　D. 卡片图

10. 能够设置可视化元素格式的按钮是（　　）。

A. [图标]　　B. [图标]　　C. [图标]　　D. [图标]

二、多选题

1. 在“烘焙工坊”案例中，下列属于维度表的有（　　）。

A. 销售表　　B. 产品表　　C. 日期表　　D. 门店表

2. Power BI中，下列关于事实表的说法正确的有（　　）。

A. 事实表一般含有多列数值类型的数据

B. 事实表一般仅含有一列数值类型的数据

C. 事实表的数据通常较多

D. 事实表的数据通常较少

3. Power BI的数据类型有（　　）。

A. 小数　　B. 整数　　C. 数组　　D. 日期

4. Power BI中整理数据的方法有（　　）。

A. 筛选　　B. 填充　　C. 替换　　D. 转置

5. 下列关于度量值的说法正确的有（　　）。

A. 度量值是用DAX公式创建一个虚拟字段的数据值

B. 度量值通常取自维度表

C. 度量值不改变源数据

D. 度量值可以改变数据模型

6. 下列关于切片器的说法正确的有（　　）。

A. 切片器不是报表中的一种可视化图形元素

B. 切片器本身不为了展示数据

C. 切片器是展示数据时的各种维度选择

D. 通过切片器可以实现数据的动态展示

三、判断题

1. 维度表的主要特点是包含类别属性信息，且数据量较小。（　　）

2. 数据建模也叫数据清理或数据清洗，是指通过各种方法将获取的数据整理成正确的数据格式和内容。（　　）

3. 数据清洗之前通常要先获取数据。（　　）

4. Power BI只能从Excel工作簿中获取数据。（　　）

5. Power Query编辑器中返回上一步的操作是单击↶按钮。（　　）

6. 数据建模就是建立维度表和事实表之间关系的过程。（　　）

7. Power BI中，若只导入一张数据表，也需要数据建模。（　　）

8. Power BI中，度量值可以说是Power BI数据建模的核心。（　　）

四、思考题

1. 简述维度表和事实表有何区别。本项目案例中哪些表属于维度表，哪些表属于事实表？

2. Power BI商业智能分析的一般处理流程是什么？

3. 在对本项目案例进行数据可视化时，用到了哪些可视化元素，它们的作用是什么？

五、实训题

1. 请完成本项目的学习后，将图3-46中的报表显示结果重新设计，包括选择新的可视化元素、重新排列位置、更改显示颜色等。

2. 请跟着右侧视频对自行车销售记录数据进行探索性分析。

微课 3-4

案例数据\项目三\自行车门店销售记录.xlsx

分析后，请思考并回答下列问题。

（1）本案例用到了哪些数据清洗（数据整理）功能？

（2）本案例是否用到了数据建模？本案例是否设置了度量值？

（3）本案例使用了哪几种可视化元素？

（4）本案例设置了哪两种切片器？

（5）在条形图的可视化设置中，如何对销售额排名前5的销售代表进行排序？

项目四

数据获取与整理

学习目标

- **知识目标**

✧ 能够准确列举Power BI获取数据、整理数据的常用方法。

✧ 能够精准描述Power BI数据拆分、提取和合并等常用操作。

✧ 能够精准描述Power BI数据透视和逆透视的操作。

✧ 能够精准描述Power BI追加查询与合并查询操作。

✧ 能够准确阐述合并查询中表的各种联接方式。

- **能力目标**

✧ 能够结合具体案例，通过Power BI获取各种类型的数据。

✧ 能够结合具体案例，通过Power BI进行各种数据整理操作，使数据符合可视化要求。

- **素养目标**

✧ 形成对数据质量、数据治理的敏感性和责任感，认识到数据清洗工作的挑战和重要性。

✧ 认识到数据安全和隐私保护的重要性，确保在使用Power BI等工具进行数据获取和清洗时能够合法、合规地处理数据。

项目导图

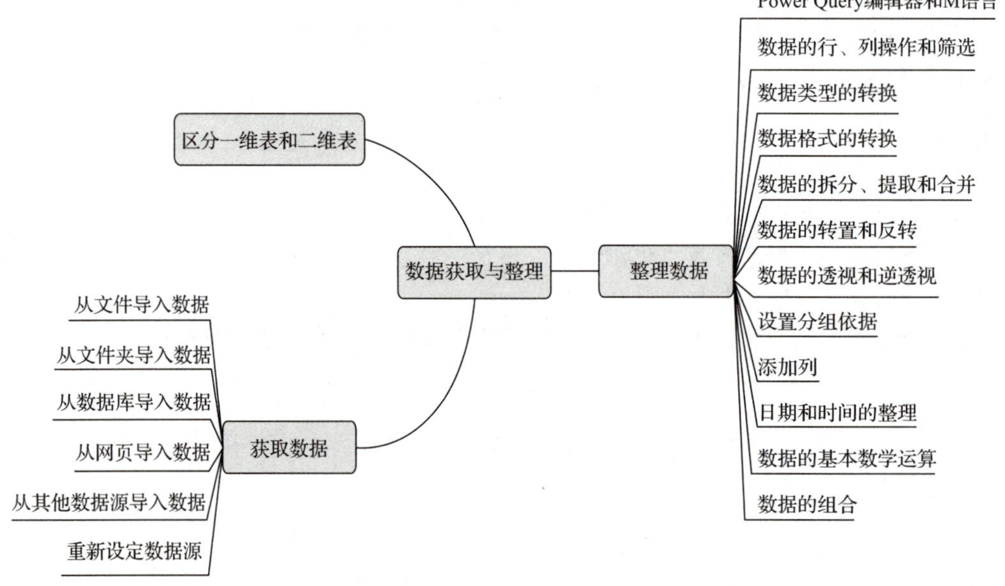

情境案例

要进行数据分析，就离不开有效数据的支持。例如，数据分析人员要想通过对各项业务数据和财务数据的深入分析，了解企业的运营情况，帮助企业制订有效的生产计划和发展战略，首先必须获得有效的数据。这些数据可能来自企业ERP系统的业务和财务数据，也可能来自权威机构的公开数据。我们在进行数据分析时，可以将从各种数据源获取的不同格式的数据导入Power BI，然后对这些数据进行整理，为下一步的数据分析作准备。

本项目的案例数据比较分散，主要包括的类型有Excel文件格式、文本文件格式、数据库文件格式和文件夹格式等。这些案例数据的原型如下。

- 某连锁店的销售数据。
- 北京空气质量指数历史数据。
- 4个直辖市年度财政收入数据。
- 某公司ERP系统中的财务数据。
- 融智财经大数据平台数据。
- 2013—2022年国家财政收入年度数据。
- 某淘宝店铺的日访问量和日销售数据。
- 某健身会所的会员信息。
- 某电子公司的产品销售数据。
- 某公司的会议邀请信息和参会信息数据。

项目学习

任务一　区分一维表和二维表

微课 4-1

目前，大部分企事业单位从不同信息系统中获取的数据，一般都会导出为Excel文件格式进行数据分析。虽然Power BI已经具有一定的数据规范整理能力，但为进一步提高数据处理效率，提前对Excel数据进行一些预处理，使之更加标准化、规范化也很有必要。

Excel表格大多为清单型表格。所谓清单型表格，是指按照一定的顺序，清晰明了地保存原始数据的表格。清单型表格的表现形式分为一维表和二维表两种。

> **提示**
>
> 在数据分析过程中，请尽量使用一维表。实际工作中，如果取得的数据是二维表，可以采用一定的方法将其处理成一维表。处理方式有两种：第一种方式，在 Power BI中利用逆透视功能将二维表转换为一维表；第二种方式，利用数据透视表中多重数据透视功能进行处理。

清单型表格在设计时应尽量做到：字段命名统一、规范、有规律；避免多行标题、多列标题；避免合并单元格；各记录行间不要有空行、小计、合计等内容；同一列应存放同一类型的数据等。上述原则，需要在实际工作中多加注意，这样会减少很多后期的数据清洗工作。

下面以某连锁店4个地区4个季度的销售数据为例，介绍如何区分一维表和二维表。案例数据中的“Sheet1”表为二维表，“Sheet2”表为一维表。

案例数据\项目四\1-数据整理.xlsx

【任务实现】

步骤 01 打开“案例数据\项目四\1-数据整理.xlsx”文件，单击“Sheet1”工作表，查看二维表的展现形式，如图4-1所示。

步骤 02 单击“Sheet2”工作表，查看一维表的展现形式，如图4-2所示。

	A	B	C	D	E
1	地区	第1季	第2季	第3季	第4季
2	东部	300	320	400	450
3	西部	100	130	150	180
4	南部	320	350	460	500
5	北部	210	290	310	370

图4-1 二维表

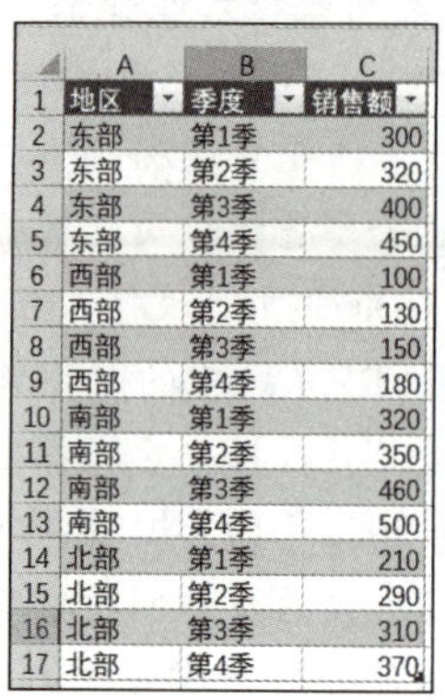

	A	B	C
1	地区	季度	销售额
2	东部	第1季	300
3	东部	第2季	320
4	东部	第3季	400
5	东部	第4季	450
6	西部	第1季	100
7	西部	第2季	130
8	西部	第3季	150
9	西部	第4季	180
10	南部	第1季	320
11	南部	第2季	350
12	南部	第3季	460
13	南部	第4季	500
14	北部	第1季	210
15	北部	第2季	290
16	北部	第3季	310
17	北部	第4季	370

图4-2 一维表

东部地区第1季的销售额在图4-1所示的二维表中对应“第1季”与“东部”两个维度；在图4-2所示的一维表中只对应“销售额”一个维度，同一行的“东部”对应“地区”维度，“第1季”对应“季度”维度。

由此可以看出，所谓的一维表就是字段、记录的简单罗列；而二维表，则从两个维度来描述记录属性，并且两个字段的属性存在一定的关系。从数据分析的角度看，一维表是最适用于数据分析的数据结构，因此，用户在采集原始数据或录入数据时，应尽量采用一维表形式。Power BI在建立模型时，可以使用一维表，也可以使用二维表。用户可根据不同分析场景进行选择，但最好选用一维表，这样可以降低数据的冗余；而在进行数据呈现时，可以更多地使用二维表或多维表形式。

任务二 获取数据

使用Power BI Desktop可以连接许多不同的数据源，如文件，文件夹，数据库，Azure（微软公有云上的Azure SQL数据库、Azure SQL数据仓库、Azure云端Hadoop的HDinsight等），联机服务（Salesforce、Dynamic 365等在线服务），其他（Web网页、R脚本、Python脚本、Hadoop文件等）。

子任务一 从文件导入数据

微课 4-2-1

Power BI可以获取的数据源是“文件”类型的数据，获取的文件格式包括Excel、文本、CSV、XML、JSON、PDF等。在日常工作中，公司信息技术人员需要把ERP系统中的业务、财务数据导出为Excel文件或其他文件格式，将其交给业务、财务部门的相关人员，然后由业务、财务部门的相关人员将文件加载到Power BI中。

在财务人员的实际工作中，从Excel文件中获取数据最为常见。除了Excel文件，Power BI中还会用到以下格式的文件。

- 文本文件是指以ASCII码方式（也称文本方式）存储的文件，比如英文字母、数字等字符。
- CSV（Comma-Separated Values，逗号分隔值）文件是指用逗号作为分隔符的文件，通常以纯文本形式存储表格数据（数字和文本）。CSV文件由任意数量的记录组成，记录间以某种换行符分隔；每条记录由字段组成，字段间的分隔符是逗号。
- XML（eXtensible Markup Language，可扩展标记语言）文件非常适合用于网络传输，它可以提供统一的方法来描述和交换独立于应用程序或供应商的结构化数据。
- JSON（JavaScript Object Notation，JS对象简谱）是一种轻量级的数据交换格式。它基于ECMAScript（欧洲计算机协会制定的JS规范）的一个子集，采用完全独立于编程语言的文本格式来存储和表示数据。
- PDF（Portable Document Format，便携文件格式）文件是以PostScript语言图像模型为基础，无论在哪种打印机上都可保证精确的颜色和准确的打印效果，即PDF会忠实地再现原稿的每一个字符、颜色及图像。

下面以北京空气质量指数历史数据为例介绍从Excel文件获取数据的方法。

案例数据\项目四\2-数据整理.xlsx

【任务实现】

步骤01 打开Power BI Desktop应用程序，执行“主页”→“数据”→“获取数据”→“Excel工作簿”命令。

步骤02 打开“案例数据\项目四”文件夹，选择“2-数据整理.xlsx”文件，然后单击“打开”按钮。

步骤03 选中“Sheet1”表，则右侧窗口中会呈现“Sheet1”表中的数据，如图4-3所示。

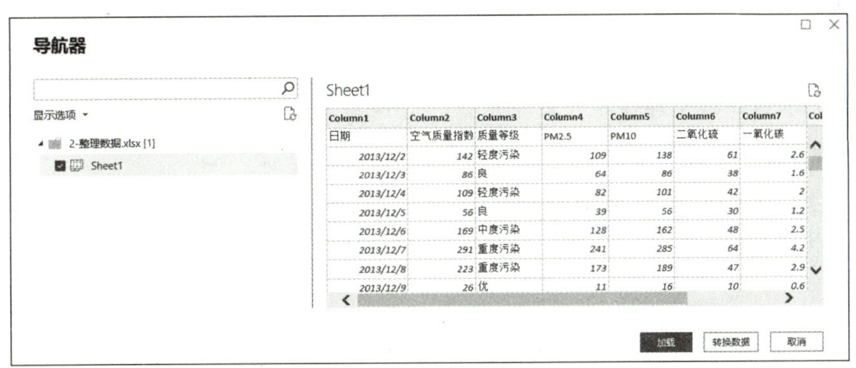

图4-3 呈现“Sheet1”表中的数据

步骤04 此时，若单击“转换数据”按钮，则进入“Power Query编辑器”（查询编辑器）窗口，如图4-4所示。用户通过该编辑器可对数据进行处理，使数据规范化。单击“关闭并应用”按钮，可将数据加载到Power BI Desktop中。

此时若单击“加载”按钮，数据则被直接加载到Power BI Desktop中。用户可以执行“主页”→“查询”→“转换数据”→“转换数据”命令，如图4-5所示，进入“Power Query编辑器”窗口，对数据进行处理。

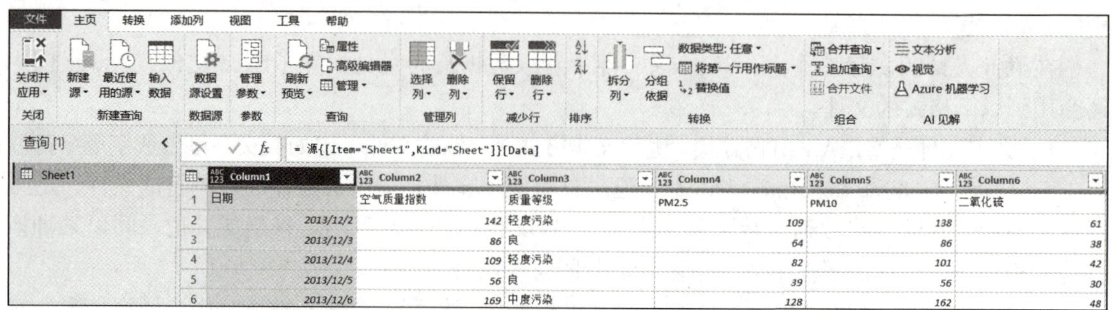

图4-4　Power Query编辑器

图4-5　“转换数据”命令

子任务二　从文件夹导入数据

微课 4-2-2

一些分支机构众多的企业，经常需要汇总一些业务或经营数据，通常是总部下发表单模板至各分支机构，再由各分支机构填写后返回总部，由总部进行汇总。这种情况下，如果人工汇总数据，不仅费时、费力，而且容易出现差错。这时，采用文件夹导入汇总形式，则能很好地解决这一问题。

下面以一个文件夹为例，介绍如何从文件夹中导入数据。此文件夹下共有北京、天津、上海、重庆4个直辖市的年度财政收入数据，分别存放在4个Excel工作簿中。

“案例数据\项目四\3-数据整理”文件夹

【任务实现】

步骤 01 打开Power BI Desktop应用程序，执行“主页”→“数据”→“获取数据”命令，从弹出的下拉菜单中选择“更多”选项，打开“获取数据”窗口。选择右侧的“文件夹”选项，然后单击“连接”按钮，如图4-6所示。

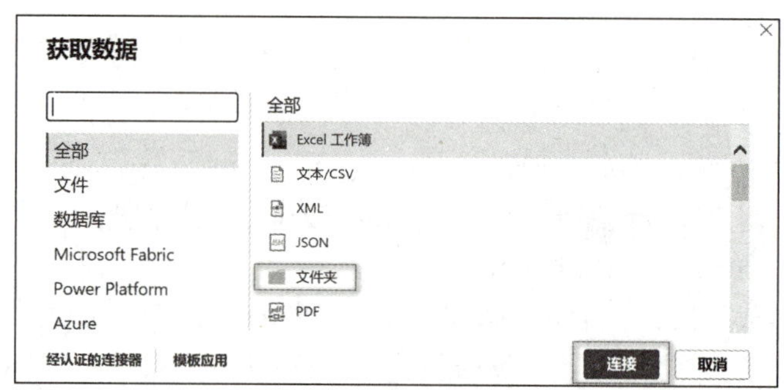

图4-6　从文件夹获取数据

步骤02 在打开的"文件夹"窗口中，单击"浏览"按钮，设置需要连接的文件夹，然后单击"确定"按钮，如图4-7所示。

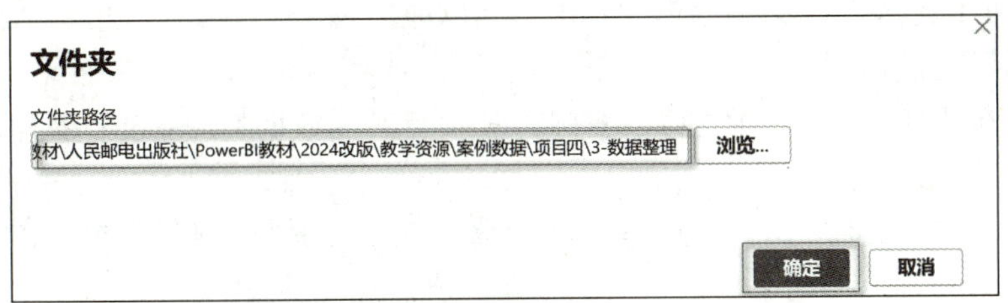

图4-7　选择文件夹

步骤03 此时窗口中将显示4个被连接的Excel文件，如图4-8所示。

D:\教材\人民邮电出版社\PowerBI教材\2024改版\教学资源\案例数据\项目四\3-数据整理

Content	Name	Extension	Date accessed	Date modified	Date created	Attributes	Folder Path
Binary	4-3-案例数据-上海市.xls	.xls	2024/2/21 9:52:59	2024/2/21 9:51:49	2024/2/21 9:52:59	Record	D:\教材\人民邮电出版社\PowerI
Binary	4-3-案例数据-北京市.xls	.xls	2024/2/21 9:52:59	2024/2/21 9:46:05	2024/2/21 9:52:59	Record	D:\教材\人民邮电出版社\PowerI
Binary	4-3-案例数据-天津市.xls	.xls	2024/2/21 9:52:59	2024/2/21 9:48:13	2024/2/21 9:52:59	Record	D:\教材\人民邮电出版社\PowerI
Binary	4-3-案例数据-重庆市.xls	.xls	2024/2/21 9:52:59	2024/2/21 9:52:38	2024/2/21 9:52:59	Record	D:\教材\人民邮电出版社\PowerI

组合　加载　转换数据　取消

图4-8　4个被连接的Excel文件

步骤04 单击"组合"按钮，从弹出的菜单中选择"合并并转换数据"选项，则将4个文件合并，进入"Power Query编辑器"窗口，对数据进行整理，如图4-9所示。也可选择"组合"按钮下的"合并和加载"选项，直接将这4个文件合并加载到Power BI Desktop中。

	Source.Name	Column1	Column2	Column3	Column4
26	4-3-案例数据-上海市.xls	地方财政国有资源(资产)有偿使用收入(亿元)	428.82	438.25	399.37
27	4-3-案例数据-上海市.xls	地方财政其他非税收入(亿元)	39.18	51.42	29.89
28	4-3-案例数据-上海市.xls	注：1.地方财政收入均为本级收入，不包括国内外债务收入。	null	null	
29	4-3-案例数据-上海市.xls	2.国内增值税不包括进口产品增值税。	null	null	
30	4-3-案例数据-上海市.xls	3.企业所得税2001年以前只包括国有及集体企业所得税，...	null	null	
31	4-3-案例数据-上海市.xls	数据来源：国家统计局	null	null	
32	4-3-案例数据-北京市.xls	数据库：分省年度数据	null	null	
33	4-3-案例数据-北京市.xls	地区：北京市	null	null	
34	4-3-案例数据-北京市.xls	时间：最近10年	null	null	
35	4-3-案例数据-北京市.xls	指标	2022年	2021年	2020年
36	4-3-案例数据-北京市.xls	地方财政一般预算收入(亿元)	5714.36	5932.31	5483.89
37	4-3-案例数据-北京市.xls	地方财政税收收入(亿元)	4867.07	5164.64	4643.87
38	4-3-案例数据-北京市.xls	地方财政国内增值税(亿元)	1315	1742.86	1653.11
39	4-3-案例数据-北京市.xls	地方财政营业税(亿元)			

图4-9　合并后的数据

子任务三　从数据库导入数据

微课 4-2-3

Power BI对市面上所有的关系型数据库（如 Access、SQL Server、MySQL、Oracle、SAP HANA、SAP BW等）都能提供非常好的支持。

下面以某公司ERP系统中获取的财务数据为例，介绍如何从Access数据库中导入数据。

案例数据\项目四\4-数据整理.mdb

【任务实现】

步骤01 打开Power BI Desktop应用程序，执行“主页”→“数据”→“获取数据”命令，从弹出的下拉菜单中选择“更多”按钮，打开“获取数据”窗口。选择右侧的“Access数据库”选项，单击“连接”按钮。

步骤02 在“打开”窗口中选择“案例数据\项目四\4-数据整理.mdb”文件，然后单击“打开”按钮。

步骤03 在“导航器”窗口中选择左侧的4张表，然后单击“加载”或“转换数据”按钮，如图4-10所示。

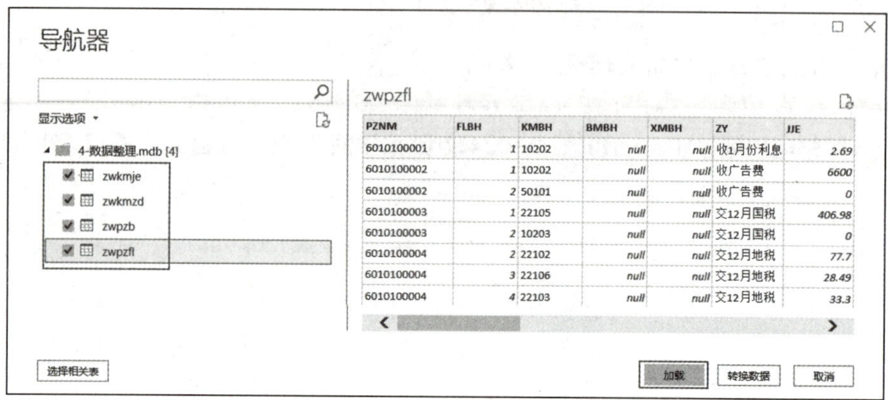

图4-10 加载数据库

提示

（1）若要导入SQL Server数据库文件，可执行“主页”→“数据”→“获取数据”→“SQL Server”命令，然后输入SQL Server服务器地址和数据库名称，数据连接模式可以选择“导入”模式或者“DirectQuery”（直接查找）模式，如图4-11所示。

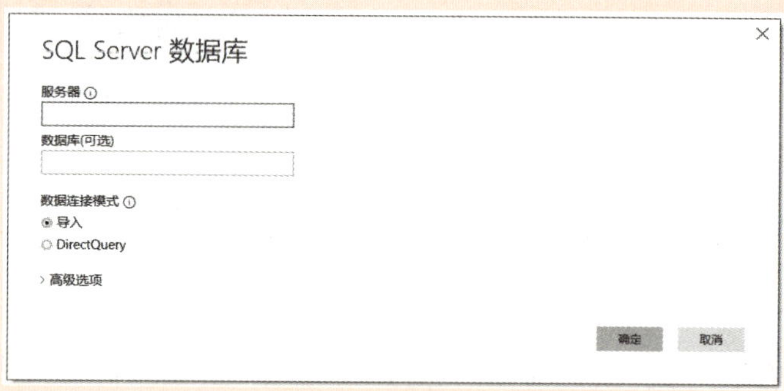

图4-11 导入SQL Server数据库文件

（2）若要导入MySQL数据库文件，应先到MySQL官方网站下载相应版本的Connector/NET驱动程序并进行安装。

（3）若要导入Oracle数据库文件，必须安装Oracle客户端。

（4）若要导入SAP HANA数据库文件，则必须在本地计算机上安装SAP HANA ODBC驱动程序。用户可以从SAP软件下载中心下载SAP HANA ODBC驱动程序。

（5）若要导入SAP Business Warehouse（BW）数据库，必须在本地计算机上先安装SAP NetWeaver库。用户可以直接从SAP软件下载中心下载 SAP NetWeaver库。

子任务四　从网页导入数据

微课 4-2-4

对于外部数据的抓取，Power BI提供了从网页（应是以表格形式存储数据）直接提取数据的功能。

下面以融智财经大数据平台的沪深A股上市公司信息首页看板数据为例，介绍如何从网页中提取数据。访问融智财经大数据平台，获取上市公司股价及成交数据，如图4-12所示。

案例数据\项目四\5-融智财经大数据平台网址.txt

融智国创　财经首页

财经首页　股票　基金　港股　美股　期货　外汇　贵金属　债券　期指　理财　我的自选　美股实时行情

行情中心

A股：热门概念 »　地域板块 »　证监会行业 »　分类 »

行情中心首页 > A股 > 分类 > 沪深A股　每页显示 20 40 80 条

注：点击每列标题可排序。例如：点击"最新价"可以按价格排序　上一页 1 2 3 … 66 下一页

代码	名称	最新价	涨跌额	涨跌幅	买入	卖出	昨收	今开	最高	最低	成交量/手	成交额/万	股吧
bj430017	星昊医药	10.17	-0.05	-0.489%	10.170	10.18	10.220	10.160	10.27	10.05	835734	8469889	
bj430047	诺思兰德	13.85	0.01	0.072%	13.830	13.87	13.840	13.860	13.9	13.74	234703	3241073	
bj430090	同辉信息	2.53	0.07	2.846%	2.530	2.54	2.460	2.440	2.53	2.43	1628150	4056811	
bj430139	华岭股份	10.69	0.04	0.376%	10.650	10.69	10.650	10.630	10.73	10.51	483733	5139278	
bj430198	微创光电	4.33	0.08	1.882%	4.290	4.32	4.250	4.220	4.33	4.22	164939	703025	
bj430300	辰光医疗	7.55	0.36	5.007%	7.520	7.55	7.190	7.120	7.78	7.07	2157664	16063175	

图4-12　融智财经大数据平台的沪深A股上市公司股价数据

【任务实现】

步骤01　打开Power BI Desktop应用程序，执行“主页”→“数据”→“获取数据”→“Web”命令。

步骤02　在URL栏输入融智财经大数据平台的沪深A股上市公司信息Web地址，并单击“确定”按钮。

步骤03　在左侧窗口中选择“表1”，然后单击“加载”或“转换数据”按钮，如图4-13所示。

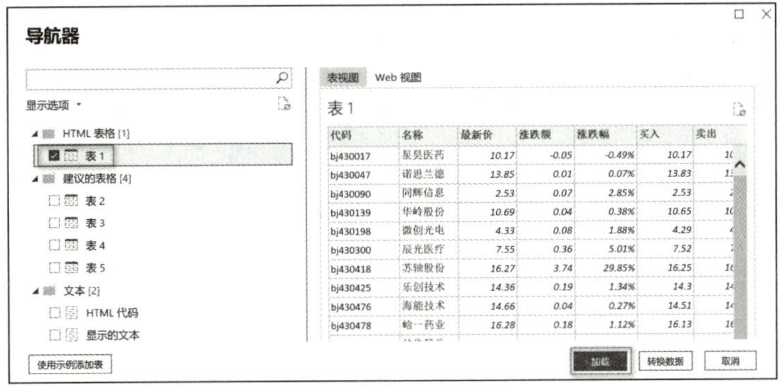

图4-13　加载数据

子任务五　从其他数据源导入数据

Power BI还可以从Spark文件、Hadoop文件（HDFS）、R脚本、Python脚本等更多数据源获取数据，如图4-14所示。具体操作方法与从文件、数据库中获取数据的方法类似，这里不再赘述。

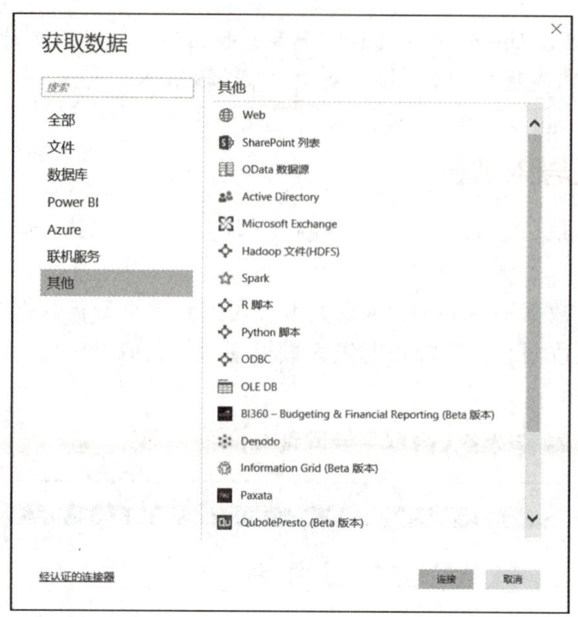

图4–14　从其他数据源获取数据

子任务六　重新设定数据源

当已经设定数据源的文件发生移动时（如发送给其他人员查询、编辑，购书读者打开下载的演示文件时），因数据源文件的绝对路径发生变化，就有可能需要重新设定数据源。

执行“主页”→“查询”→“转换数据”→“数据源设置”命令，然后在打开的窗口中单击“更改源”按钮，即可根据实际情况更改数据源，如图4-15所示。

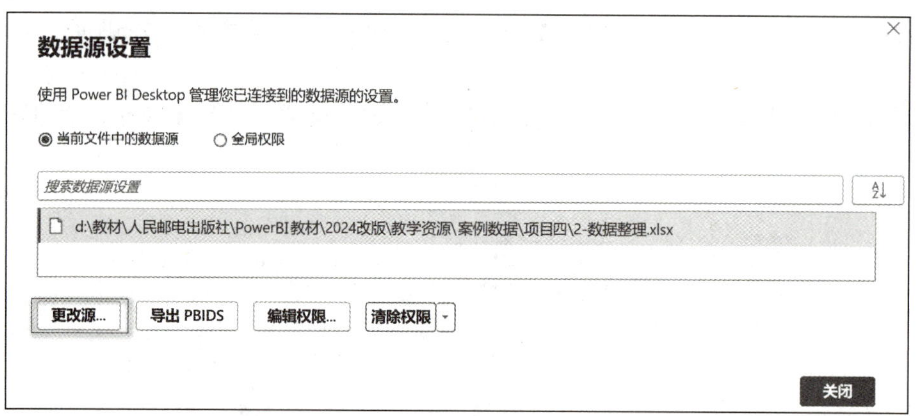

图4–15　重新设定数据源

任务三　整理数据

数据整理也叫数据处理或数据清洗，是指对从各类数据源导入的数据，通过一定的方法将其整理成符合要求的数据，然后加载到数据模型中，进行数据可视化。Power BI Desktop获取数据后，可以通过Power Query编辑器对数据进行整理和清洗，如对数据进行类型转换、拆分、提取、归并等操作，以满足可视化分析的需要。

子任务一　Power Query编辑器和M语言

下面我们简单介绍一下Power Query编辑器和M语言。

微课 4-3-1

1. Power Query编辑器

Power Query编辑器是集成在Power BI Desktop中的一个应用程序，当需要对数据进行整理和清洗时，系统就会打开Power Query编辑器。

当Power BI Desktop已经导入数据表后，执行“主页”→“查询”→“转换数据”→“转换数据”命令，即可打开“Power Query编辑器”窗口，如图4-16所示。

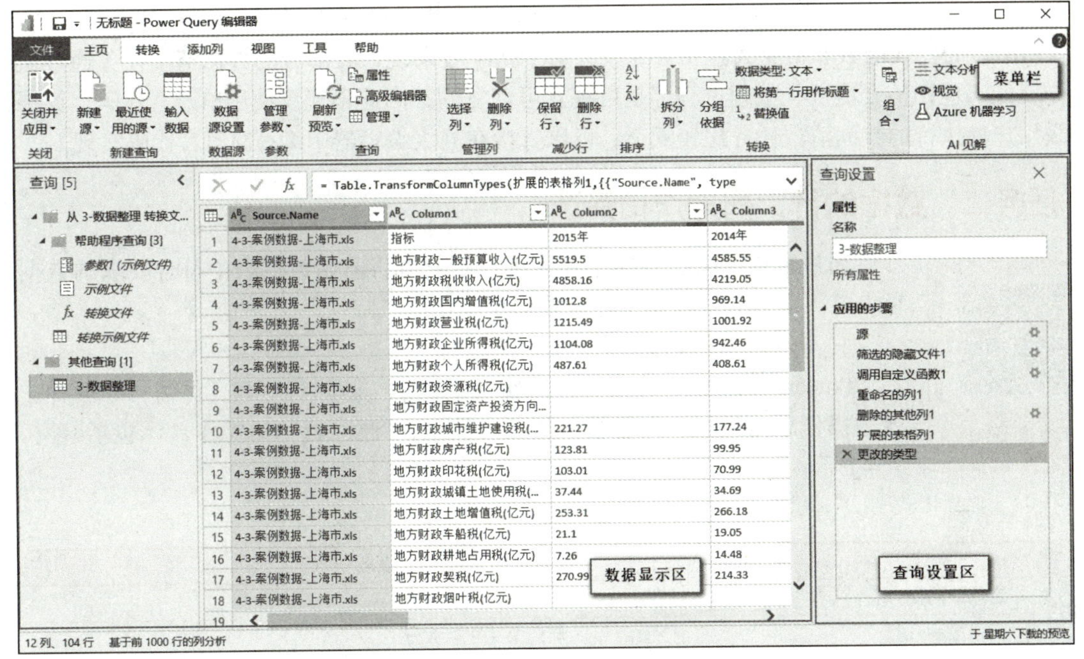

图4-16　“Power Query编辑器”窗口

“Power Query编辑器”窗口主要分为菜单栏、数据显示区和查询设置区3个区域。

菜单栏包括“文件”“主页”“转换”“添加列”“视图”“工具”“帮助”等菜单项，主要执行对数据进行清理的各类操作。

数据显示区可显示每张表的编辑查询结果，并可将编辑后的、符合要求的查询结果通过“关闭并应用”命令上传到数据模型中。

查询设置区包括“属性”和“应用的步骤”两部分。项目三中讲过，在“应用的步骤”中，系统会自动记录Power Query编辑器的每一步操作，若想删除某一步，则单击该步骤前的☒按钮即可。用户也可单击步骤名称，查看此步骤的操作结果。

2. M语言

在“Power Query编辑器”窗口，通过鼠标进行的每一步操作，后台都会记录下来并生成M语言代码。执行“主页”→“查询”→“高级编辑器”命令，可查看自动生成的M语言代码，如图4-17所示。

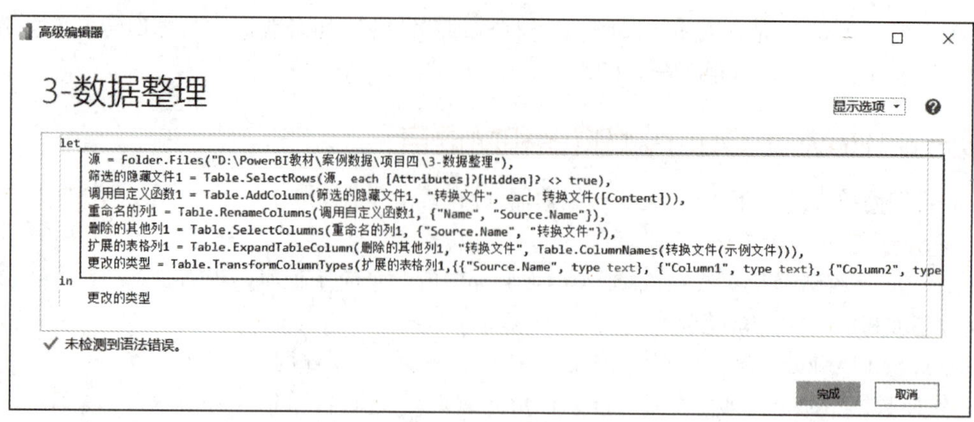

图4-17　系统生成的M语言代码

M语言的公式函数非常庞大且相对复杂，对于初学者来说，大部分的数据清洗任务通过鼠标操作就能实现，整个清洗、整理过程都是可视且可恢复的，因此不建议使用M语言代码。如果是高级用户且执行的数据清洗任务比较复杂，可以直接在高级编辑器中编写M语言代码实现。

子任务二　数据的行、列操作和筛选

微课 4-3-2

通过数据的行、列操作和筛选，用户可将原始数据表中符合要求的数据保留，并上载到数据模型中进行数据可视化。

1. 数据的行操作

Power Query编辑器中的行操作主要包括“删除行”和“保留行”两种，二者的操作思路类似，操作结果相反。其中，“删除行”的操作具体包括6种，如表4-1所示。

表4-1　各项“删除行”操作的含义

操作	含义
删除最前面几行	删除表中的前*N*行
删除最后几行	删除表中的后*N*行
删除间隔行	删除表中从特定行开始固定间隔的行
删除重复项	删除当前选定列中包含重复值的行
删除空行	从表中删除所有空行
删除错误	删除当前选定列中包含错误（Error）的行

（1）删除表中不需要的行，并将新的表格首行提升为列标题。

下面以2013—2022年国家财政收入年度数据为例，介绍如何删除表中不需要的行，并将新的表格首行提升为列标题。

案例数据\项目四\6-数据整理.xlsx

【任务实现】

步骤01 加载案例数据后，在“Power Query编辑器”窗口执行“主页”→“减少行”→“删除行”→“删除最前面几行”命令，如图4-18所示。

步骤02 在打开的窗口中可以指定要删除最前面多少行，我们在这里将行数设为“2”，并单击“确定”按钮，如图4-19所示。

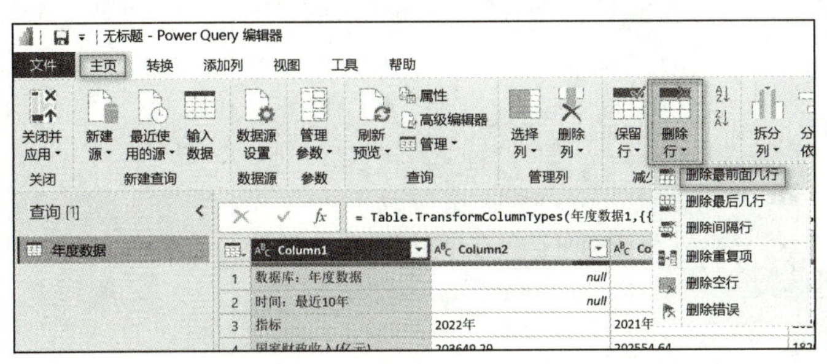

图4–18 “删除最前面几行”命令

图4–19 输入要删除的行数

步骤03 这样即可把最前面的两行删除。按照类似的方法，我们再删除最后两行。

步骤04 执行“转换”→“表格”→“将第一行用作标题”命令，如图4-20所示。

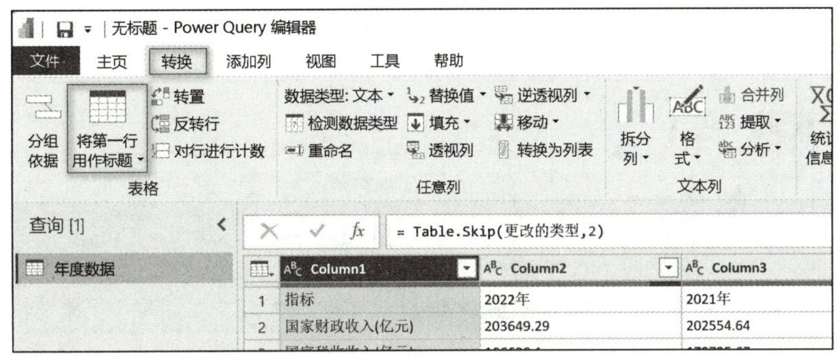

图4–20 将第一行用作标题

步骤05 这时即可将首行提升为列标题，结果如图4-21所示。

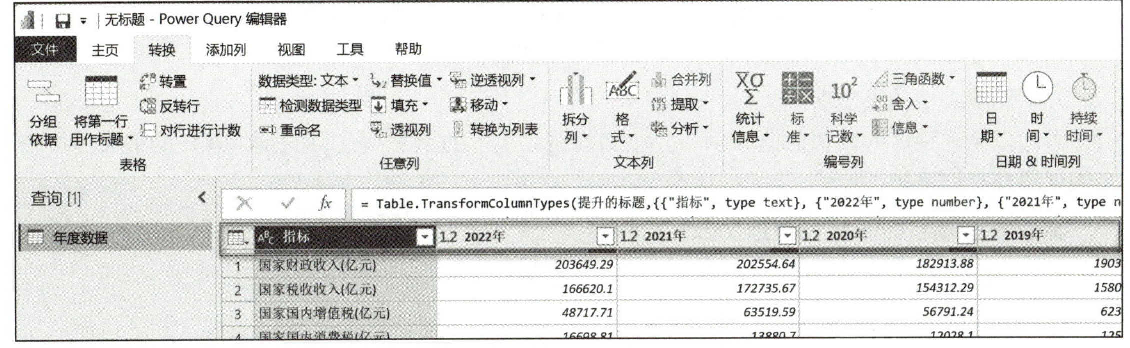

图4–21 将首行提升为列标题

步骤06 执行“文件”→“关闭并应用”命令，即可将整理好的数据上载到数据模型中。

（2）删除表中的错误行。

下面以某淘宝店铺的日访问量和日销售数据为例，介绍如何删除表中的错误行。

案例数据\项目四\7-数据整理.xlsx

【任务实现】

步骤01 加载案例数据后，在“Power Query编辑器”窗口单击“日期”字段前的ABC 123按钮，将数据类型改为“整数”，则表中出现两个错误行，如图4-22所示。

步骤02 执行“主页”→“减少行”→“删除行”→“删除错误”命令，结果如图4-23所示。

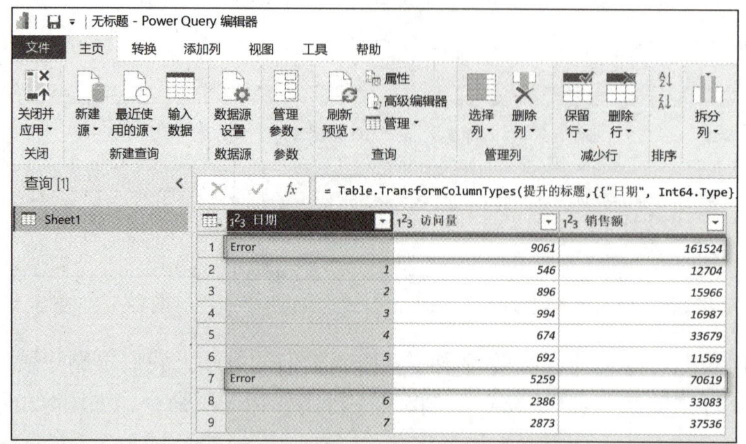

图4-22　查看表中的错误行

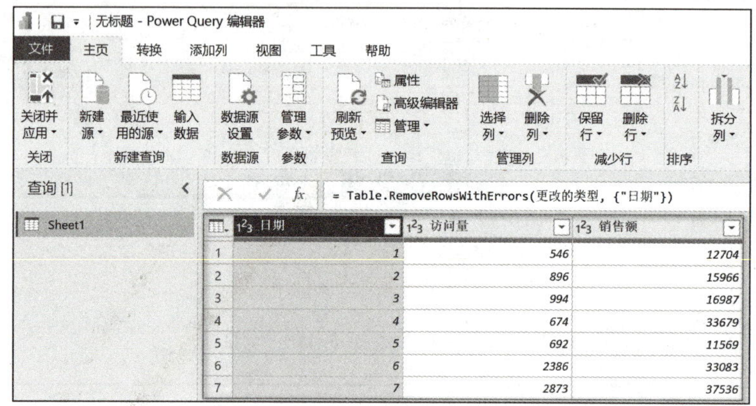

图4-23　删除错误行

（3）删除表中的重复项。

下面以某连锁店的销售数据为例，介绍如何删除表中的重复项，目的是将客户的最大订单销售额保留在查询表中。

案例数据\项目四\8-数据整理.xlsx

【任务实现】

步骤 01 加载案例数据后，在“Power Query编辑器”窗口单击“客户名称”和“金额”字段后的按钮，将“客户名称”字段按升序排序，将“金额”字段按降序排序，如图4-24所示。

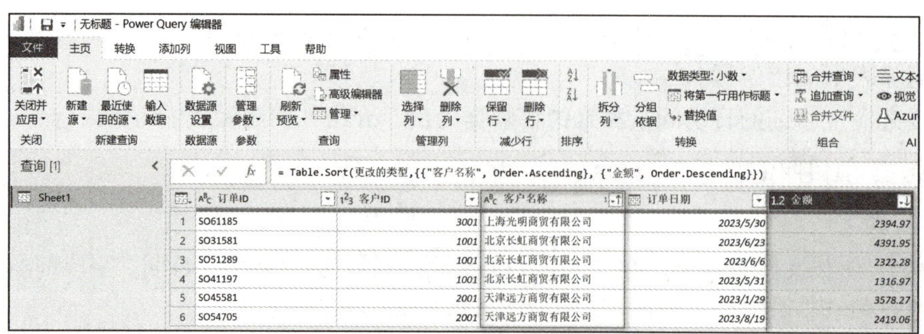

图4-24　对字段排序

步骤02 选中“客户名称”列，然后执行“主页”→“减少行”→“删除行”→“删除重复项”命令，即可得到每个客户的最大订单销售额数据，结果如图4-25所示。

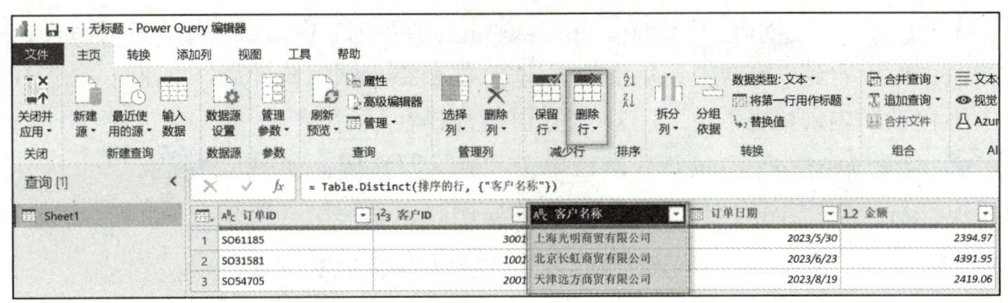

图4-25　每个客户的最大订单销售额

2. 数据的列操作

Power Query编辑器中的列操作主要包括“选择列”和“删除列”两种。“选择列”操作可以通过选择的方式将需要的列保留在Power Query编辑器中；“删除列”操作可以删除选中的列或删除选中列以外的其他列。

下面以2013—2022年国家财政收入年度数据为例，删除数据表中2013—2017年的国家财政收入年度数据。

案例数据\项目四\9-数据整理.xlsx

【任务实现】

步骤01 加载案例数据后，在“Power Query编辑器”窗口将首行升为标题，然后按住“Ctrl”键并依次选中2013年到2017年各列，执行“主页”→“管理列”→“删除列”→“删除列”命令，如图4-26所示。

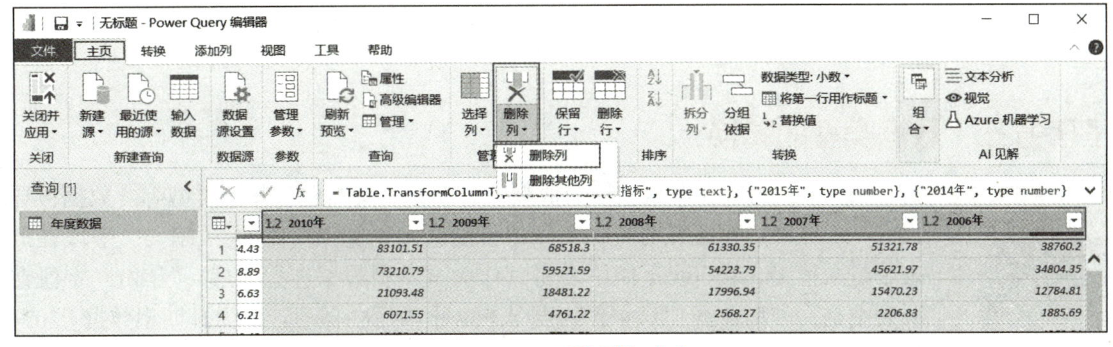

图4-26　“删除列”命令

步骤02 这时可以发现，窗口中只保留了2018—2022年的国家财政收入年度数据，2013—2017年的数据已被删除。

若执行“主页”→“管理列”→“删除列”→“删除其他列”命令，则会删除2018—2022年的数据，保留2013—2017年的数据。

3. 数据的筛选操作

数据的筛选操作实质上是行操作的一种情况。通过筛选操作，可以将需要的、符合要求的数据行保留在Power Query编辑器中。

下面仍以2013—2022年国家财政收入年度数据为例，将表中不需要的数据行删除。

案例数据\项目四\10-数据整理.xlsx

【任务实现】

步骤01 加载案例数据后，我们在“Power Query编辑器”窗口单击第一个字段（Column1）右侧的按钮，可以看到“数据库：年度数据”“数据来源：国家统计局”“时间：最近10年”“注：财政收入中不包括国内外债务收入。”这4个空值行都排在最后。

步骤02 取消选中这4个空值行，然后单击“确定”按钮，如图4-27所示。

此时可以发现，表中不需要的前两行数据和后两行数据均已被删除。

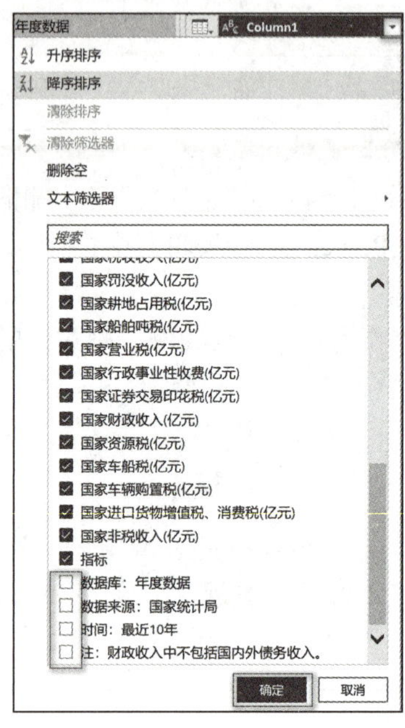

图4-27 删除空值行

子任务三 数据类型的转换

微课 4-3-3

Power BI的数据类型包括数值型、日期型、文本型、其他类型等。数据被导入Power BI后，数据类型与源表相比可能会发生变化。比如，“编码”字段在源表中是数值型，在Power BI中要将其作为文本型数据进行处理；“年份”字段在源表中是文本型数据“2024年”，导入Power BI后会自动转换为日期型数据“2024年1月1日”，这时我们需要将其转换为原来的文本型数据“2024年”。若导入的字段较多，在选中所有字段的前提下，可以使用“转换”→“任意列”→“检测数据类型”命令，由系统自动对字段进行检测并匹配合适的数据类型。

下面我们以2024年1月的“日期表”为例，将表中“年”和“月”字段数据恢复成源表中的文本型数据。

案例数据\项目四\11-数据整理.xlsx

【任务实现】

步骤01 加载案例数据后，我们可以看到“Power Query编辑器”窗口的“日期表”如图4-28所示。

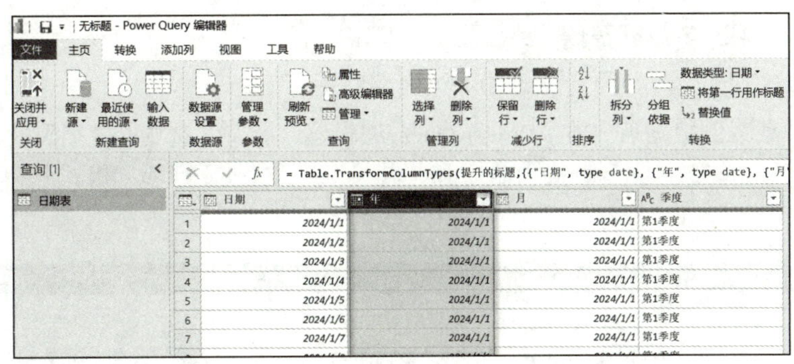

图4-28　导入日期表

步骤02 单击“年”字段前的▦按钮，从弹出的下拉菜单中选择“文本”选项，在打开的“更改列类型”窗口中单击“替换当前转换”按钮，即可将“年”字段数据由日期型转变为文本型。

步骤03 同理，再把“月”字段由日期型转变为文本型，如图4-29所示。

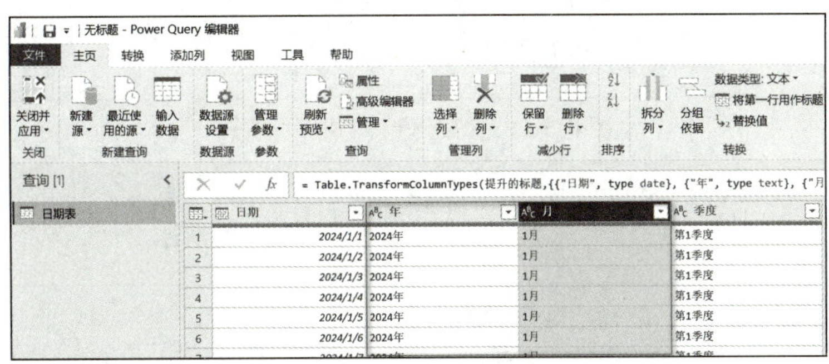

图4-29　数据类型转换结果

子任务四　数据格式的转换

微课 4-3-4

在对数据完成行、列操作和筛选后，我们通常还要对数据的格式进行转换。因为在实际工作中，很多数据是人工输入的，不规范的情况在所难免。例如，名字后带空格、单元格中带多行回车符、英文名称大小写不统一等。

常见的格式操作如表4-2所示。

表4-2　常见的格式操作

操作	含义
小写	将所选列中的所有字母都转换为小写字母
大写	将所选列中的所有字母都转换为大写字母
每个字词首字母大写	将所选列中每个字词的第一个字母替换成大写字母（适用于英文姓名的首字母）
修整	从所选列的每个单元格中删除前导空格和尾随空格
清除	清除所选单元格中的非打印字符（例如，回车符）
添加前缀	向所选列中的每个值开头添加指定的字符（例如，在所有编码前加字符Num）
添加后缀	向所选列中的每个值末尾添加指定的字符

下面以某健身会所的会员信息为例，介绍如何删除表中不正确的格式。该会员信息表中黄色标出的为不正确的格式：①中文姓名前后有空格；②中文姓名中有多行回车符；③英文姓名都为大写或小写形式；④“出生年份”字段中存在多余的“年”字。

案例数据\项目四\12-数据整理.xlsx

【任务实现】

步骤01 加载案例数据后，在“Power Query编辑器”窗口，选中“姓名”列，分别执行“转换”→“文本列”→“格式”→“修整”命令和“转换”→“文本列”→“格式”→“清除”命令，如图4-30所示。

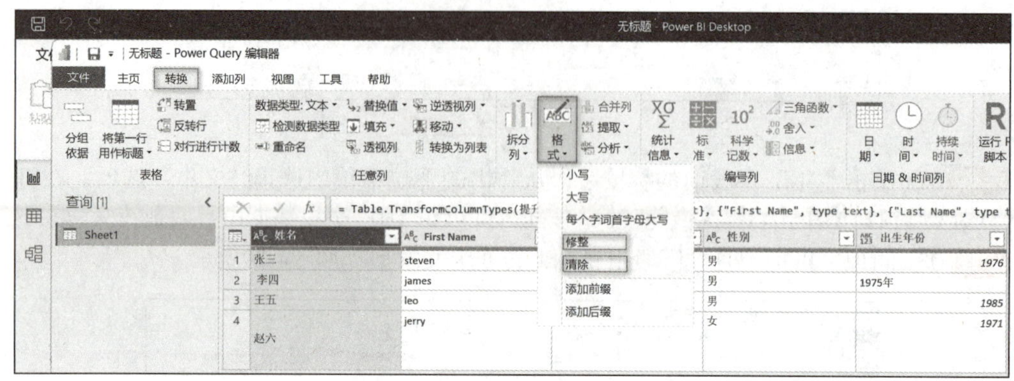

图4-30 “修整”和“清除”命令

步骤02 系统将清除“姓名”列中“李四”前的空格和“赵六”中的回车符，结果如图4-31所示。

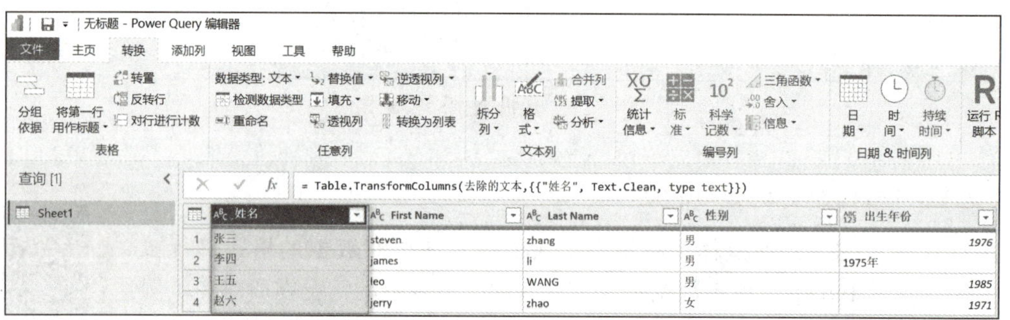

图4-31 修整、清除后的结果

步骤03 选中“First Name”和“Last Name”两列，均执行“转换”→“文本列”→“格式”→“小写”命令，将英文姓名先转换成小写形式；然后再执行“转换”→“文本列”→“格式”→“每个字词首字母大写”命令，将英文姓名的首字母变为大写形式，结果如图4-32所示。

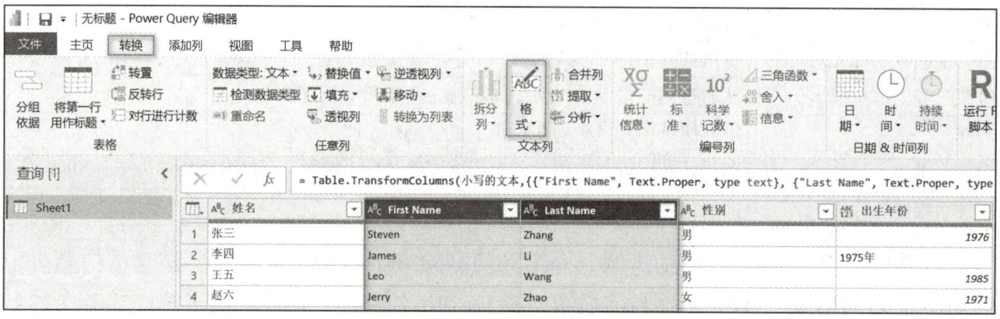

图4-32 英文姓名首字母改为大写形式

步骤04 将“出生年份”字段先变成文本型，然后对该列执行“转换”→“任意列”→“替换值”→“替换值”命令，输入要查找的值“年”，将其替换为空，如图4-33所示。

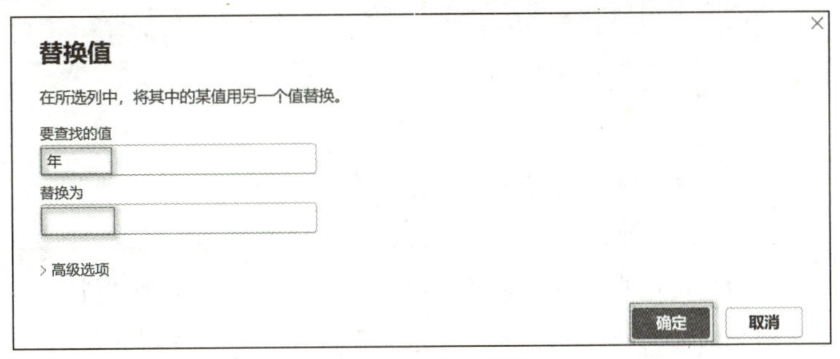

图4-33 数据替换

步骤05 单击“确定”按钮，再将“出生年份”字段变为整数型，结果如图4-34所示。

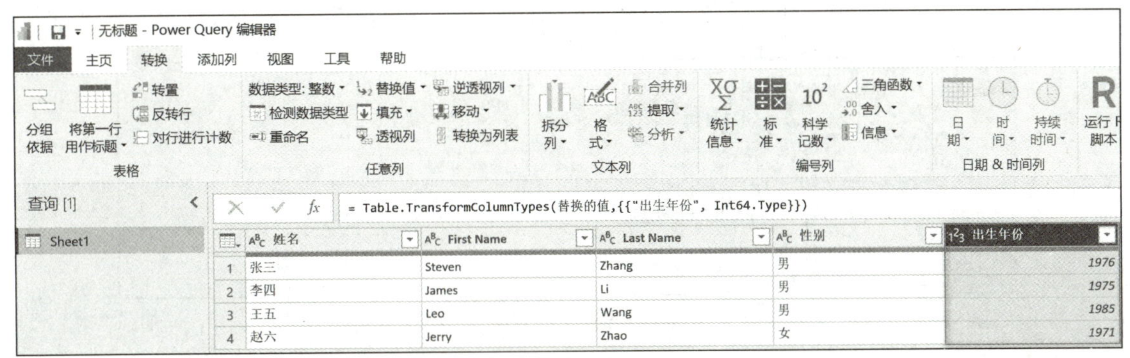

图4-34 调整后的结果

子任务五 数据的拆分、提取和合并

数据处理中经常要用到数据的拆分、提取和合并操作，从而得到符合数据分析要求的数据。在Excel中，用户通过函数功能可以完成一定的数据拆分、提取和合并操作。在Power BI的Power Query编辑器中，用户只需通过鼠标操作即可实现上述功能。

微课 4-3-5

Power Query编辑器的“转换”菜单和“添加列”菜单中都有“提取”和“合并列”命令。执行“转换”菜单中的“提取”和“合并列”命令后，原列不保留；而执行“添加列”菜单中的“提取”和“合并列”命令后，原列保留，并会生成新的列。

1. 数据的拆分

数据的拆分是指将一列的内容拆分至多列中。拆分列的方式主要如表4-3所示。

表4-3 常用数据拆分操作

操作	含义
按分隔符拆分	按指定的分隔符拆分列，主要选项如下。 • 最左侧的分隔符 • 最右侧的分隔符 • 每次出现分隔符时

续表

操作	含义
按字符数拆分	按指定的字符数拆分列，主要选项如下。 • 一次，尽可能靠左 • 一次，尽可能靠右 • 重复
其他拆分	• 按照大写到小写（或小写到大写）的转换 • 按照数字到非数字（或非数字到数字）的转换

下面以某健身会所的会员信息为例，将其中的“姓名”字段拆分成“姓”和“名”两个字段。

案例数据\项目四\13-数据整理.xlsx

【任务实现】

步骤 01 加载案例数据后，在“Power Query编辑器”窗口选中“姓名”列，执行“添加列”→“常规”→“重复列”命令，将“姓名”列复制一份，结果如图4-35所示。

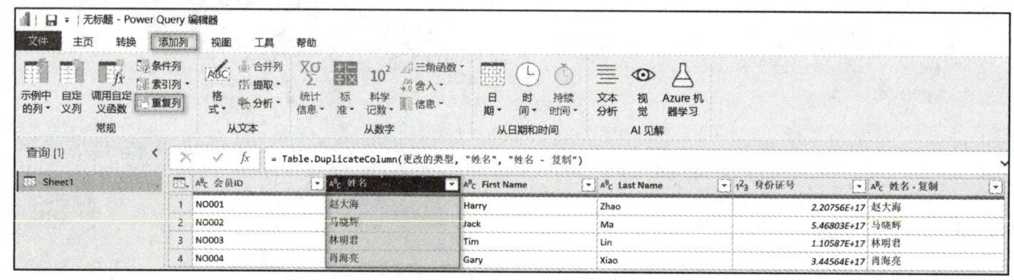

图4-35 复制“姓名”列

步骤 02 选中“姓名-复制”列，执行“转换”→“文本列”→“拆分列”→“按字符数”命令，输入拆分字符数为“1”，选择拆分模式为“一次，尽可能靠左”，如图4-36所示。

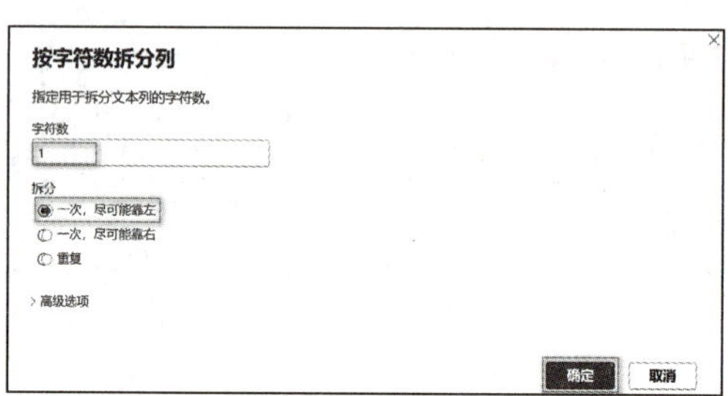

图4-36 设置重复列的属性

步骤 03 单击“确定”按钮，将“姓名-复制”字段拆分成两列，拆分后的字段名分别改为“姓”和“名”，结果如图4-37所示。

图4-37 拆分列

2. 数据的提取

数据的提取是指从文本中提取某些需要的字符。常用的数据提取方式如表4-4所示。

表4-4　常用的数据提取方式

方式	含义
长度	提取字符串的长度
首字符	提取数据开始的N个字符（类似Excel中的Left函数）
尾字符	提取数据结尾的N个字符（类似Excel中的Right函数）
范围	提取数据中间的N个字符（类似Excel中的Mid函数）
分隔符控制的文本	提取分隔符之前（之后、之间）的文本

下面仍以前述健身会所的会员信息为例，从“身份证号”字段中提取出生年份信息。

案例数据\项目四\14-数据整理.xlsx

【任务实现】

步骤01 加载案例数据后，在“Power Query编辑器”窗口选中“身份证号”列，将其数据类型转换为文本型，如图4-38所示。

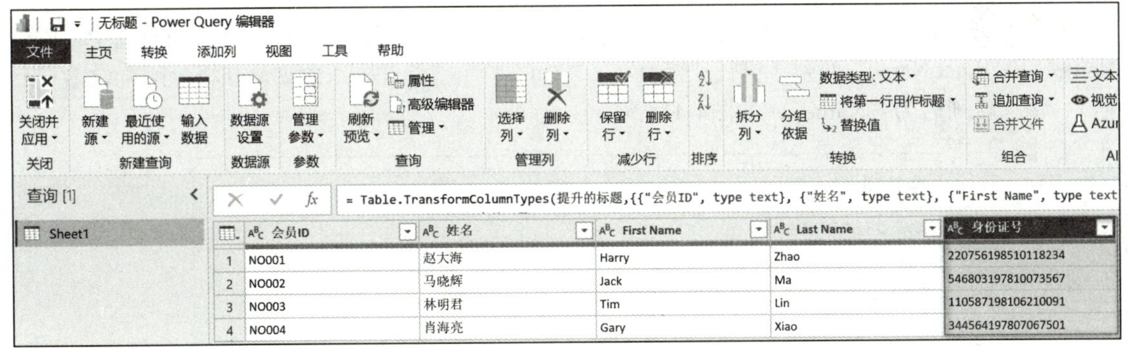

图4-38　将“身份证号”字段的数据类型改为文本型

步骤02 执行“添加列”→“从文本”→“提取”→“范围”命令，在“提取文本范围”对话框中将起始索引设为“6”（起始索引为要提取的字符前面的字符数），将字符数设为“4”，如图4-39所示。

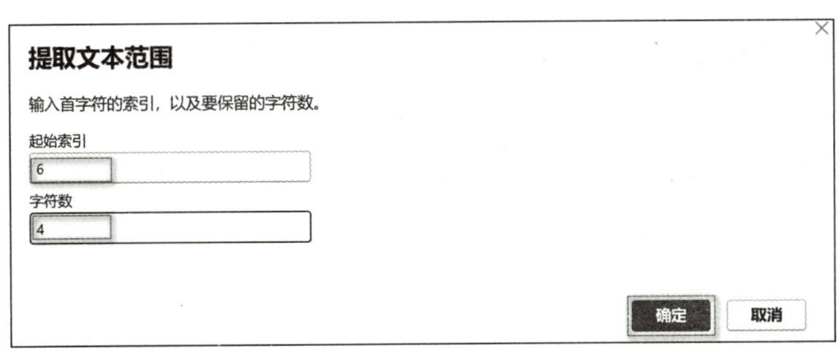

图4-39　设置提取文本范围

步骤03 单击“确定”按钮，系统将提取出一个新的“年份”列。将该列的字段名称修改为“出生年份”，并执行“转换”→“文本列”→“格式”→“添加后缀”命令，然后将后缀值设为“年”，单击“确定”按钮，结果如图4-40所示。

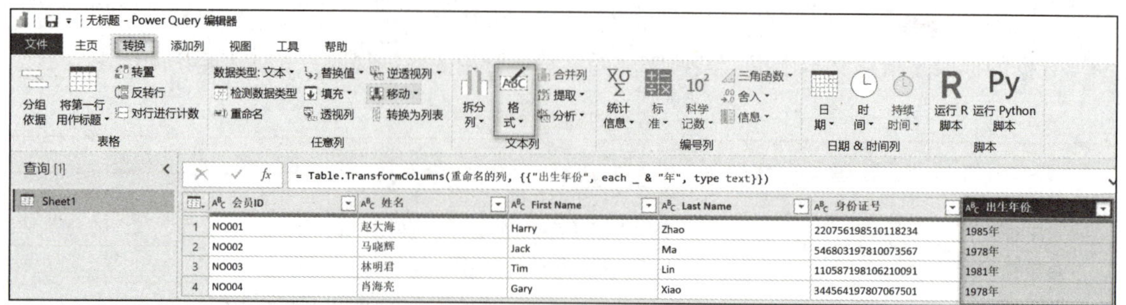

图4-40　添加后缀“年”

3. 数据的合并

数据的合并是将选中的多列数据合并到一列中。执行“转换”命令合并列后，原列被删除；而使用“添加列”菜单合并列后，原列被保留。

下面仍以健身会所的会员信息为例，将其中的英文姓名合并成一列，并把原列删除。

案例数据\项目四\15-数据整理.xlsx

【任务实现】

步骤 01 加载案例数据后，在“Power Query编辑器”窗口按住“Ctrl”键，同时选中“First Name”和“Last Name”两列，执行“转换”→“文本列”→“合并列”命令，并将分隔符设为“空格”，输入新列名为“Name”，如图4-41所示。

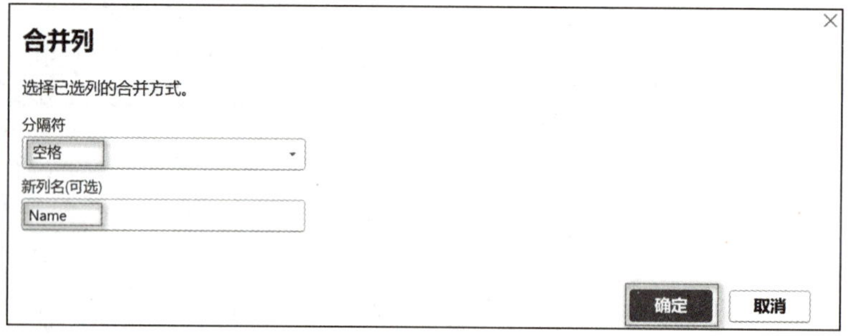

图4-41　设置合并列的属性

步骤 02 单击“确定”按钮，即可将英文姓名合并，结果如图4-42所示。

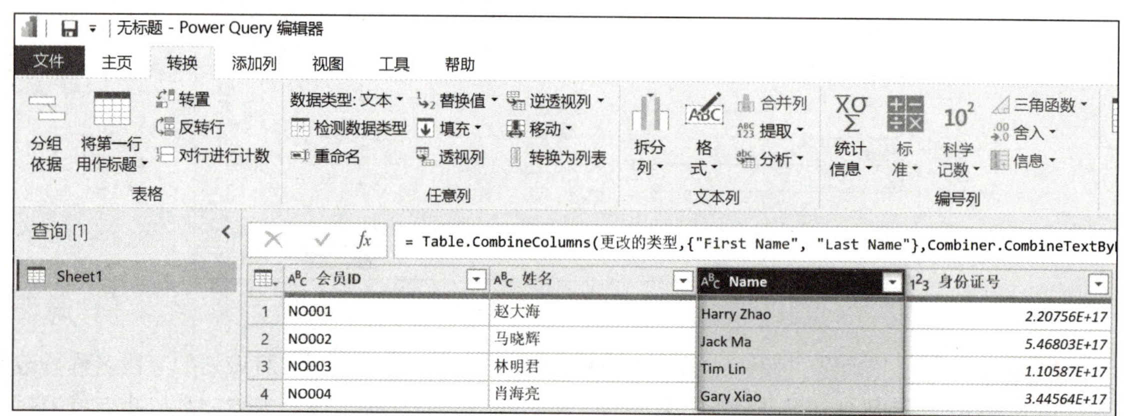

图4-42　合并后的效果

子任务六　数据的转置和反转

微课 4-3-6

数据的转置和反转是Power BI数据整理中常见的操作。

1. 数据的转置

数据的转置能实现数据的行列互换，即行变成列，列变成行。

下面以某电子公司各月的产品销售数据为例，将表中的数据实现行列互换。

案例数据\项目四\16-数据整理.xlsx

【任务实现】

步骤01 加载案例数据后，在“Power Query编辑器”窗口执行“转换”→“表格”→“转置”命令，如图4-43所示。

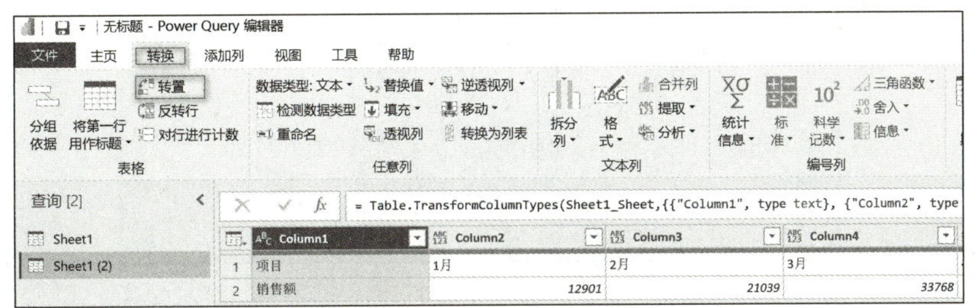

图4-43　执行转置

步骤02 继续执行“转换”→“表格”→“将第一行用作标题”命令，并将“项目”字段的数据类型改为文本型，结果如图4-44所示。

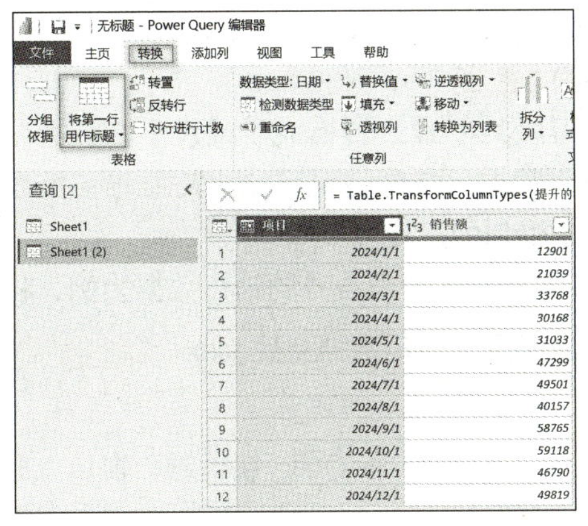

图4-44　将第一行用作标题

2. 数据的反转

反转行是将行的顺序颠倒，将最后一行变为第一行，将倒数第二行变为第二行，以此类推。比如，在客户购买记录表中，想保留每位客户最近一次的购买记录，则可以先反转行，然后再删除重复项。

下面仍以前述公司各月的销售数据为例，进行反转行的操作。

案例数据\项目四\17-数据整理.xlsx

【任务实现】

步骤01 加载案例数据后，在“Power Query编辑器”窗口，先将“项目”字段的数据类型改为文本型。

步骤 02 执行“转换”→“表格”→“反转行”命令，反转结果如图4-45所示。

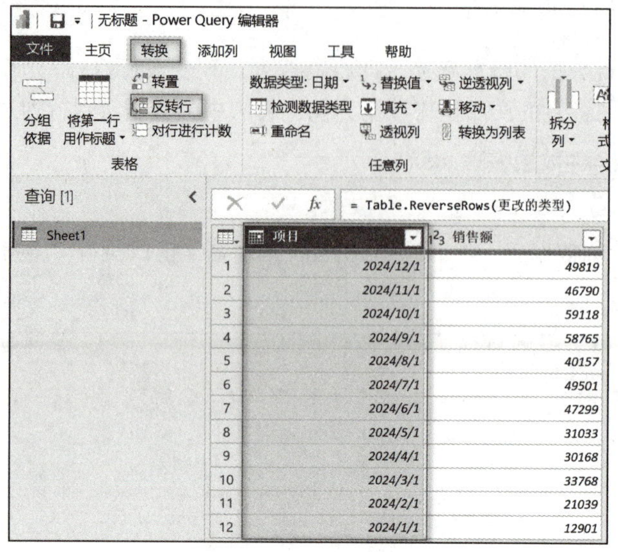

图4-45　反转结果

子任务七　数据的透视和逆透视

数据的透视和逆透视是Power Query编辑器中非常重要的功能，主要实现的是二维表和一维表之间的转换。

微课 4-3-7

1. 数据的透视

透视列可以将一维表转换成二维表。在数据分析中，若没有特殊情况，一般使用一维表数据。特殊情况下，才需要将一维表数据转换为二维表数据，这时就要用到透视列的操作。

下面以某公司4种产品各月的销售数据为例，将一维表透视成二维表。

案例数据\项目四\18-数据整理.xlsx

【任务实现】

步骤 01 加载案例数据后，在“Power Query编辑器”窗口，将“月份”字段的数据类型改为文本型，然后执行“转换”→“任意列”→“透视列”命令，并将值列选择为“销售额”，如图4-46所示。

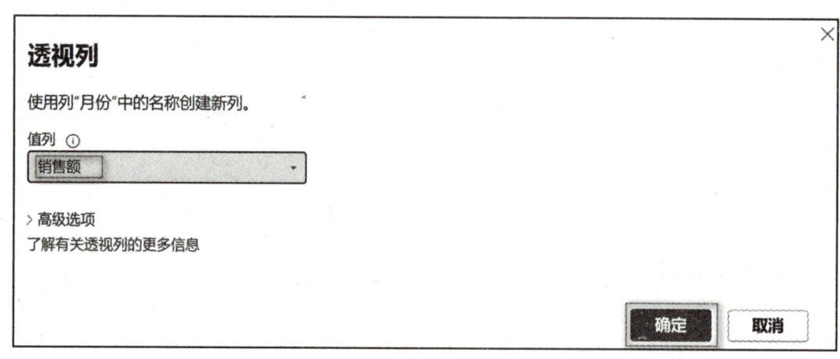

图4-46　设置透视列的属性

步骤02 单击“确定”按钮，即可将一维表数据透视成二维表数据，结果如图4-47所示。

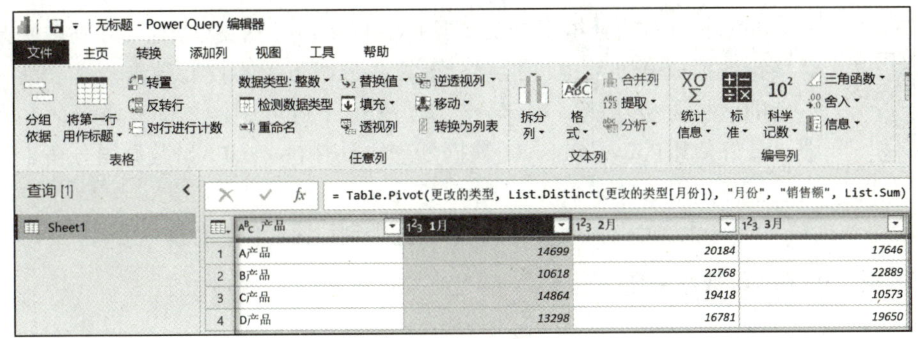

图4-47　数据透视的结果

2. 数据的逆透视

将二维表转换为一维表的过程称为逆透视。实际工作中，我们拿到的报表往往是二维表，进行数据分析时，最好将二维表转换成一维表，此时就要用到数据的逆透视操作。此操作在数据分析中非常重要。尤其是做财务报表分析时，通常需要将获取的财务报表由二维表逆透视为一维表，然后再进行分析与可视化。

下面仍以前述公司4种产品各月的销售数据为例，将二维表透视成一维表。

案例数据\项目四\19-数据整理.xlsx

【任务实现】

步骤01 加载案例数据后，在“Power Query编辑器”窗口执行“转换”→“表格”→“将第一行用作标题”命令，将首行提升为标题。

步骤02 按住“Shift”键，同时选中“1月”至“12月”列，执行“转换”→“任意列”→“逆透视列”命令。然后将“属性”字段名称改为“月份”，将“值”字段名称改为“销售额”，如图4-48所示。

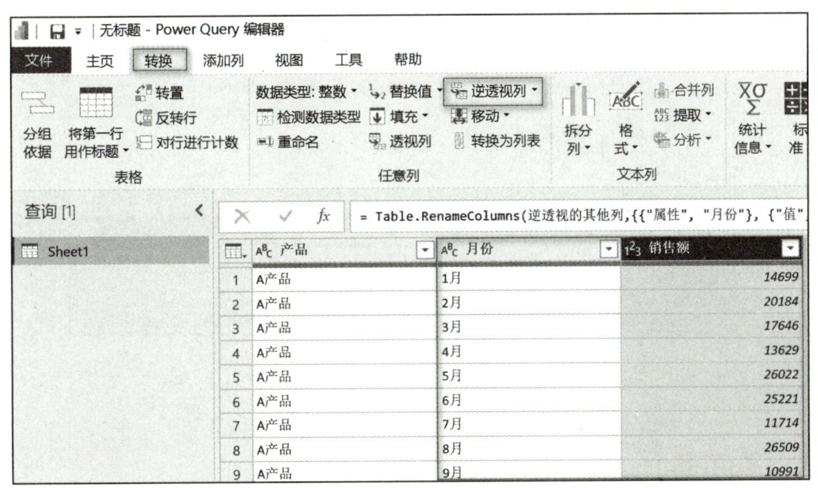

图4-48　“逆透视列”命令

也可选中“产品”列，执行“转换”→“任意列”→“逆透视列”→“透视其他列”命令，将“属性”字段名称改为“月份”，将“值”字段名称改为“销售额”。

子任务八　设置分组依据

微课 4-3-8

Power BI中的分组依据类似于Excel中的分类汇总功能，可以按照某一分类对某行数据或某列数据进行聚合运算。分组依据不仅有数据清洗功能，还具备一定的数据分析功能，这部分功能与Power Pivot中的功能有重合。在实际应用中，最好使用Power Query做数据处理，使用Power Pivot做数据分析，将这两个功能分开使用。

下面仍以前述公司的产品销售数据为例，按客户名称统计各客户的销售总额。

案例数据\项目四\20-数据整理.xlsx

【任务实现】

步骤 01 加载案例数据后，在"Power Query编辑器"窗口执行"转换"→"表格"→"分组依据"命令。在"分组依据"对话框中将分组依据设为"客户名称"，将新列名设为"销售总额"，将操作设为"求和"，将柱设为"金额"，如图4-49所示。

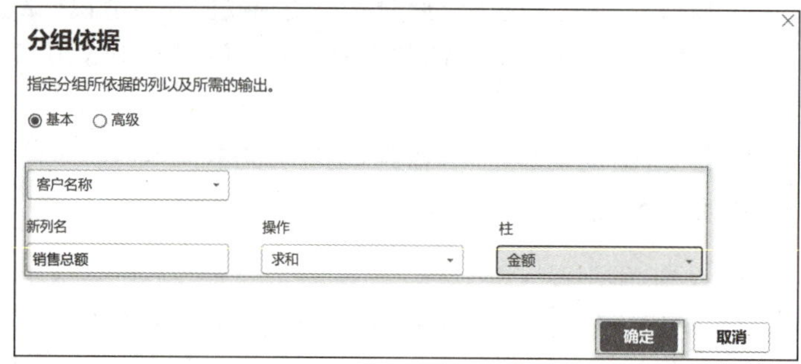

图4-49　设置分组依据的属性

步骤 02 单击"确定"按钮，结果如图4-50所示。

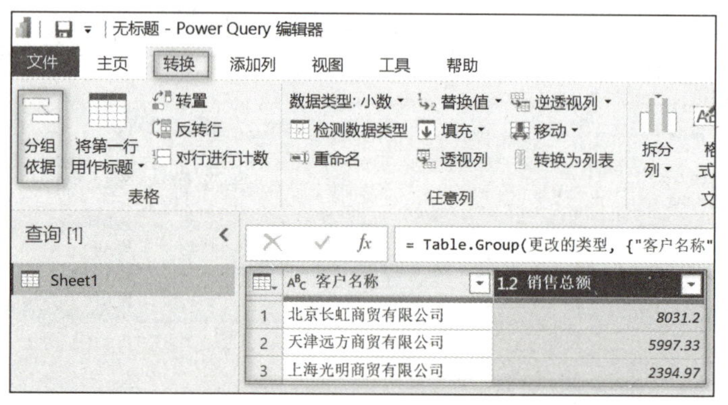

图4-50　设置分组依据后的结果

微课 4-3-9

子任务九　添加列

在对数据进行整理时，有时需要添加一些辅助列，这样对后续的数据分析非常有帮助。常用的添加列操作如表4-5所示。

表4-5 常用的添加列操作

形式	含义
示例中的列	使用示例在表中创建新列
自定义列	通过公式创建新列
条件列	按照某一条件创建新列，类似于Excel中的if函数
索引列	创建一个新列，其中的索引从某一个数值开始
重复列	基于某列复制一个新的列

下面以某日期表数据为例，对其中的“月份”字段创建索引列，并将索引序号作为对“月份”字段排序的依据。“月份”字段的默认排序为10月、11月、12月、1月、2月、3月、4月、5月、6月、7月、8月、9月。设置索引列，可将其按正常顺序排列，即1月、2月、3月、4月、5月、6月、7月、8月、9月、10月、11月、12月。

案例数据\项目四\21-数据整理.xlsx

【任务实现】

步骤01 加载案例数据后，在“Power Query编辑器”窗口将“月份”字段类型改为文本型。

步骤02 执行“添加列”→“常规”→“索引列”→“从1”命令，将“索引”字段名称改为“月排序依据”，结果如图4-51所示。在Power BI中，当需要对月份排序时，选择排序依据为“月排序依据”，即可按正常月份顺序显示数据。

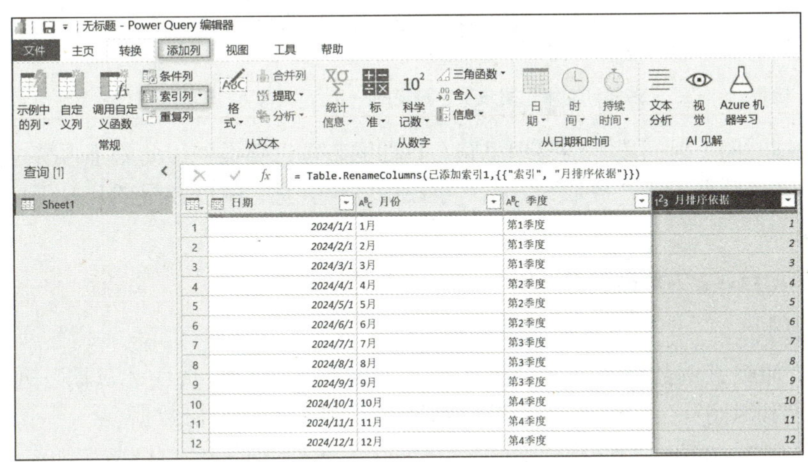

	日期	月份	季度	月排序依据
1	2024/1/1	1月	第1季度	1
2	2024/2/1	2月	第1季度	2
3	2024/3/1	3月	第1季度	3
4	2024/4/1	4月	第2季度	4
5	2024/5/1	5月	第2季度	5
6	2024/6/1	6月	第2季度	6
7	2024/7/1	7月	第3季度	7
8	2024/8/1	8月	第3季度	8
9	2024/9/1	9月	第3季度	9
10	2024/10/1	10月	第4季度	10
11	2024/11/1	11月	第4季度	11
12	2024/12/1	12月	第4季度	12

图4-51 设置索引列

子任务十 日期和时间的整理

微课 4-3-10

进行数据分析时，经常需要对日期和时间维度表的日期数据和时间数据进行整理。常见的日期和时间整理操作如表4-6所示。

表4-6 常见的日期和时间整理操作

功能	说明
年限	现在（Now）和所选日期之间的持续年数
仅日期	提取日期部分
分析	从文本格式的日期数据中提取正确的日期格式

续表

功能	说明
年	年：提取日期中的年份数据，并显示为数值 年份开始值：提取日期中年份的第一天 年份结束值：提取日期中年份的最后一天
月份	月份：提取日期中的月份数据，并显示为数值 月份开始值：提取日期中月份的第一天 月份结束值：提取日期中月份的最后一天 一个月的某些日：提取月份中包含的天数 月份名称：提取日期中的月份数据，并显示为文本
季度	季度：提取日期中的季度数据，并显示为数值 年份开始值：提取日期中季度的第一天 年份结束值：提取日期中季度的最后一天
周	一年的某一周：计算年初到当前日期的周数 一月的某一周：计算月初到当前日期的周数 星期开始值：提取日期所在星期的第一天 星期结束值：提取日期所在星期的最后一天
天	天：提取日期当天的数值 一年的某一日：计算年初到当前日期的天数 每周的某一天：计算每周第一天到当前日期的天数 星期几：提取日期为星期几
最早、最新	多列日期中保留最早、最晚的一天

时间、持续时间（时间段）的整理思路与日期的整理思路类似，此处不再赘述。

下面以日期表数据为例，提取“日期”字段中的年、月、季度和星期几等信息，并添加到新建列中。

案例数据\项目四\22-数据整理.xlsx

【任务实现】

步骤 01 加载案例数据后，在“Power Query编辑器”窗口选中“日期”列，执行“添加列”→“从日期和时间”→“日期”→“年”→“年”命令，得到年份数据。

步骤 02 同理，添加“月份”“季度”“星期几”字段，得到的完整数据如图4-52所示。

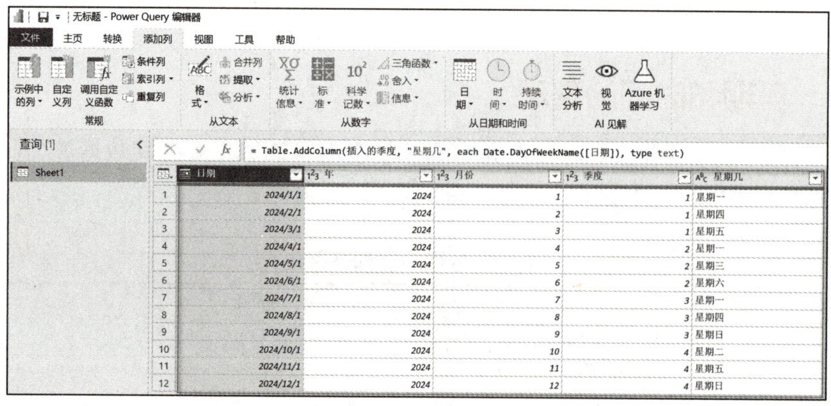

图4-52 添加列“年”“月份”“季度”“星期几”

微课 4-3-11

子任务十一 数据的基本数学运算

数据的基本数学运算包括标准运算、科学运算、三角函数、舍入和信息操作。基本数学运算的功能及含义如表4-7所示。

表4-7 基本数学运算的功能及含义

功能	含义
标准运算	添加、乘、减、除、除（整数）、取模、百分比
科学运算	绝对值、幂、平方根、指数、对数、阶乘等
三角函数	正弦、余弦、正切等
舍入	向上舍入、向下舍入等
信息	奇数、偶数、符号

下面以某公司的产品定价数据为例，将产品的售价由美元换算为人民币（假定1美元=人民币6.5元）计量。

案例数据\项目四\23-数据整理.xlsx

【任务实现】

步骤01 加载案例数据后，在“Power Query编辑器”窗口选中“售价-美元”列，执行“添加列”→“从数字”→“标准”→“乘”命令，将乘数的值设为“6.5”，如图4-53所示。

图4-53 输入汇率值

步骤02 单击“确定”按钮，更改新列字段名称为“售价-人民币”，如图4-54所示。

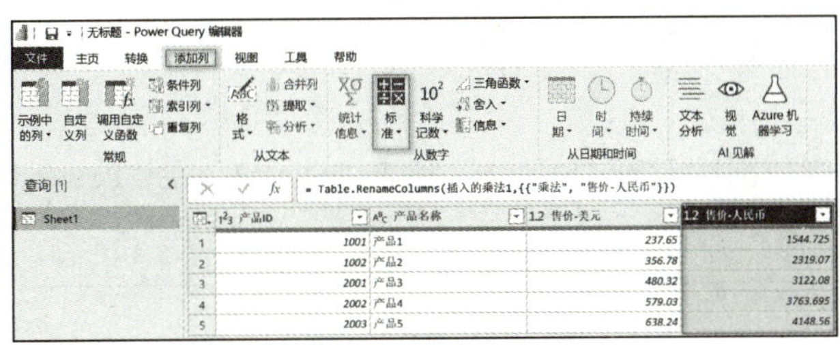

图4-54 更改新列字段名称

步骤03 选中“售价-人民币”列，执行“转换”→“编号列”→“舍入”→“舍入”命令，将舍入的小数位数设为“1”，如图4-55所示。

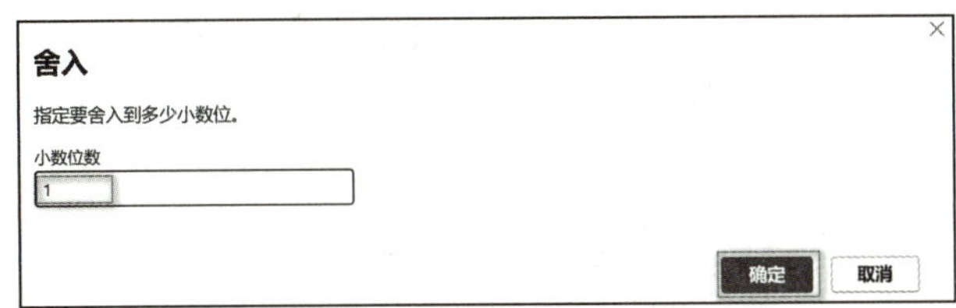

图4-55 设置舍入的小数位数

步骤 04 单击“确定”按钮，得到由美元换算为人民币后的产品售价，如图4-56所示。

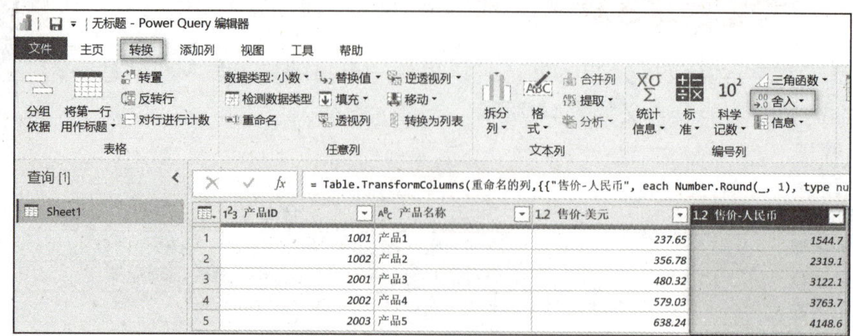

图4-56 由美元换算为人民币后的产品售价

子任务十二 数据的组合

微课 4-3-12

数据的组合主要包括追加查询与合并查询两种。

1. 追加查询

追加查询是表与表之间的纵向组合。一般情况下，追加查询是把字段一样的数据追加到一张表中，且相同字段的数据追加到同一个字段下。若两张表中存在不同的字段，则不同字段的数据单列。

进行追加查询时需要注意以下事项。

- 两张表的列名必须一致。
- 两张表的列顺序可以不一致。
- 某张表里独有的列会单独呈现。

下面以某电子公司的产品销售数据为例，将“Sheet1”和“Sheet2”两张表作追加查询。表“Sheet1”中包含“订单编号”“金额”“客户名称”3个字段共6条记录；表“Sheet2”中包含“订单编号”“客户名称”“客户省份”“金额”4个字段共5条记录。

案例数据\项目四\24-数据整理.xlsx

【任务实现】

步骤 01 加载案例数据后，表“Sheet1”和表“Sheet2”在“Power Query编辑器”窗口中的数据显示如图4-57所示。

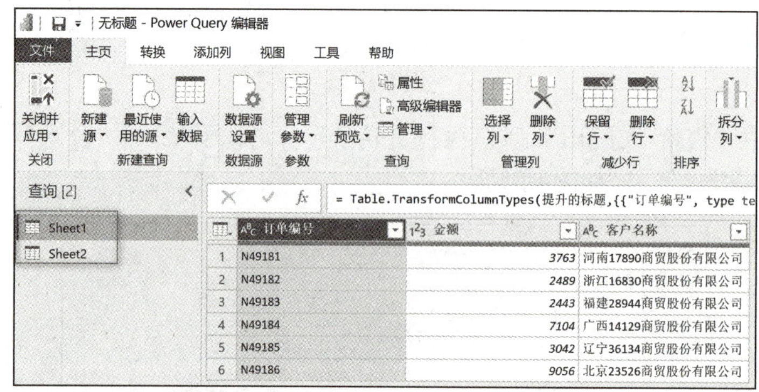

图4-57 导入案例数据

步骤02 选中表“Sheet1”，执行“主页”→“组合”→“追加查询”→“追加查询”命令，选择要追加的表为“Sheet2”，如图4-58所示。

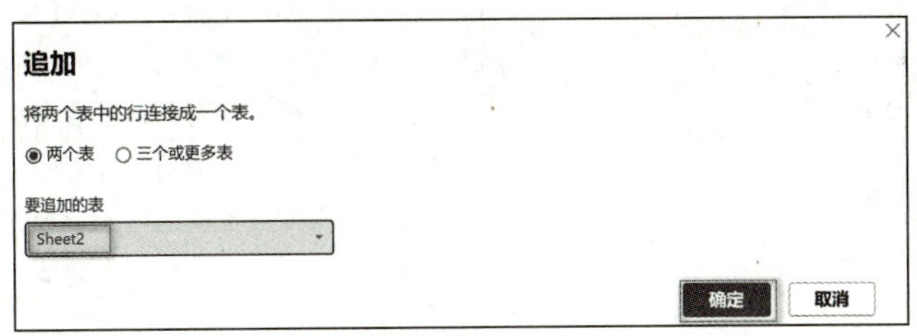

图4-58　选择要追加的表

步骤03 单击“确定”按钮，被追加后的表“Sheet1”如图4-59所示，共有11条记录。

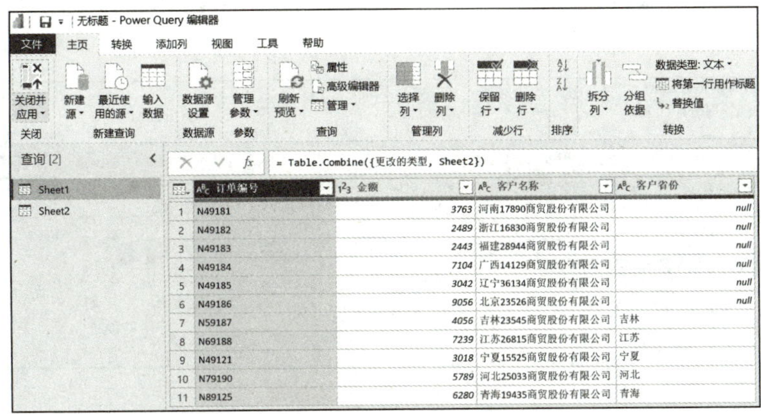

	订单编号	金额	客户名称	客户省份
1	N49181	3763	河南17890商贸股份有限公司	null
2	N49182	2489	浙江16830商贸股份有限公司	null
3	N49183	2443	福建28944商贸股份有限公司	null
4	N49184	7104	广西14129商贸股份有限公司	null
5	N49185	3042	辽宁36134商贸股份有限公司	null
6	N49186	9056	北京23526商贸股份有限公司	null
7	N59187	4056	吉林23545商贸股份有限公司	吉林
8	N69188	7239	江苏26815商贸股份有限公司	江苏
9	N49121	3018	宁夏15525商贸股份有限公司	宁夏
10	N79190	5789	河北25033商贸股份有限公司	河北
11	N89125	6280	青海19435商贸股份有限公司	青海

图4-59　被追加后的表“Sheet1”

2. 合并查询

合并查询是表与表之间的横向组合，需要两张表有相互关联的字段。合并查询的新表中，会生成两张表的所有字段，而生成哪些数据记录要看两张表的联接关系。合并查询中，表的联接关系有左外部、右外部、完全外部、内部、左反、右反6种，如图4-60所示。

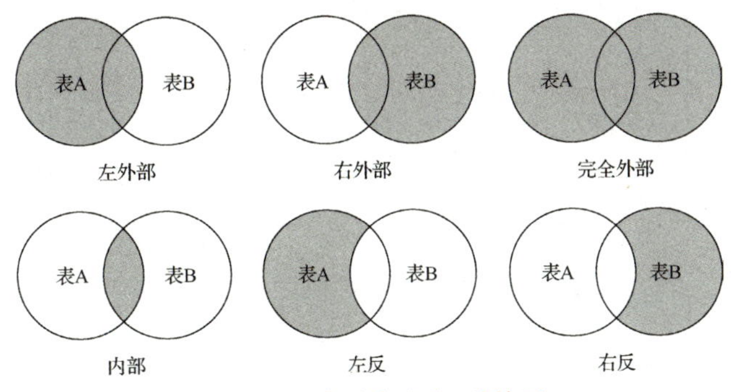

图4-60　合并查询的6种情形

下面以某公司会议邀请信息和参会信息数据为例，将邀请表（1表）和参会表（2表）作合并查询（左外部联接）。邀请表包含“姓名”和“邀请时间”2个字段共5条记录，邀请人分别是A、B、C、D和E；参会表包含“参会人”和“参会时间”2个字段共4条记录，参会人分别是D、E、F和G。两张表以不同联接方式合并后的结果及其表达的含义如表4-8所示。

表4-8　　不同联接方式合并后的结果及其含义

联接方式	结果	含义
左外部	A B C D E	1表所有行，2表匹配行（所有邀请人的参会信息）
右外部	D E F G	2表所有行，1表匹配行（所有参会人的邀请信息）
完全外部	A B C D E F G	1表和2表中的所有行（所有邀请及参会信息）
内部	D E	1表和2表中的匹配行（既邀请又参会的信息）
左反	A B C	1表中去掉2表的匹配行（邀请但未参会的信息）
右反	F G	2表中去掉1表的匹配行（参会但未邀请的信息）

案例数据\项目四\25-数据整理.xlsx

【任务实现】

步骤 01 加载案例数据后，邀请表和参会表在“Power Query编辑器”窗口中的数据显示如图4-61所示。

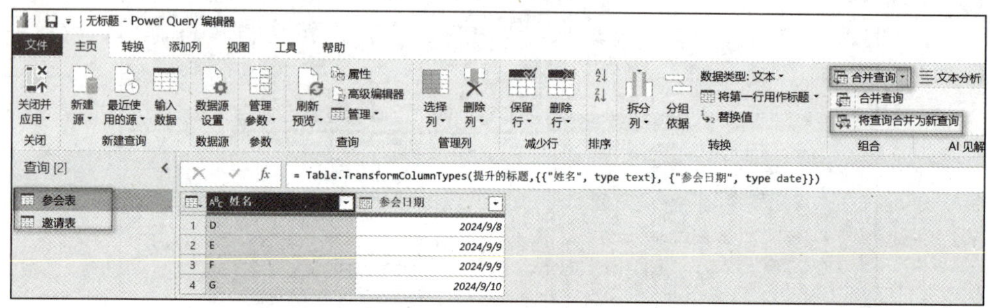

图4-61　导入案例数据

步骤 02 执行“主页”→“组合”→“合并查询”→“将查询合并为新查询”命令，选择要合并的“邀请表”和“参会表”，双击两表的“姓名”字段，并选择联接种类为“左外部”，如图4-62所示。

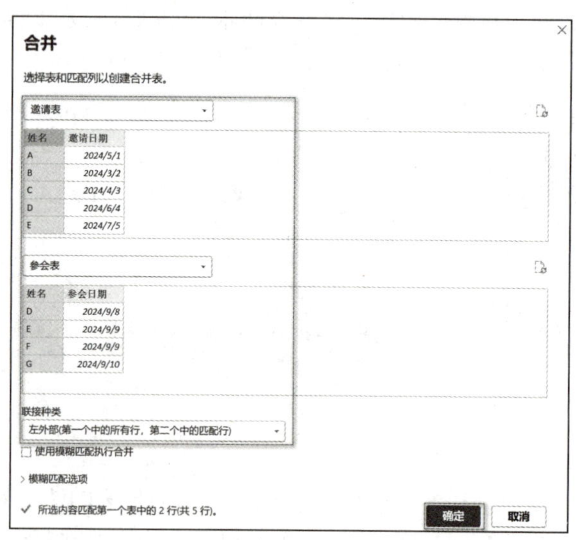

图4-62　合并查询的属性设置

步骤 03 单击“确定”按钮，生成新的合并表，如图4-63所示。

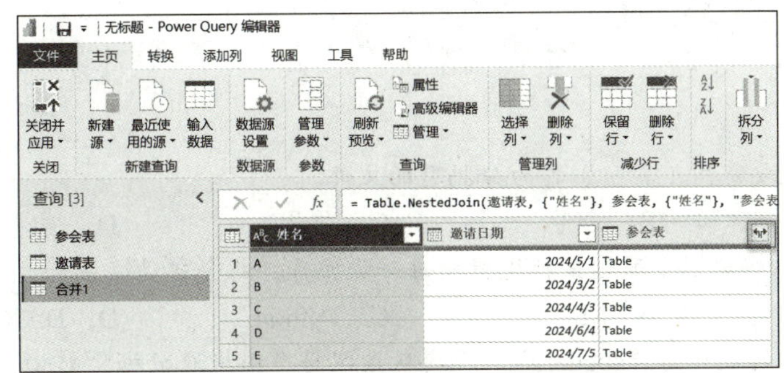

图4-63 生成新的合并表

步骤04 单击“参会表”字段右侧的按钮，在打开的窗口中选择“参会日期”字段，如图4-64所示。

步骤05 单击“确定”按钮，展开字段后的合并表如图4-65所示。

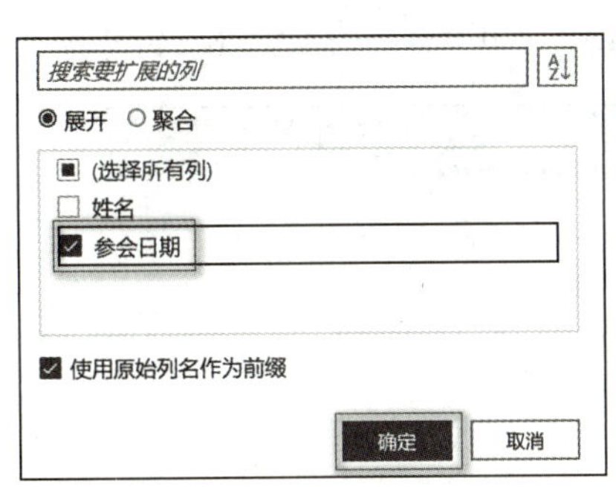

图4-64 选择“参会日期”字段

图4-65 展开字段后的合并表

时代新知

数据安全与隐私保护

在数字化时代，个人数据的安全与隐私保护日益成为公众关注的焦点。然而，近年来全球范围内频发的数据泄露事件令人震惊。

2018年3月，社交媒体巨头“脸书”（Facebook）曝出一起大规模数据泄露事件。据报道，约5 000万名用户的个人信息被黑客获取，其中包括用户的姓名、联系方式、生日、住址等敏感信息。黑客利用这些信息进行恶意操作，如发送诈骗邮件、实施网络“钓鱼”等，给受害者带来了巨大的经济损失和心理压力。Facebook数据泄露事件引发了全球范围内的广泛关注和讨论。人们开始反思，为何如此大规模的数据泄露会发生？为何个人信息安全如此脆弱？这起事件也促使许多国家和地区加强了对数据安全和隐私保护的监管力度，以保障公众权益。

新时代的大学生应强化法律意识和道德观念，提升信息素养，增强数据安全与隐私保护意识，共同维护网络空间的安全与稳定。数据安全与隐私保护不仅关乎个人利益，也关乎国家安全和社会稳定。大学生应关注数据安全相关政策法规，积极参与数据安全及隐私保护的公益活动，为维护国家安全和社会稳定贡献自己的力量。

知识链接

《中华人民共和国数据安全法》

知识链接

《中华人民共和国个人信息保护法》

巩固提高

一、单选题

1. CSV文件主要是用（　　）作为分隔符的文件。

A. 逗号　　B. 分号　　C. 句号　　D. 冒号

2. Power Query编辑器中通过鼠标进行的每一步操作，都会自动生成（　　）语言代码。

A. C　　B. M　　C. Python　　D. DAX

3. 某数据表中的数据为“abcdefg”，现要从该字符串中提取数据，起始索引为3，字符数为2，则提取的字符串为（　　）。

A. cd　　B. bcd　　C. def　　D. de

4. 数据的透视和逆透视是Power Query中非常重要的功能，可以实现（　　）。

A. 行变列　　B. 列变行

C. 二维表和一维表转换　　D. 首行和尾行互换

5. Power BI中，（　　）操作可以实现图4-66所示的产品销售表从图（a）到图（b）的转换。

	产品名称	销售金额
1	A	300
2	B	400
3	A	600
4	B	200
5	C	500

（a）

	产品名称	销售总额
1	A	900
2	B	600
3	C	500

（b）

图4-66　产品销售表

A. 分类汇总　　B. 分组查询　　C. 分类求和　　D. 分组依据

二、多选题

1. Power BI Desktop可导入的文件格式包括（　　）。

A. Excel　　B. 文本　　C. CSV　　D. PPT

2. Power Query编辑器中的行操作包括（　　）。

A. 删除最前面几行　　B. 删除最后几行

C. 删除空行　　D. 删除重复项

3. 对于图4-67所示的数据表中“姓名”字段的数据，需要把“姓名”字段拆分成“姓”和“名”两个字段，采用“按字符数”拆分列，可以实现的操作有（　　）。

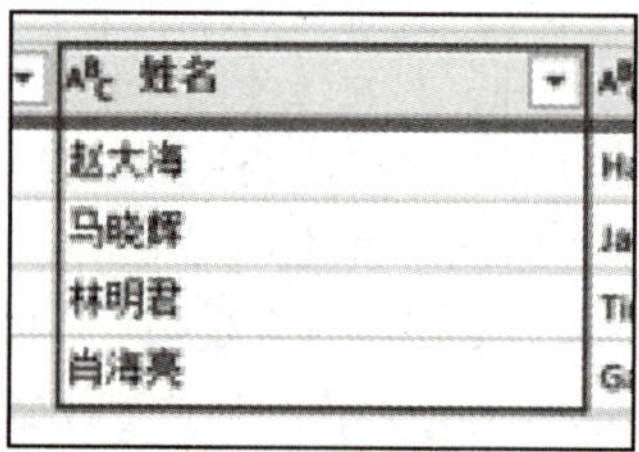

姓名
赵大海
马晓辉
林明君
肖海亮

图4-67　数据表

A. 字符数1，一次尽可能靠左　　B. 字符数2，一次尽可能靠左

C. 字符数2，一次尽可能靠右　　D. 字符数1，一次尽可能靠右

4. 关于追加查询，下列说法正确的有（　　）。

A. 追加时，两张表的列顺序必须一致

B. 追加时，两张表的列顺序可以不一致

C. 追加时，某张表里独有的列会单独呈现

D. 追加时，某张表里独有的列不会单独呈现

5. 合并查询时表的联接方式有（　　）。

A. 左外部　　B. 右外部　　C. 完全外部　　D. 内部

三、判断题

1. Power BI Desktop中，不能从文件夹中获取数据。（　　）

2. 数据整理也叫数据处理或数据清洗，是对从各类数据源导入的数据，通过一定的方法将其整理成符合要求的数据，然后加载到数据模型中。（　　）

3. 数据的转置和反转功能是一样的。（　　）

4. 创建一个索引列，其索引值可以从1开始，也可以从其他整数开始。（　　）

5. 追加查询是表与表之间的横向组合。（　　）

四、思考题

1. 从文件获取数据的情形有哪几种？

2. 数据的拆分、提取和合并操作有哪些？

3. 数据的透视和逆透视可以实现哪些功能？请举例说明。

4. 什么是数据的追加查询？进行追加查询时应注意哪些问题？

5. 数据的合并查询中，表的6种联接方式分别是什么？请举例说明。

五、实训题

1. 试从下列途径获取实训所需数据。

（1）直接从网页获取数据。

（2）从相关网站下载数据（如国家统计局网站，Power BI官方网站等）。

（3）至少整理出两张数据表，以满足数据建模的要求。

2. 对获取的数据进行适当的数据整理，以满足数据建模与可视化要求。

项目五

数据建模

学习目标

- **知识目标**

✧ 能够准确描述Power BI的两种关系模型及其创建方法。

✧ 能够精准描述新建列和新建度量值的操作。

✧ 能够准确描述DAX公式的语法，列举DAX常见函数。

✧ 能够精准描述CALCULATE、DIVIDE、FILTER、时间智能等函数的用法。

- **能力目标**

✧ 能够结合具体案例，通过Power BI创建关系模型。

✧ 能够结合具体案例，通过Power BI新建列和各种度量值。

- **素养目标**

✧ 具备潜心钻研业务、工作严谨务实的职业素养，培养追求卓越、精益求精的职业精神。

✧ 具备团队协作和沟通能力，促进跨部门和跨领域的合作。

项目导图

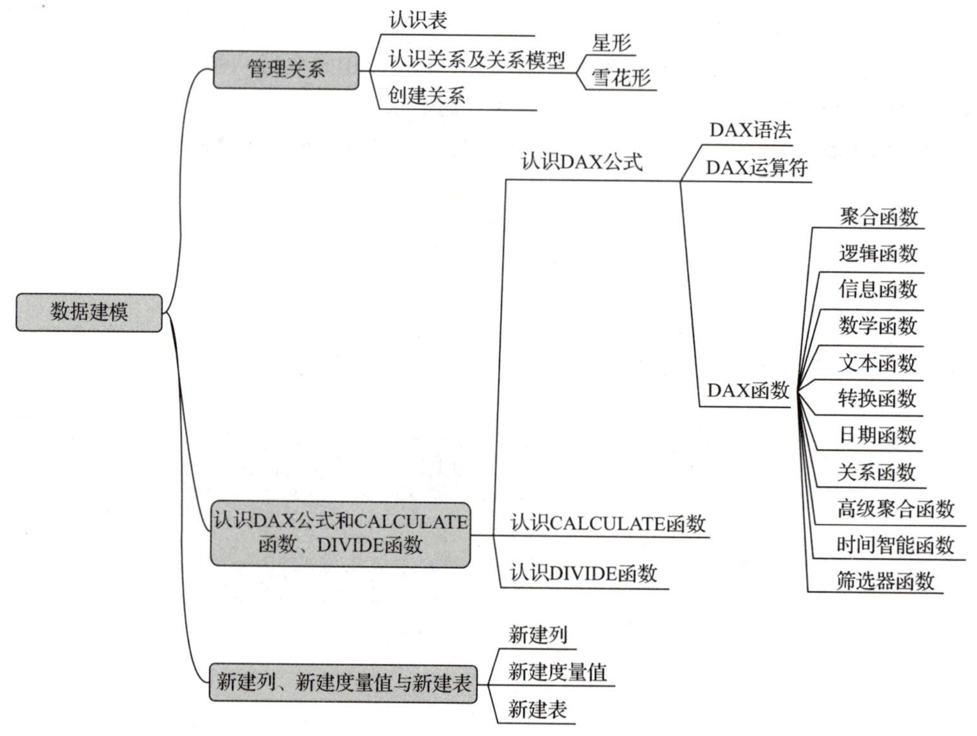

情境案例

本项目主要以项目三“烘焙工坊”的案例数据为例，介绍在Power BI中进行数据建模的方法。前面我们已知，烘焙工坊共有4个维度表和1个事实表，维度表分别是产品表（见图3-1）、日期表（见图3-2）、门店表（见图3-3）和会员表（新增，见图5-1）；事实表是销售表（见图3-4）。

	A	B
1	会员ID	性别
2	1002	女
3	1006	女
4	1009	男
5	1010	男
6	1012	女
7	1019	女
8	1020	男

图5-1　会员表（部分）

本项目案例主要是通过维度表中各种维度来分析事实表中的各类销售数据，即通过产品表中的“产品分类名称”“产品名称”，日期表中的“年”“月”“季度”，门店表中的“店铺名称”“省份名称”，会员表中的“会员ID”“性别”等维度分析销售表中的“销售金额”“销售数量”等度量值信息。

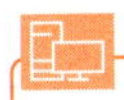

项目学习

任务一　管理关系

在利用Power BI进行数据分析之前，首先要了解表的类型及它们之间的关联，然后才能管理各表之间的关系。

子任务一　认识表

为便于数据建模和数据分析，Power BI将表分为维度表和事实表两类。维度表的主要特点是包含类别属性信息，数据量较小。事实表的主要特点是含有多列数值类型的数据，能够提取度量值信息，数据量较大。维度表和事实表的关系是：通过维度表中的不同维度可以分析事实表中的各类度量值数据。维度表与事实表的区别如表5-1所示。

微课 5-1-1

表5-1　维度表与事实表的区别

项目	维度表	事实表
特征	通常存放各种分类信息，数据较少	又叫数据表，有较多数值型字段，行数较多
举例	日期、地域、客户、产品等	销售数据、存货数据、预算数据等
用途	生成分析表的行或列，生成筛选器和切片器	数值型字段可生成各种分析指标，即度量值
关系视图	“1”的一端	“*”的一端，箭头指向的一端

下面以烘焙工坊的产品表、日期表、门店表、会员表和销售表为例，来了解维度表和事实表之间的关联。

案例数据\项目五\1-数据建模.xlsx

【任务实现】

步骤01 打开“案例数据\项目五\1-数据建模.xlsx”文件，查看各个维度表（产品表、日期表、门店表、会员表）的数据显示。

步骤02 进一步查看事实表（销售表）。

子任务二　认识关系及关系模型

微课 5-1-2

进行数据建模时，首先要进行数据关系的管理。数据关系指的是事实数据之间的关系。在不同表的数据之间创建关系，可以增强数据分析的能力。

1. 认识关系

在Power BI中，关系指的是两个数据表之间建立在每个表的一个列的基础上的联系。例如，在门店表和销售表中，通过“店铺ID”建立两表之间的关联，即关系。

根据关系的不同，可以将其分为以下3类。

（1）一对多（1:*）关系。一对多关系是指一个表（通常是维度表）中的列具有一个值的一个实例，而与其关联的另一个表（通常是事实表）的列具有一个值的多个实例。例如，门店表中的“店铺ID”具有唯一值，而销售表中对于相同的“店铺ID”则具有多个值。门店表通过“店铺ID”和销售表建立关系，即一对多（1:*）的关系。

（2）多对一（*:1）关系。多对一关系与一对多关系正好相反，指的是一个表（通常为事实表）中的列具有一个值的多个实例，而与之相关的另一个表（通常为维度表）仅具有一个值的一个实例。例如，销售表通过“门店ID”和门店表建立关系，即多对一（*:1）的关系。

（3）一对一（1:1）关系。一对一关系是指一个表（事实表）对应另一个表（维度表）的记录有一一对应的关系。例如，产品表中的“产品ID”对应产品分类表中的“产品ID”，即一对一（1:1）的关系。

在Power BI关系设置中，还需要对关系的交叉筛选器方向进行设置。对于大多数关系，交叉筛选器方向均设置为“双向”筛选。双向筛选是指连接的两张表可以互相筛选，设置为“单向”适用于依据维度表的维度单向对事实表数据进行汇总。默认情况下，Power BI Desktop会将交叉筛选器方向设置为“双向”，但是如果从 Excel、Power Pivot导入数据，则默认将所有关系设置为“单向”。

2. 关系模型的布局

关于布局模式的理论来源于数据仓库的方法论。在Power BI中，关系模型的布局是指建立了关联的维度表与事实表的摆放样式。关系模型的布局模式有两种：星形（Star）和雪花形（Snowflake）。

（1）星形布局模式。星形布局模式的特点是在事实表外侧只有一层维度表，所有维度表都直接与事实表关联，呈现的形状就像星星一样。

（2）雪花形布局模式。雪花形布局模式的特点是在事实表外侧有多层维度表，每个维度可能串起多个维度表，就像雪花一样由中心向外延伸。

星形布局模式和雪花形布局模式的区别是：星形布局模式在事实表外侧只有一层维度表，而雪花形布局模式在事实表外侧有多层维度表。显然，星形布局模式较为简单，且更容易掌控，所以一般建议采用星形布局模式。如果在一个维度上又有多个维度，则需想办法把它们合并到一个维度表上，从而简化维度表的结构。例如，可以将产品分类表和产品表合并到一个维度表中，将门店表和门店省份表合并到一个维度表中。

星形布局模式属于一种理想化的布局模式，在实际工作中，应尽量使用此种模式。当不可避免地需要用到多层维度表时，再选择雪花形布局模式。原则上讲，这种基于叠加的多层维度表的雪花形布局模式尽量不要使用。

3. 举例说明

（1）下面通过烘焙工坊的4个维度表（产品表、日期表、门店表和会员表）和1个事实表（销售表）来认识关系模型的星形布局模式（星形分布）。

案例数据\项目五\2-数据建模.pbix

【任务实现】

在Power BI Desktop中，打开“案例数据\项目五\2-数据建模.pbix”文件，单击窗口左侧的“模型”按钮，即可查看星形布局模式的关系视图（星形分布），如图5-2所示。

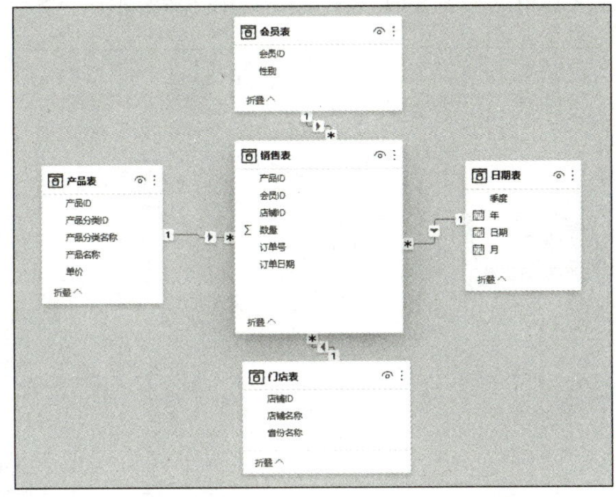

图5-2　星形布局模式的关系视图（星形分布）

在实际应用中，我们通常将星形布局模式的维度表放在事实表的上方，依次排开；事实表放在维度表的下方，呈上下分布，而不是将维度表摆放在事实表的周围，呈星形分布。

（2）下面通过烘焙工坊的4个维度表（产品表、日期表、门店表和会员表）和1个事实表（销售表）来认识关系模型的星形布局模式（上下分布）。

案例数据\项目五\3-数据建模.pbix

【任务实现】

在Power BI Desktop中，打开“案例数据\项目五\3-数据建模.pbix”文件，单击窗口左侧的“模型”按钮，即可查看星形布局模式的关系视图（上下分布），如图5-3所示。

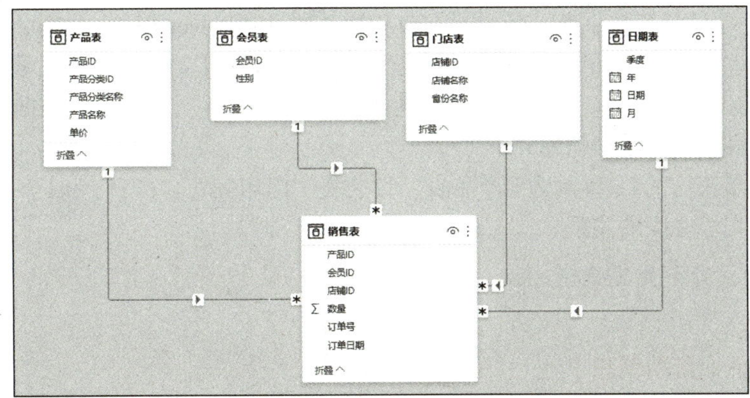

图5-3　星形布局模式的关系视图（上下分布）

（3）下面通过烘焙工坊的6个维度表（产品表、产品分类表、日期表、门店表、门店省份表、会员表）和1个事实表（销售表）来认识关系模型的雪花形布局模式。其中，产品分类表和产品表先关联，然后产品表再和销售表相关联；门店省份表和门店表先关联，然后门店表再和销售表相关联；日期表和会员表直接与销售表相关联。

案例数据\项目五\4-数据建模.pbix

【任务实现】

在Power BI Desktop中，打开“案例数据\项目五\4-数据建模.pbix”文件，单击窗口左侧的“模型”按钮，即可查看雪花形布局模式的关系视图，如图5-4所示。

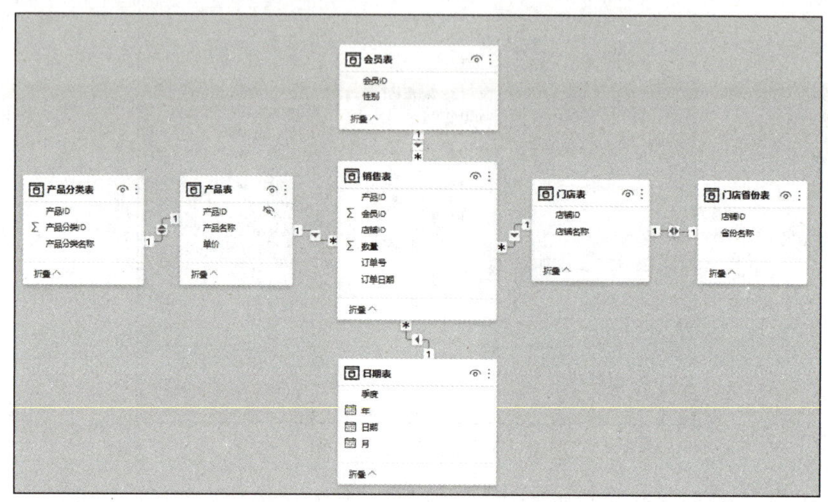

图5-4 雪花形布局模式的关系视图

子任务三 创建关系

微课 5-1-3

在Power BI中，单表是最简单的模型，不需要创建关系。若是多表，则需要创建关系。所谓创建关系，就是建立表和表之间的关联，也叫数据建模。数据建模建立的是数据模型，而非算法模型。

在导入数据的过程中，Power BI Desktop会自动创建关系。如果同时导入两个或多个表格，则Power BI Desktop在加载数据时将尝试查找、创建关系，并自动设置基数、交叉筛选器方向和活动属性。Power BI Desktop会查看表格中正在查询的列名，以确定是否存在任何潜在关系，若存在，则将自动创建这些关系。如果Power BI Desktop无法确定存在匹配项，则不会自动创建关系。对于没有创建关系的数据表，可以通过鼠标拖曳或设置属性的方式手动创建关系。

下面通过烘焙工坊的4个维度表（产品表、日期表、门店表、会员表）和1个事实表（销售表）创建维度表和事实表之间的关系。

案例数据\项目五\5-数据建模.xlsx

【任务实现】

1. 创建关系（自动创建）

步骤01 在Power BI Desktop中，导入“案例数据\项目五\5-数据建模.xlsx”文件，单击窗口左侧的“模型”按钮，将关系视图呈上下排列，查看自动创建关系的报表，如图5-5所示。

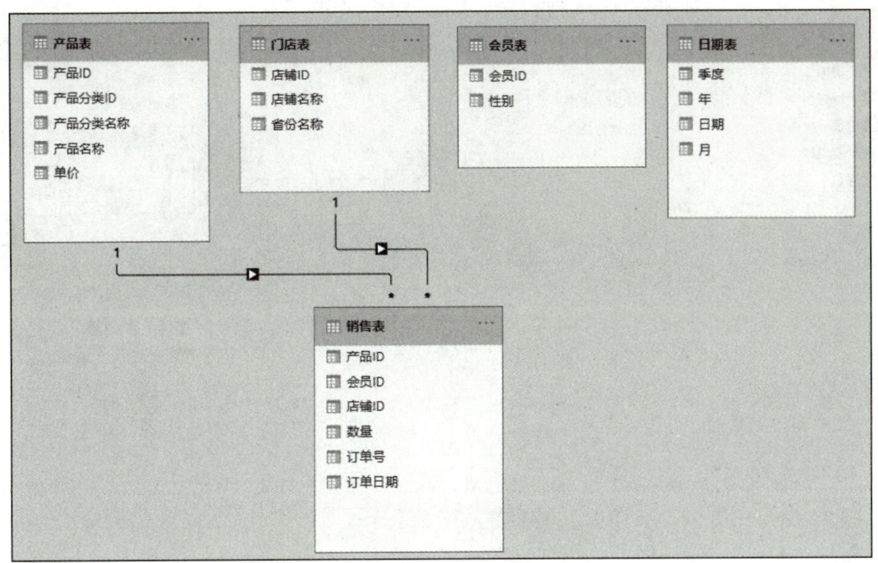

图5-5 创建关系（自动创建）

步骤02 从图5-5中可以看出，一般情况下，因为有相同的字段名称，所以维度表与事实表（销售表）会自动创建1:*关系。这里的产品表、门店表与销售表自动创建了关系；会员表与销售表没有自动创建关系；日期表与销售表没有相同的字段名称，因此没有自动创建关系。

2. 创建关系（鼠标拖曳）

步骤01 在“模型”视图窗口中，日期表的“日期”与销售表的“订单日期”可以建立关联。选中日期表的“日期”字段，将其用鼠标拖曳到销售表的“订单日期”字段，即可手动建立日期表与销售表之间的1:*关系。用同样的办法，我们可以根据“会员ID”手动建立会员表与销售表之间的1:*关系。结果如图5-6所示。

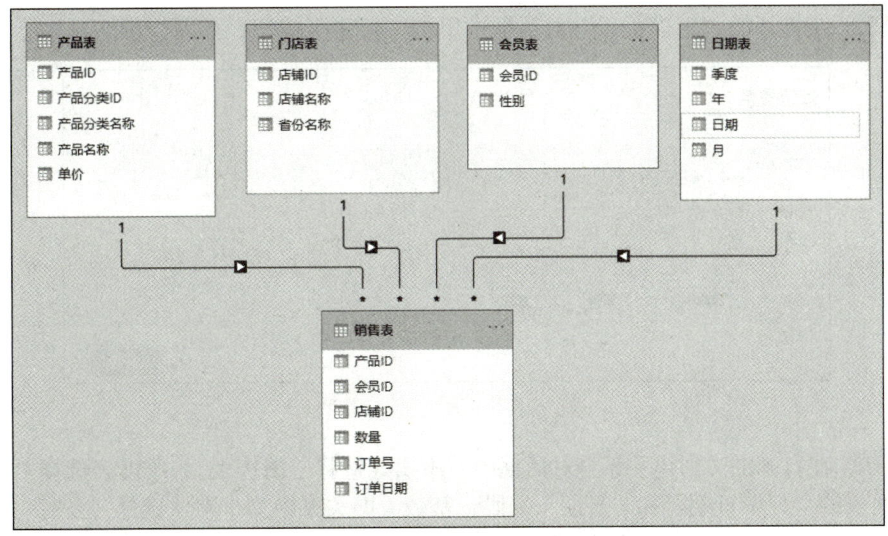

图5-6 创建关系（鼠标拖曳）

步骤02 在“模型”视图窗口中，选中一条关系连接线并单击鼠标右键，从弹出的菜单中选择“删除”选项，即可删除建立的关系，如图5-7所示。

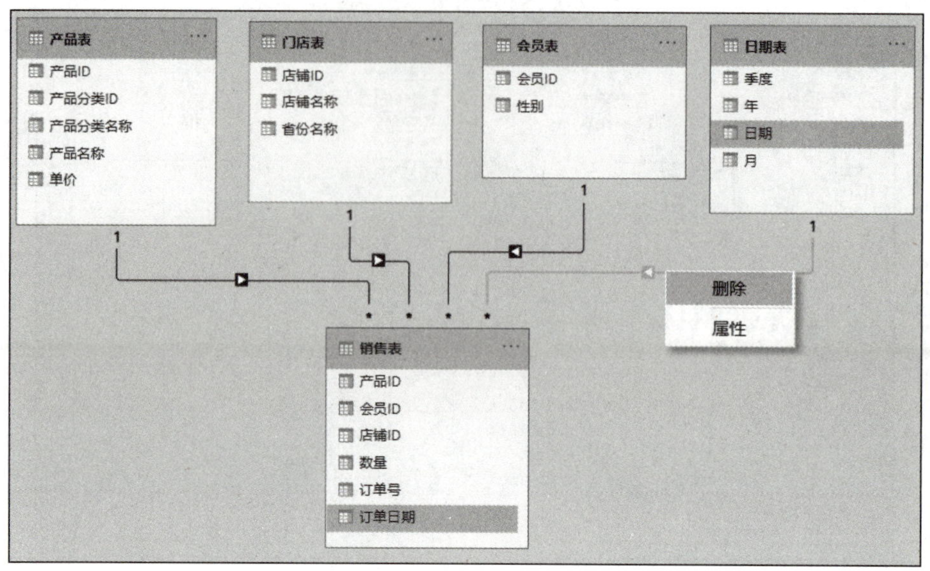

图5-7 删除关系

3. 创建关系（设置属性）

步骤01 在“模型”视图窗口中，执行“主页”→“关系”→“管理关系”命令，如图5-8所示。

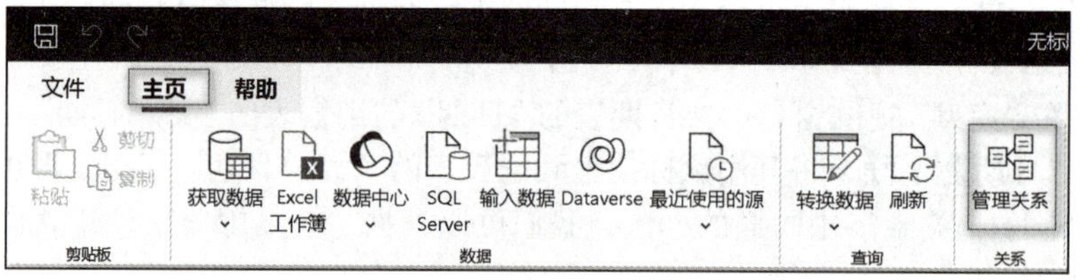

图5-8 “管理关系”命令

步骤02 在打开的“管理关系”对话框中单击“新建”按钮，如图5-9所示。

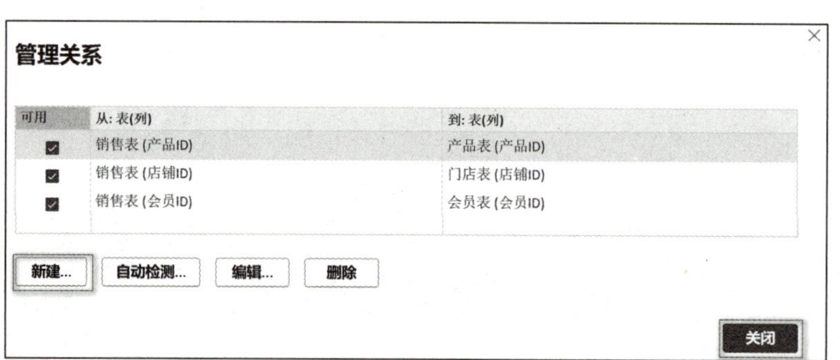

图5-9 “管理关系”对话框

步骤03 在打开的“创建关系”对话框中，事实表选择“销售表”，维度表选择“日期表”，分别选中两表的“订单日期”和“日期”字段，基数（即关系模型）默认选择“多对一（*:1）”，交叉筛选器方向默认选择“单一”，如图5-10所示。

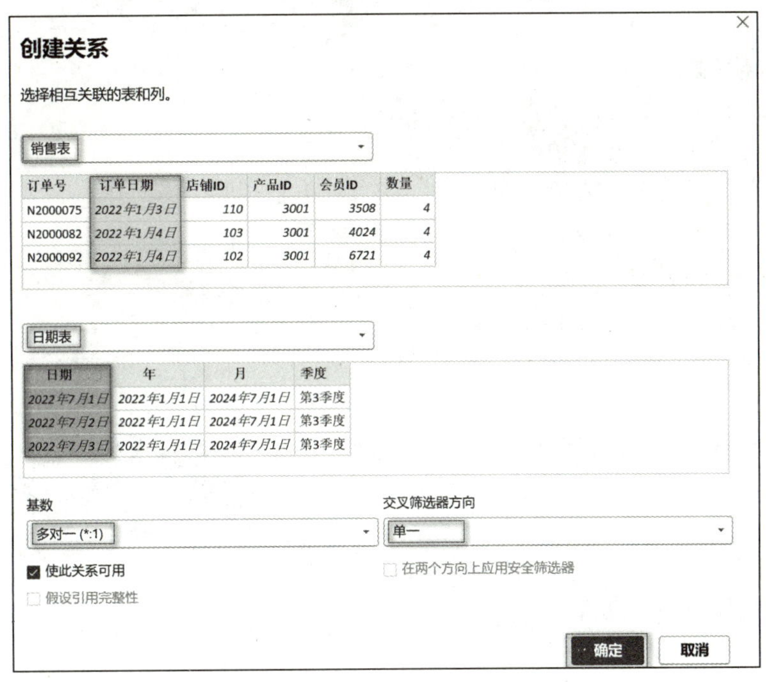

图5-10　设置关系的属性

步骤04 单击“确定”按钮，则销售表与日期表通过设置属性的方式创建了关系，且与图5-6所示的关系相同。

任务二　认识DAX公式和CALCULATE函数、DIVIDE函数

在Power BI中进行数据建模时，经常要用到DAX公式和CALCULATE函数、DIVIDE函数。

子任务一　认识DAX公式

微课 5-2-1

DAX是公式或表达式中可用于计算并返回一个或多个值的函数、运算符或常量的集合。DAX是一种函数语言，其中可以包含嵌套函数、条件语句和值引用等其他内容。DAX的执行从最内部的函数参数开始，然后逐步向外计算。

提示

微软公司在开发DAX的时候，参考了Excel中的很多函数，它们的名称相同，参数用法也类似。因此，DAX简单易学，只要理解它的基本原理就能熟练使用。但DAX的深度应用还是有一些难度，需要多加练习。

本任务只介绍DAX的初级用法。读者可以参考专门的DAX书籍或者到Power BI官方网站详细学习、了解DAX，构建复杂的DAX公式，以满足业务需求。

1. DAX语法

DAX语法包括组成公式的各种元素，简单来说，就是公式的编写方式。DAX公式的特点

如下。

- 类似Excel函数。
- 基于列或表的计算。
- 引用“表”“列”或度量值。
- 通过“'”或“[”启动智能感知。

下面来看一个度量值的DAX公式。

```
销售金额 =SUM(' 销售表 '[ 金额 ])
```

这个DAX公式中包含了如下语法元素。

- 销售金额：表示度量值名称。
- =：表示公式的开头。完成计算后将会返回结果。
- SUM：DAX函数名，表示对销售表中“金额”列的所有数据求和。
- ()：内含一个或多个参数的表达式。所有函数都至少需要一个参数，这个参数可以传递一个值给函数。
- ''：用来引用表名。
- []：用来引用列名或度量值名。
- 销售表：引用的表名。
- 金额：引用的字段列。

DAX公式“销售金额=SUM('销售表'[金额])”表达的含义是：对销售表的“金额”字段求和，并生成“销售金额”度量值。

2. DAX运算符

与Excel一样，DAX公式也是使用+、-、*、/这些符号进行运算的，并使用小括号()来调整运算的优先次序。DAX公式中基本运算符的分类及含义如表5-2所示。

表5-2　DAX公式中基本运算符的分类及含义

运算符	符号	含义
算术符	+	加法
	-	减法
	*	乘法
	/	除法
比较符	=	等于
	<>	不等于
	>	大于
	>=	大于等于
	<	小于
	<=	小于等于
文本连接符	&	连接字符串
逻辑符	&&	且（and）
	||	或（or）

3. DAX函数

DAX拥有许多可用于组织或分析数据的函数。这些函数包括聚合函数、逻辑函数、信息函数、数学函数、文本函数、转换函数、日期函数、关系函数、高级聚合函数、时间智能函数、筛选器函数等。

（1）聚合函数。在实际应用中，常见的聚合函数如表5-3所示。

表5-3 常见的聚合函数

函数	说明
SUM	求和
AVERAGE	求平均值
MEDIEN	求中位值
MAX	求最大值
MIN	求最小值
COUNT	数值格式的计数
COUNTA	所有格式的计数
COUNTBLANK	空单元格的计数
COUNTROWS	表格中的行数
DISTINCTCOUNT	不重复计数

（2）逻辑函数。在实际应用中，常见的逻辑函数如表5-4所示。

表5-4 常见的逻辑函数

函数	说明
IF	根据某个或几个逻辑判断是否成立，返回指定的数值
IFERROR	如果计算出错，返回指定数值
AND	逻辑关系的“且”（&&）
OR	逻辑关系的“或”（||）
SWITCH	数值转换

（3）信息函数。在实际应用中，常见的信息函数如表5-5所示。

表5-5 常见的信息函数

函数	说明
ISBLANK	是否空值
ISNUMBER	是否数值
ISTEXT	是否文本
ISNOTEST	是否非文本
ISERROR	是否错误

（4）数学函数。在实际应用中，常见的数学函数如表5-6所示。

表5-6 常见的数学函数

函数	说明
ABS	绝对值
ROUND	四舍五入
ROUNDUP	向上舍入
ROUNDDOWN	向下舍入
INT	向下舍入到整数（取整数）

（5）文本函数。在实际应用中，常见的文本函数如表5-7所示。

表5-7　　常见的文本函数

函数	说明
FORMAT	日期或数字格式的转换
LEFT	从左向右取
RIGHT	从右向左取
MID	从中间开始取
LEN	返回指定字符串的长度
FIND	返回一个文本字符在另一个文本字符中的起始位置（区分大小写）
SEARCH	返回一个文本字符在另一个文本字符中的起始位置（不区分大小写）
REPLACE	替换
SUBSTITUTE	查找替换
VALUE	转换为数值
BLANK	返回空值
CONCATENATE	连接字符串，等同于“&”
LOWER	将字母转换为小写形式
UPPER	将字母转换为大写形式
TRIM	从文本中删除两个词之间除了单个空格外的所有空格
REPT	重复字符串

（6）转换函数。在实际应用中，常见的转换函数如表5-8所示。

表5-8　　常见的转换函数

函数	说明
FORMAT	日期或数字格式的转换
VALUE	转换为数值
INT	转换为整数
DATE	转换为日期格式
TIME	转换为时间格式
CURRENCY	转换为货币格式

（7）日期函数。在实际应用中，常见的日期函数如表5-9所示。

表5-9　　常见的日期函数

函数	说明
YEAR	返回当前日期的年份
MONTH	返回1～12的整数（表示月份）
DAY	返回1～31的整数（表示日期）
HOUR	返回0～23的整数（表示小时）
MINUTE	返回0～59的整数（表示分钟）
SECOND	返回0～59的整数（表示秒）
TODAY	返回当前的日期
NOW	返回当前的日期和时间
DATE	根据年、月、日生成日期
TIME	根据时、分、秒生成日期时间
DATEVALUE	将文本格式的日期转换为日期格式
TIMEVALUE	将文本格式的时间转换为日期时间格式
EDATE	调整日期格式中的月份
EOMONTH	返回调整后的日期中月份的最后一天
WEEKDAY	返回1～7的整数（表示星期几）
WEEKNUM	当前日期在一整年中的第几周（1月1日开始算）

（8）关系函数。在实际应用中，常见的关系函数如表5-10所示。

表5-10　常见的关系函数

函数	说明
RELATED	从关系的一端返回标量值
RELATEDTABLE	从关系的多端返回符合要求的所有记录

（9）高级聚合函数。在实际应用中，常见的高级聚合函数如表5-11所示。

表5-11　常见的高级聚合函数

函数	说明
SUMX	求和
AVERAGEX	求平均值
MAXX	求最大值
MINX	求最小值
COUNTX	数值格式的计数
COUNTAX	所有格式的计数
MEDIENX	求中位值
RANKX	排名

表5-11中的几个函数可以循环访问表的每一行，并执行计算，所以也被称为迭代函数。

（10）时间智能函数。在实际应用中，常见的时间智能函数如表5-12所示。

表5-12　常见的时间智能函数

函数	说明
PREVIOUSYEAR/Q/M/D:	上一年/季/月/日
NEXTYEAR/Q/M/D	下一年/季/月/日
TOTALYTD/QTD/MTD	年/季/月初至今
SAMEPERIODLASTYEAR	上年同期
PARALLELPERIOD	上一期
DATESINPERIOD	指定期间的日期
DATEADD	日期推移

利用时间智能函数，可以灵活地筛选出需要的时间区间。做同比、环比、滚动预测、移动平均等数据分析时，都会用到这类函数。

（11）筛选器函数。在实际应用中，常见的筛选器函数如表5-13所示。

表5-13　常见的筛选器函数

函数	说明
FILTER	按条件筛选数据
VALUES	返回列或者表去重后的结果
TOPN	返回前几名的数据
ALL	返回所有数据
ALLEXCEPT	返回所有数据，除了……
ALLNONBLANKROW	返回非空白行的所有数据

下面详细介绍ALL函数和FILTER函数。

ALL函数不能单独使用，一般与CALCULATE函数一起使用。ALL函数的一般格式为“ALL(表或列)”，功能是返回表或列的所有值。使用ALL函数可以清除一切外部筛选，并能扩大筛选范围。

FILTER函数属于高级筛选器函数，不能单独使用，一般与CALCULATE函数一起使用。FILTER函数的一般格式为“FILTER(表，筛选条件)”，其中的第一个参数是要筛选的表，第二个参数是筛选条件，功能是按指定筛选条件返回一张表。利用FILTER函数可以实现更加复杂的筛选。

子任务二　认识CALCULATE函数

微课 5-2-2

CALCULATE函数被称作DAX中最强大的计算器函数，其一般格式为“CALCULATE(表达式,条件1,条件2,…)”。其中的第一个参数是计算表达式，可以执行各种聚合运算；从第二个参数开始，皆为一系列筛选条件（也可以为空），多个筛选条件之间用逗号隔开。CALCULATE函数中所有筛选条件的交集形成最终的筛选数据集合，然后根据筛选出的数据集合执行第一个参数的聚合运算并返回运算结果。

需要说明的是，CALCULATE函数内部的筛选条件若与外部筛选条件重合，则会强制删除外部筛选条件，按内部筛选条件执行。

下面以烘焙工坊的4个维度表（产品表、日期表、门店表和会员表）和1个事实表（销售表）为例，生成长春市门店不同年度、不同产品分类的销售金额表。任务实现过程中，我们需要在销售表下创建“长春市门店销售金额”度量值。

```
长春市门店销售金额 =CALCULATE('销售表'[销售金额],FILTER(ALL('门店表'),'门店表'[店铺名称]="长春市"))
```

说明

“长春市门店销售金额”度量值因筛选条件比较简单，也可以不用FILTER函数作为筛选条件，简化为如下表达。

```
长春市门店销售金额 =CALCULATE('销售表'[销售金额],'门店表'[店铺名称]="长春市")
```

在度量值中，若出现复杂的筛选，可使用FILTER函数。

案例数据\项目五\6-数据建模.pbix

【任务实现】

步骤01 在Power BI Desktop中，打开“案例数据\项目五\6-数据建模.pbix”文件，单击窗口左侧的“数据”按钮▦，选择窗口右侧的“销售表”，执行“表工具”→“计算”→“新建度量值”命令。

步骤02 在公式编辑栏输入度量值公式“长春市门店销售金额=CALCULATE('销售表'[销售金额],FILTER(ALL('门店表'),'门店表'[店铺名称]="长春市"))”，如图5-11所示。

```
1 长春市门店销售金额 = CALCULATE('销售表'[销售金额],FILTER(ALL('门店表'),'门店表'[店铺名称]="长春市"))
```

订单号	订单日期	店铺ID	产品ID	会员ID	数量	单价	金额
N2000001	2022年1月1日	111	3002	1495	3	4	12
N2000002	2022年1月1日	104	3002	8769	2	4	8
N2000003	2022年1月1日	110	3002	3613	5	4	20
N2000004	2022年1月1日	110	1001	5860	8	23	184

图5-11　设置度量值公式

步骤03 单击窗口左侧的“报表”按钮，然后再单击“可视化”窗格中的“矩阵”按钮，设置矩阵的相关参数，如图5-12所示。

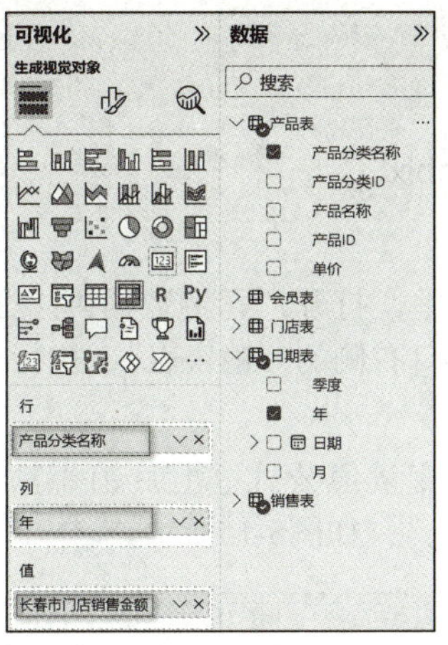

图5-12　设置矩阵的相关参数

步骤04 单击“格式”按钮，设置矩阵的列标题、行标题、值的文本大小均为“15磅”，如图5-13所示。生成的矩阵如图5-14所示。在矩阵的外部设置“店铺”切片器，进行切片操作，对矩阵没有影响。

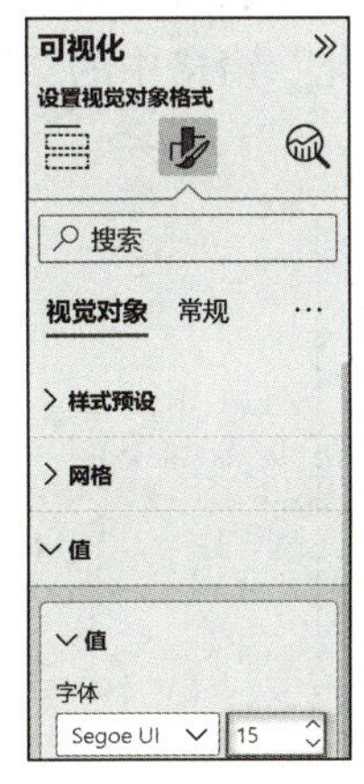

图5-13　设置矩阵的格式

产品分类名称	2022年	2023年	**总计**
饼干	15896	12028	**27924**
面包	53626	40270	**93896**
饮料	5716	4464	**10180**
总计	**75238**	**56762**	**132000**

图5-14　生成的矩阵

子任务三　认识DIVIDE函数

在做数据分析时，很多指标都是相对值，如环比增长率、利润率、存货周转率、离职率、借款逾期率等，它们的数学表达式都使用了除法。我们可以使用运算符“/”进行除法运算，但当分母为0时，系统会报错。

微课 5-2-3

DIVIDE函数又叫安全除法函数，其格式为“DIVIDE(分子,分母)”。它的好处是当分母为0时，系统不报错，可以显示为空或其他特定信息。

下面以烘焙工坊的4个维度表（产品表、日期表、门店表、会员表）和1个事实表（销售表）为例，在销售表下创建如下两个度量值，用以计算销售金额的环比增长率和同比增长率。

```
    上月销售额 =CALCULATE('销售表'[销售金额],PREVIOUSMONTH('日期表'[日期]))
    上年同期销售额= CALCULATE('销售表'[销售金额],SAMEPERIODLASTYEAR('日期表'[日期]))
    销售金额环比 =DIVIDE('销售表'[销售金额]-'销售表'[上月销售额],'销售表'[上月销售额])
    销售金额同比 =DIVIDE('销售表'[销售金额]-'销售表'[上年同期销售额],'销售表'[上年同期
销售额])
```

案例数据\项目五\7-数据建模.pbix

【任务实现】

步骤01 在Power BI Desktop中，打开“案例数据\项目五\7-数据建模.pbix”文件，单击窗口左侧的“数据”按钮，选择窗口右侧的“销售表”，执行“主页”→“计算”→“新建度量值”命令。

步骤02 在公式编辑栏输入度量值公式“上月销售额=CALCULATE('销售表'[销售金额],PREVIOUSMONTH('日期表'[日期]))”，如图5-15所示。

```
1 上月销售额 = CALCULATE('销售表'[销售金额],PREVIOUSMONTH('日期表'[日期]))
```

订单号	订单日期	店铺ID	产品ID	会员ID	数量	单价	金额
N2000075	2022年1月3日	110	3001	3508	4	2	8
N2000082	2022年1月4日	103	3001	4024	4	2	8

图5-15 输入“上月销售额”度量值公式

步骤03 继续新建度量值上年同期销售额、销售金额环比、销售金额同比。

步骤04 单击窗口左侧的“报表”按钮，再单击“可视化”窗格中的“表”按钮，设置表的相关参数，如图5-16所示。

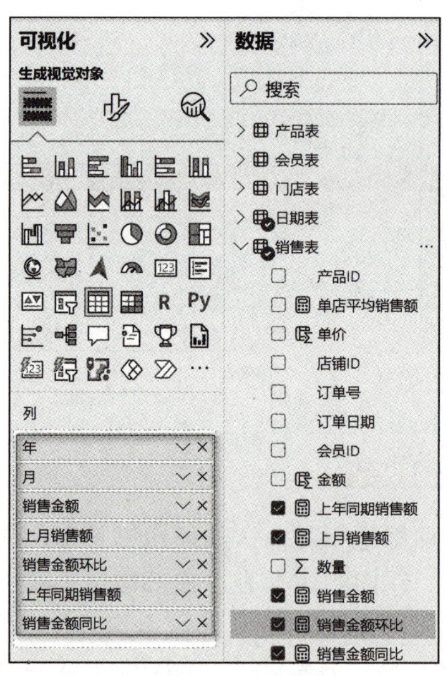

图5-16 设置矩阵的相关参数

步骤05 选中“销售金额环比”度量值，在“度量工具”选项卡的“格式化”组中单击%按钮，设置小数位为“2”，如图5-17所示，同样设置“销售金额同比”度量值格式。最终生成的矩阵如图5-18所示。

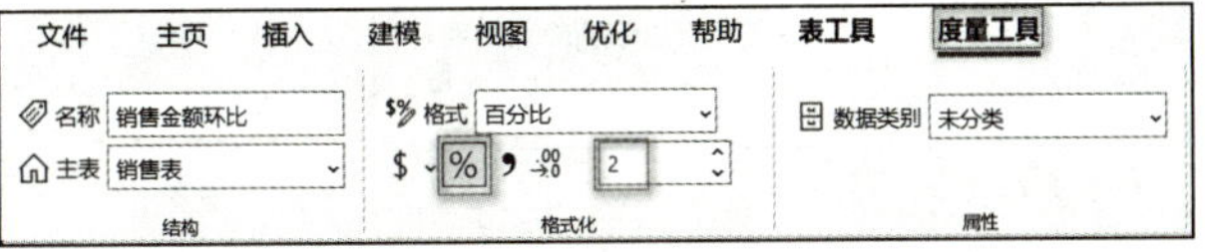

图5-17　设置数据的格式

年	月	销售金额	上月销售额	销售金额环比	上年同期销售额	销售金额同比
2022年	1月	34719				
2022年	2月	44600	34719	28.46%		
2022年	3月	58384	44600	30.91%		
2022年	4月	57670	58384	-1.22%		
2022年	5月	55752	57670	-3.33%		
2022年	6月	53374	55752	-4.27%		
2022年	7月	56581	53374	6.01%		
2022年	8月	55765	56581	-1.44%		
2022年	9月	54795	55765	-1.74%		
2022年	10月	55693	54795	1.64%		
2022年	11月	56224	55693	0.95%		
2022年	12月	58566	56224	4.17%		
2023年	1月	53828	58566	-8.09%	34719	55.04%
2023年	2月	65695	53828	22.05%	44600	47.30%
2023年	3月	52113	65695	-20.67%	58384	-10.74%
2023年	4月	67974	52113	30.44%	57670	17.87%
2023年	5月	79118	67974	16.39%	55752	41.91%
2023年	6月	71426	79118	-9.72%	53374	33.82%
2023年	7月	91165	71426	27.64%	56581	61.12%
2023年	8月	101419	91165	11.25%	55765	81.87%
2023年	9月	111766	101419	10.20%	54795	103.97%
2023年	10月	123249	111766	10.27%	55693	121.30%
2023年	11月	130020	123249	5.49%	56224	131.25%
2023年	12月	147538	130020	13.47%	58566	151.92%
总计		**1737434**			**642123**	**170.58%**

图5-18　生成的矩阵

任务三　新建列、新建度量值与新建表

在Power BI中进行数据建模时，新建列、新建度量值与新建表是3个重要的操作。

子任务一　新建列

微课 5-3-1

新建列也叫创建计算列，创建过程中通常会用到DAX公式。在进行数据分析的时候，我们可以凭借现有的数据生成需要的数据字段，例如，数据表中已有“单价”和“数量”字段，通过这两个字段就可以得到“金额”字段的数据（金额=单价×数量）。这种类型的表叫作列存储式表，即每一列都是按照一个公式逻辑来计算。

下面以烘焙工坊的4个维度表（产品表、日期表、门店表和会员表）和1个事实表（销售表）为例，在销售表中引入产品表的“单价”列，并生成“金额”列。任务实现过程中会用到如下度量值。

```
单价 =RELATED('产品表'[单价])
金额 ='销售表'[数量]*'销售表'[单价]
```

案例数据\项目五\8-数据建模.pbix

【任务实现】

步骤01 在Power BI Desktop中，打开“案例数据\项目五\8-数据建模.pbix”文件，单击窗口左侧的“数据”按钮▦，然后选择窗口右侧的“销售表”，并单击“订单号”字段右侧的下拉按钮▾，从弹出的菜单中选择“以升序排序”选项，如图5-19所示。

步骤02 执行“表工具”→“计算”→“新建列”命令（或“列工具”→“计算”→“新建列”命令），如图5-20所示。

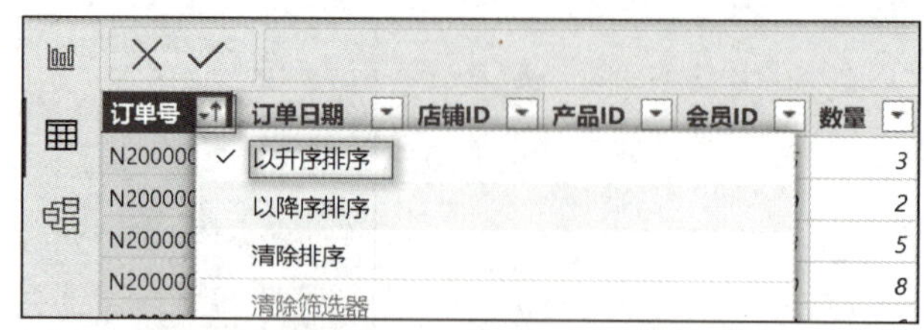

图5-19　对“订单号”列的值排序

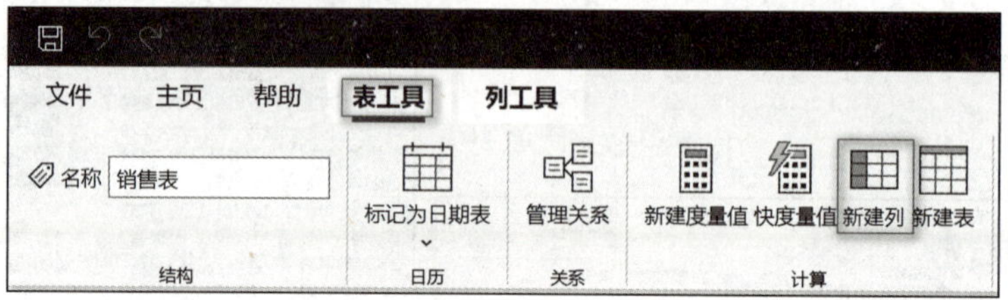

图5-20　“新建列”命令

步骤03 在公式编辑栏输入公式“单价=RELATED('产品表'[单价])”（系统会启动智能感知功能，选择输入公式），结果如图5-21所示。

1 单价 = RELATED('产品表'[单价])

订单号	订单日期	店铺ID	产品ID	会员ID	数量	单价
N2000001	2022年1月1日	111	3002	1495	3	4
N2000002	2022年1月1日	104	3002	8769	2	4
N2000003	2022年1月1日	110	3002	3613	5	4
N2000004	2022年1月1日	110	1001	5860	8	23

图5-21　新建“单价”列

步骤04 继续在公式编辑栏输入公式“金额='销售表'[数量]*'销售表'[单价]”，结果如图5-22所示。

1 金额 = '销售表'[数量]*'销售表'[单价]

订单号	订单日期	店铺ID	产品ID	会员ID	数量	单价	金额
N2000001	2022年1月1日	111	3002	1495	3	4	12
N2000002	2022年1月1日	104	3002	8769	2	4	8
N2000003	2022年1月1日	110	3002	3613	5	4	20
N2000004	2022年1月1日	110	1001	5860	8	23	184

图5-22　新建“金额”列

子任务二　新建度量值

微课 5-3-2

度量值是用DAX公式创建一个虚拟字段的数据值，通常可以理解为要分析的数据指标。它不改变源数据，也不改变数据模型。度量值是Power BI数据建模的关键因素，通常用于常见的数据分析中，如求和、求平均值等。实际操作中，也可以使用DAX公式创建更高级的计算。

度量值可以随着不同维度的选择而变化，一般在报表交互时使用，以便进行快速和动态的数据浏览。例如，要想查看烘焙工坊不同产品、不同年度、不同门店、不同性别会员的销售数量和销售金额情况，就可以利用度量值瞬间生成查询数据。商业分析中用到的各类指标，比如销售管理中的销售环比或同比增长率、销售毛利率；财务分析中的营业利润率、资产负债率、应收账款周转率；人力资源管理中的员工离职率；生产制造中的产品合格率等，基本都可以使用度量值来计算，并且可以任意变换维度实现对多维度的分析。

Power BI Desktop通常将度量值创建在事实表中。我们可以在报表视图或数据视图中创建和使用度量值，创建的度量值将显示在带有“计算器”图标的字段列中。

下面以烘焙工坊的4个维度表（产品表、日期表、门店表和会员表）和1个事实表（销售表）为例，在销售表中创建如下4个度量值。

```
销售金额 =SUM('销售表'[金额])
销售数量 =SUM('销售表'[数量])
营业店铺数量= DISTINCTCOUNT('销售表'[店铺ID])
单店平均销售额 =[销售金额]/[营业店铺数量]
```

案例数据\项目五\9-数据建模.pbix

【任务实现】

步骤01　在Power BI Desktop中，打开“案例数据\项目五\9-数据建模.pbix”文件，单击窗口左侧的“数据”按钮，选择窗口右侧的“销售表”，执行“表工具”→“计算”→“新建度量值”命令，如图5-23所示。

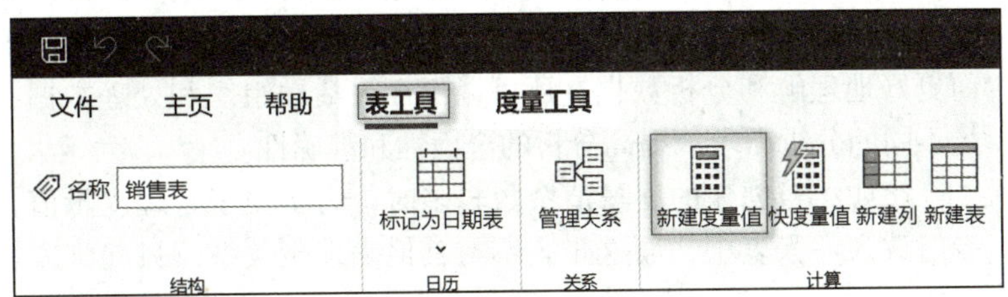

图5-23　“新建度量值”命令

步骤02　在公式编辑栏输入度量值公式“销售金额=SUM('销售表'[金额])”，如图5-24所示。

步骤03　在右侧“字段”窗格的下方可查看到新增加的“销售金额”度量值，如图5-25所示。

1 销售金额 = SUM('销售表'[金额])

订单号	订单日期	店铺ID	产品ID	会员ID	数量	单价	金额
N2000001	2022年1月1日	111	3002	1495	3	4	12
N2000002	2022年1月1日	104	3002	8769	2	4	8
N2000003	2022年1月1日	110	3002	3613	5	4	20
N2000004	2022年1月1日	110	1001	5860	8	23	184

图5-24　“销售金额”度量值

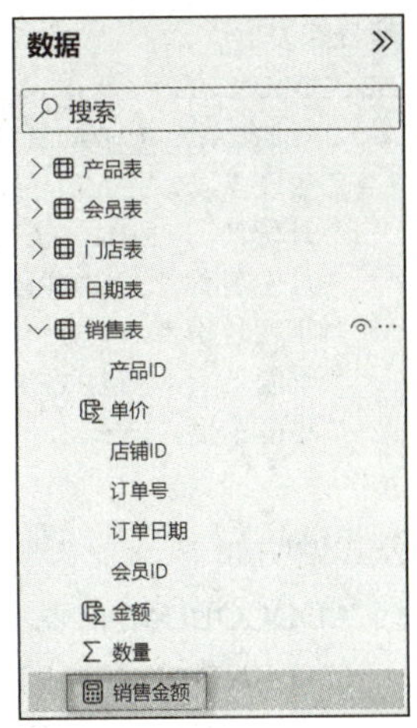

图5-25　查看“销售金额”度量值

步骤 04 用同样的方法，设置“销售数量”“单店平均销售额”“营业店铺数量”3个度量值的公式。

在子任务一中，我们新建了一个“金额”列，在这里将其作为度量值创建也是可以的。新建列和新建度量输入的都是DAX公式。新建列会实际存储在某一张表中，占用计算机内存。如果表中数据量较大，则会影响模型的运算速度。度量值是以公式形式存储的，不使用的时候并不占用内存空间，只有将其拖曳到相关的属性值中时才参与运算。因此，度量值很灵活，在运算速度上有很大的优势。

另外，度量值输出的是值，即通过运算得到的结果。对于像“产品分类”或“店铺名称”等属性类信息，需要把它们放入筛选器、切片器、行和列中，这时就不能用度量值来输出，只能用列来完成。

> **提示**
>
> 初学数据建模，对新建列和新建度量值不好把握。在实际应用中，使用新建列还是使用度量值，有一个基本参考原则：能用度量值来解决的问题，就尽量不用列。

子任务三 新建表

微课 5-3-3

在进行Power BI数据分析时，有时需要额外的维度或辅助表来提供更全面的视角或更深入的洞察。通过新建表，可以创建这些所需的维度或辅助表，从而更好地理解和分析数据；还可以更加灵活地组织和处理数据，从而更好地满足不同的分析需求，提高分析的全面性和准确性。

比如：当创建的度量值个数较多时，为了便于管理度量值，可以将度量值专门放入一张表中，而这张表不与其他表发生关系，只起到度量值管理的辅助作用。再比如：在做财务报表分析时经常用到日期维度表，若日期表的字段和数据较少，则可以在Excel中制作好导入Power BI中，也可以在Power BI中通过新建表功能快速创建一张，同时还可以创建包含与日期相关的年、月、季度等字段。

下面通过DAX公式创建一张新日期表。

```
新日期表 =
ADDCOLUMNS(
   CALENDAR ( DATE(2022,1,1), DATE(2023,12,31)),
   "年度" , YEAR( [Date] ),
   "月份" , MONTH( [Date] ),
   "月份名称" ,FORMAT ( [Date], "OOOO" ),
   "年度月份", FORMAT ( [Date], "YYYYMM" ),
   "季度" , QUARTER( [Date] ),
   "年度季度",YEAR( [Date] )&"Q"& QUARTER( [Date] )
)
```

公式说明如下。

- ADDCOLUMNS表示在表中创建列。
- CALENDAR (DATE(2022,1,1), DATE(2023,12,31))表示创建一个从2022年1月1日到2023年12月31日的日期字段，字段名默认为“Date”。
- "年度" , YEAR([Date])表示创建一个年度字段，其值为Date字段中的年份数据。

案例数据\项目五\10-数据建模.pbix

【任务实现】

步骤01 在Power BI Desktop中，打开“案例数据\项目五\10-数据建模.pbix”文件，单击窗口左侧的“数据”按钮▦，选择窗口右侧的“新日期表”，执行“表工具”→“计算”→“新建表”命令，如图5-26所示。

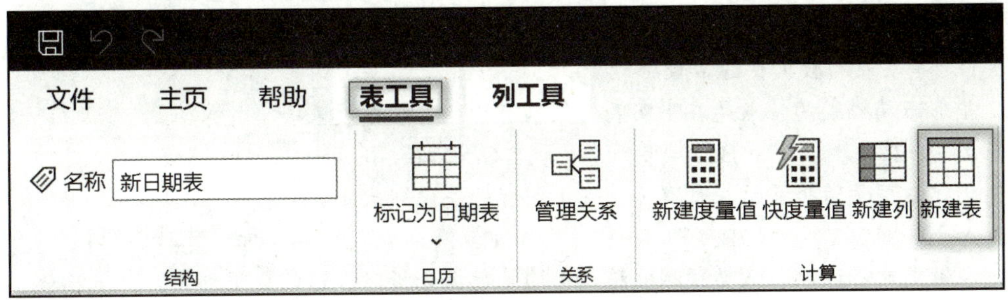

图5-26 “新建表”命令

步骤02 在公式编辑栏输入前述DAX公式，创建后的新日期表如图5-27所示。

1 新日期表 =

Date	年度	月份	月份名称	年度月份	季度	年度季度
2022/1/1 0:00:00	2022	1	一月	202201	1	2022Q1
2022/1/2 0:00:00	2022	1	一月	202201	1	2022Q1
2022/1/3 0:00:00	2022	1	一月	202201	1	2022Q1
2022/1/4 0:00:00	2022	1	一月	202201	1	2022Q1

图5-27 新日期表

时代新知

从数据度量视角看数据偏见、算法歧视与社会公正

在数字化社会，数据度量作为评价和决策的基础，扮演着至关重要的角色。然而，数据度量的过程并非中立，它可能受到多种因素的影响，包括数据来源、采集方式、分析者的偏见等。因此，如何确保数据度量的公正性，避免算法歧视并维护社会公正，成为一个重要的议题。

一家大型招聘平台使用算法对求职者进行匹配和推荐。在数据度量阶段，平台发现某些特定群体（如性别、年龄、学历等）的求职者被推荐的机会明显低于其他群体。经过深入调查，他们发现算法在度量求职者的“适合度”时，受到了历史数据的偏见影响。例如，某些群体曾经被大量拒绝并记录在系统中，导致算法将这些群体视为“低适合度”，从而在推荐时给予较低的权重。这种数据偏见不仅影响了求职者的平等机会，还可能加剧社会的不平等和歧视。招聘平台意识到问题的严重性后，采取行动纠正了这一偏见。

在数据度量过程中，我们应该认识到数据偏见和算法歧视的存在及影响，采用公正的数据度量标准，强化算法公正性监管，确保度量公平、公正。

巩固提高

一、单选题

1. 下列关于维度表和事实表的说法正确的是（　　）。
   A. 维度表的主要特点是包含类别属性信息，数据量较大
   B. 事实表的主要特点是含有多列数值类型的数据，能够提取度量值信息
   C. 维度表多是关系视图中“1”的一端
   D. 事实表的数据量通常较小
2. 星形布局模式的特点是在事实表外侧只有（　　）维度表。
   A. 一层　　B. 二层　　C. 三层　　D. 多层
3. 创建的度量值将显示在带有（　　）图标的字段列表中。
   A. 　　B. ∑　　C. 　　D.
4. 在做同比、环比、滚动预测、移动平均等数据分析时，通常会用到（　　）函数。
   A. 聚合　　B. 关系　　C. 转换　　D. 时间智能
5. DIVIDE函数又叫作（　　）函数。
   A. 聚合　　B. 安全除法　　C. 分解　　D. 时间智能

二、多选题

1. 在Power BI中，根据关系的不同，可以将其分为（　　）类型。
   A. 多对多　　B. 一对多　　C. 多对一　　D. 一对一
2. 在Power BI中，关系模型的布局包括（　　）。
   A. 星形　　B. 雪花形　　C. 三角形　　D. 网形
3. 图5-28中属于度量值的有（　　）。
   A. 单价　　B. 销售金额　　C. 销售数量　　D. 单店平均销售额

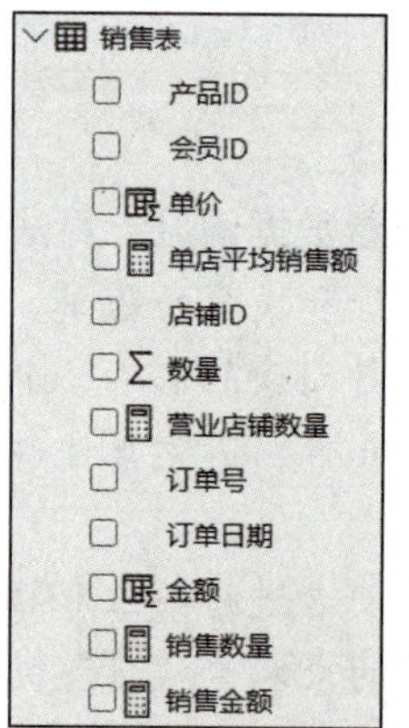

图5-28　销售表的各个参数

4. DAX公式中，“[ ]”用来引用（　　）。
   A. 表名　　B. 列名　　C. 行名　　D. 度量值名
5. 下列属于DAX公式中时间智能函数的有（　　）。
   A. PREVIOUSYEAR　　B. TOTALYTD
   C. RANKX　　D. DATEADD

三、判断题

1. 在Power BI中，关系就是两个数据表之间建立在每个表中一个行的基础上的联系。(　　)
2. 度量值是Power BI数据建模的关键因素。(　　)
3. 度量值是用 DAX 公式创建一个真实字段的数据值。(　　)
4. CALCULATE函数内部的筛选条件若与外部筛选条件重合时，会强制删除内部筛选条件，按外部筛选条件执行。(　　)
5. DIVIDE函数的好处是当分母为0时，不报错，可以显示为空或其他特定信息。(　　)

四、思考题

1. Power BI的两种关系模型是什么？在应用时应如何选择？
2. Power BI数据建模中，新建列和新建度量值有何区别？在实践中如何应用？
3. DAX公式的语法有何特点？
4. DAX函数有哪些种类？
5. 结合本项目案例，说一说CALCULATE函数和DIVIDE函数的具体用法。

五、实训题

以项目四实训题的数据为例，解决如下问题。

1. 根据加载的数据表，进行数据建模（创建关系）。
2. 建立合适的度量值，以满足数据可视化要求。

项目六

数据可视化

学习目标

- **知识目标**

✧ 能够快速列举Power BI默认的可视化图表和常见的自定义可视化图表。

✧ 能够准确描述常用可视化图表的使用方法和美化方法。

✧ 能够准确描述图表筛选、钻取和编辑交互的方法。

- **能力目标**

✧ 能够结合具体案例，设计并选择合适的可视化图表。

✧ 能够根据实际需求进行图表的筛选、钻取和编辑交互。

- **素养目标**

✧ 培养创新思维，勇于尝试新的可视化图表设计，以更加直观、有趣的方式呈现数据。

✧ 培养批判性思维，能够根据不同的业务需求选择最适合的可视化方案。

项目导图

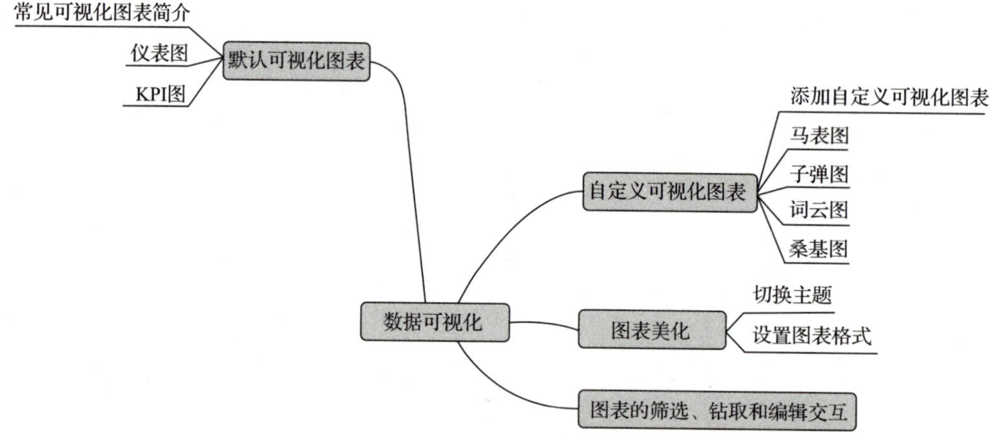

微课 6-0

情境案例

本项目主要以项目五中“烘焙工坊”的案例数据为基础，对该烘焙连锁企业的各项销售数据进一步处理、分析，并优化设置，通过相关数据的各项对比，找到企业存在的问题，发现新的利润增长点，为企业的发展提供重要决策信息。

1. 案例数据

案例数据\项目六\1-数据可视化-原始.pbix
案例数据\项目六\2-数据可视化-原始.pbix
案例数据\项目六\3-数据可视化-原始.pbix

本案例数据来自4个维度表和2个事实表。维度表分别是产品表、会员表、日期表和门店表，事实表分别是销售表和任务表（新增）。

任务表包含“任务额”“年度”“店铺名称”“日期”4个字段。

2. 案例模型

本案例的关系模型如图6-1所示。

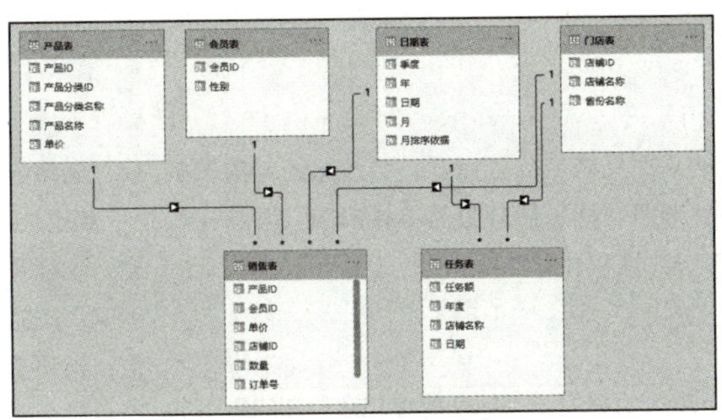

图6-1　关系模型

3. 度量值

本案例共新建10个度量值，分别如下。

```
销售金额 =SUM('销售表'[金额])
销售数量 =SUM('销售表'[数量])
营业店铺数量 =DISTINCTCOUNT('销售表'[店铺ID])
单店平均销售额 =[销售金额]/[营业店铺数量]
上月销售额 =CALCULATE('销售表'[销售金额],PREVIOUSMONTH('日期表'[日期]))
销售金额环比 =DIVIDE('销售表'[销售金额]-'销售表'[上月销售额],'销售表'[上月销售额])
上年销售额 =CALCULATE('销售表'[销售金额],SAMEPERIODLASTYEAR('日期表'[日期]))
销售金额同比 =DIVIDE('销售表'[销售金额]-'销售表'[上年销售额],'销售表'[上年销售额])
销售任务额 =SUM('任务表'[任务额])
任务额完成度 =DIVIDE('销售表'[销售金额],'任务表'[销售任务额])
```

项目学习

任务一　默认可视化图表

虽然Excel也可以制作精美的图表，但是和Power BI相比，其可视化展现效果还是略逊一筹。Power BI的图表不仅可以交互，还可以钻取，在图表的样式上大大超越了Excel。

子任务一　常见可视化图表简介

Power BI自带的可视化图表有条形图、柱形图、折线图、面积图、组合图、丝带图、散点图、瀑布图、饼图、环形图、树状图、地图、漏斗图、仪表图、卡片图、多行卡、KPI图、表、矩阵和切片器等，不同可视化图表的含义及属性设置举例如表6-1所示。

表6-1　　常见可视化图表的含义及属性设置举例

类型	含义	属性设置举例
条形图	条形图利用条形的长度反映数据的差异，适用于多个项目的分类排名比较。条形图分为简单条形图、堆积条形图、簇状条形图、百分比堆积条形图4种	• 简单条形图 轴：产品分类名称 值：销售金额 • 其他 轴：产品分类名称 图例：产品名称 值：销售金额
柱形图	柱形图是利用柱形的高度反映数据的差异。当数据的组数较多时，比较适合使用柱形图。柱形图分为简单柱形图、堆积柱形图、簇状柱形图、百分比堆积柱形图4种	• 简单柱形图 轴：季度 值：销售金额 • 其他 轴：季度 图例：产品分类名称 值：销售金额
折线图	折线图可以连接各个单独的数据点，适合展现相同时间间隔下的数据趋势。比如，某只股票近一年的股价变化、用户的增长趋势等。折线图与柱形图结合，可提供多维度的序列分析	轴：月 图例：产品分类名称 值：销售金额
面积图	面积图主要用于反映各类别数据变化的趋势及其占比情况。面积图包括分区图和堆积面积图两种。分区图除了可以展现折线图的变化趋势，通过没有重叠的阴影面积还能反映差距变化的情况；堆积面积图中，色彩不会重叠，纵轴数据对应的是总体的值	轴：月 图例：产品分类名称 值：销售金额 微课6-1-1
组合图	组合图是将折线图和柱形图合并在一起的单个可视化效果。组合图适用的情况如下。 （1）具有相同X轴的折线图和柱形图。 （2）比较具有不同值范围的多个度量值。 （3）在一个可视化效果中说明两个度量值之间的关联。 组合图分为折线和堆积柱形图、折线和簇状柱形图两种	共享轴：月 列序列：产品分类名称 列值：销售金额 行值：销售数量 微课6-1-2
丝带图	丝带图能够高效地显示排名变化，并且会在每个时间段内始终将最高排名（值）显示在最顶部	轴：月 图例：产品分类名称 值：销售金额 扫码查看
散点图	在直角坐标系中，用两组数据构成多个坐标点，这些点的分布图就是散点图。根据点的分布及大致趋势，可以判断两个变量之间是否存在某种关系。气泡图属于散点图的一种，它将数据点替换为气泡，用气泡大小来表示数据的其他维度	图例：店铺名称 X轴：销售金额 Y轴：销售数量 大小：销售金额 播放轴：月 微课6-1-3
瀑布图	瀑布图也叫阶梯图，是根据数据的正负值来表示数据的增加或减少，并以此来表现柱子的上升或下降，根据柱子的变化序列来展示最终数据的生成过程	类别：产品名称 值：销售金额 微课6-1-4

续表

类型	含义	属性设置举例
饼图和环形图	饼图和环形图都可以显示部分与整体的关系，适合展示每一部分占全部的百分比。环形图与饼图唯一的区别是中心为空	图例：产品分类名称 值：销售金额 微课6-1-5
树状图	树状图也叫矩形树图，即图中的每一个数据用矩形表示，矩形大小按数据在整体中的比重显示，所有数据矩形错落有致地排放在一个整体的大矩形中	组：产品名称 值：销售金额 微课6-1-6
地图	地图分为3类：气泡地图、着色地图和ArcGIS Map 气泡地图是在地图上利用气泡的大小来表示不同地区的数据，气泡越大，则表示数据值越大	位置：店铺名称（省份或城市） 图例：店铺名称 大小：销售金额
漏斗图	漏斗图适用于有顺序、多阶段的流程分析，通过各流程的数据变化，以及初始阶段和最终目标两端的漏斗差距，用户可以快速发现问题所在。漏斗图的每个阶段代表总数的百分比	组：产品名称 值：销售金额 微课6-1-7
仪表图	仪表图即类似于仪表盘的图形。默认可视化效果中，实际数据总是显示在仪表盘的中间位置	• 属性 值：销售金额 目标值：销售任务额 • 格式 测量轴-最大：2 200 000 扫码查看
卡片图和多行卡	卡片图以卡片形式来显示一个关键数据，如关键绩效指标通常用卡片图呈现；多行卡是可以同时展示多个指标数据的卡片	字段（卡片图）：任务额完成度 字段（多行卡）：销售金额、销售数量、营业店铺数量、单店平均销售额
KPI图	KPI（Key Performance Index，关键绩效指标）图旨在帮助用户针对既定的目标，评估指标的当前值和状态	指标：销售金额 走向轴：年 目标值：销售任务额 扫码查看
表和矩阵	表实际上是一维表，矩阵实际上是二维表	• 表 值：年、月、销售金额等 • 矩阵 行：店铺名称 列：产品名称 值：销售金额 微课6-1-8
切片器	切片器常用作画布中的视觉筛选器。其本质上不是为了呈现数据，而是根据切片器的选择，控制其他可视化对象显示相应的数据。因此，一般将维度表的数据放入切片器中	字段：年、季度、月

说明

以上图表制作结果参见文件“案例数据\项目六\1-数据可视化-默认可视化图表.pbix”，读者可自行对照练习。

微课 6-1-9

子任务二 仪表图

管理者经常需要关注企业的关键数据指标及该指标与预算数据相比的完成度，而这种数据指标的最佳表达方式就是仪表图。在Power BI默认的可视化效果中，仪表图中的实际数据总是显示在仪表盘的中间位置，而仪表盘的最小值为0，最大值为实际数据的2倍。

仪表图的样式分为数值仪表图和百分比仪表图两种。数值仪表图主要用于展示具体的数据，百分比仪表图主要用于展示某个数据的完成情况，即完成度（百分比）。在实际应用中，通常可设置仪表的最大值和最小值，使得实际值出现在仪表盘的右侧，接近最大值的位置。

仪表图广泛应用于经营数据分析、财务指标跟踪和绩效考核等方面，例如显示某个目标的完成进度，表示KPI完成情况，显示单个指标的健康状况等。

1. 新建数值仪表图

下面详细介绍如何用数值仪表图来展示烘焙工坊的销售金额与销售任务额，从而查看销售额的完成情况。

【任务实现】

步骤 01 打开“案例数据\项目六\1-数据可视化-原始.pbix”文件，单击窗口左侧的“报表”按钮，新建报表页，并将其改名为“仪表图”。

步骤 02 单击“可视化”窗格中的“仪表”按钮，按图6-2设置数值仪表图的属性。然后单击“可视化”窗格中的“格式”按钮，按图6-3设置数值仪表图的格式，将“测量轴-最大”设为“2 200 000”，将“数据标签-值的小数位”“目标-值的小数位”“标注值-值的小数位”均设为“2”，生成的数值仪表图如图6-4所示。

图6-2 设置数值仪表图的属性

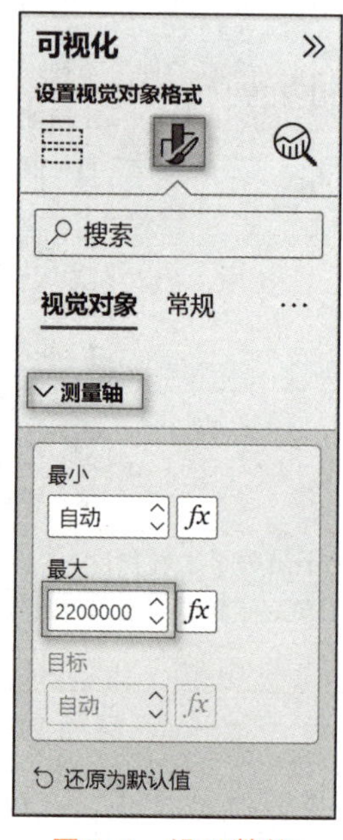

图6-3 设置数值仪表图的格式

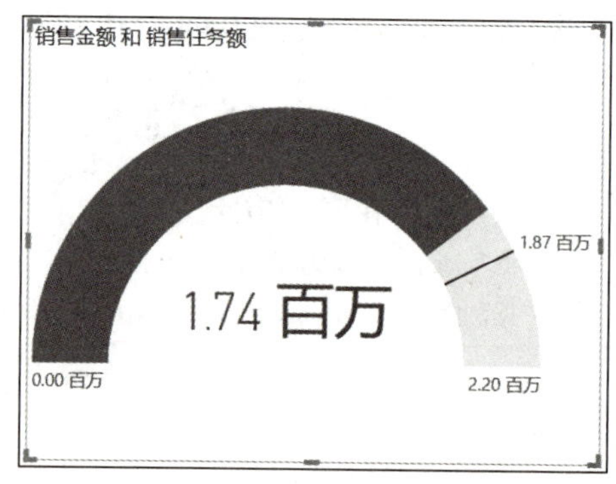

图6-4 生成的数值仪表图

2. 新建百分比仪表图

前面我们介绍过，百分比仪表图主要用于展示某个数据（如销售金额）的完成情况，即完成度，这时将参数“测量轴-最大”设为“1”即可。

下面具体介绍如何用百分比仪表图来展示烘焙工坊销售指标的完成情况。

【任务实现】

步骤01 打开“案例数据\项目六\1-数据可视化-原始.pbix”文件，单击窗口左侧的“报表”按钮，选择“仪表图”报表页。

步骤02 单击“可视化”窗格中的“仪表”按钮，按图6-5设置百分比仪表图的属性，并按图6-6设置百分比仪表图的格式，生成的百分比仪表图如图6-7所示。

图6-5 设置百分比仪表图的属性

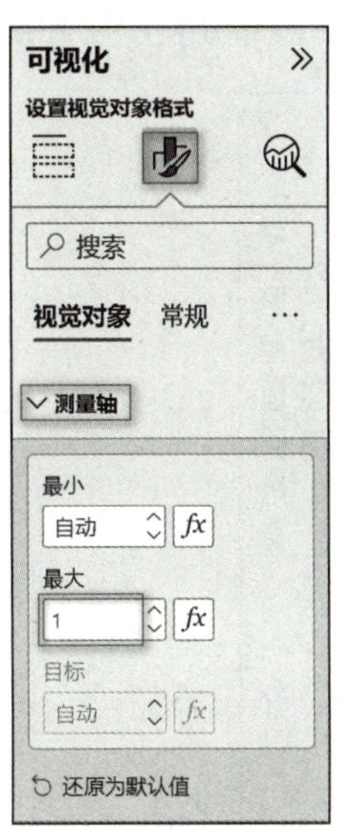

图6-6 设置百分比仪表图的格式

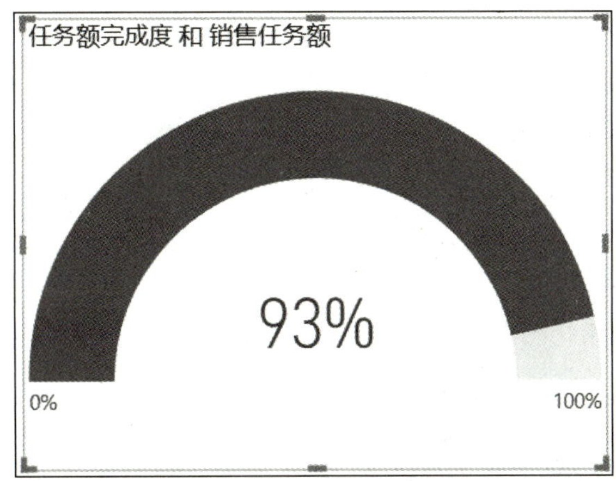

图6-7 生成的百分比仪表图

子任务三　KPI图

KPI是衡量流程绩效的一种量化管理指标，是企业绩效管理的基础。建立明确、切实可行的KPI体系，是做好绩效管理的关键。KPI图正是KPI管理的一个有效工具。

Power BI中的KPI图旨在帮助用户针对既定的目标评估指标的当前值和状态。因此，创建KPI图需要一个用于计算值的基础指标值和一个目标指标值。

下面具体介绍如何用KPI图按年份展示烘焙工坊的销售金额、销售任务额及其差异情况。

【任务实现】

步骤01 打开“案例数据\项目六\1-数据可视化-原始.pbix”文件，单击窗口左侧的“报表”按钮，新建报表页，并将其改名为“KPI”。

步骤02 单击“可视化”窗格中的“KPI”按钮，按图6-8设置KPI图的属性，生成的KPI图如图6-9所示。

由图6-9可以看出，销售金额的实际值为1 095 311元，目标值为1 220 000元，差异率为-10.22%，未完成销售目标。阴影部分表示实际销售额的变化趋势。

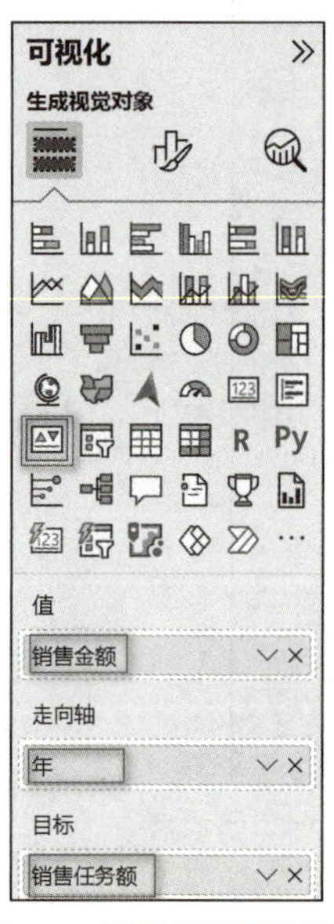

图6-8　设置KPI图的属性

图6-9　生成的KPI图

任务二　自定义可视化图表

除了预置的可视化图表外，Power BI还提供了丰富、酷炫的自定义可视化图表库，而且会不定期更新，增加新的可视化对象。

Power BI自定义的可视化图表常用的有马表图、子弹图、词云图和桑基图等。

子任务一　添加自定义可视化图表

当默认的可视化图表不能满足可视化分析的需求时，我们可以加载自定义的可视化图表。加载的方法有两种：一种是直接在Power BI Desktop的“可视化”窗格中添加；另一种是登录

Power BI官方网站，下载并安装自定义可视化图表。加载自定义的可视化图表需用注册账号登录Power BI。

下面介绍如何添加自定义可视化图表（子弹图、马表图、词云图、桑基图等）。

【任务实现】

步骤01 打开“案例数据\项目六\1-数据可视化-原始.pbix”文件，单击“可视化”窗格中的“获取更多视觉对象”按钮…，从弹出的快捷菜单中选择“获取更多视觉对象”选项，然后在打开的页面中选择“Power BI认证”分类，再选择“Bullet Chart”（子弹图）选项，如图6-10所示。

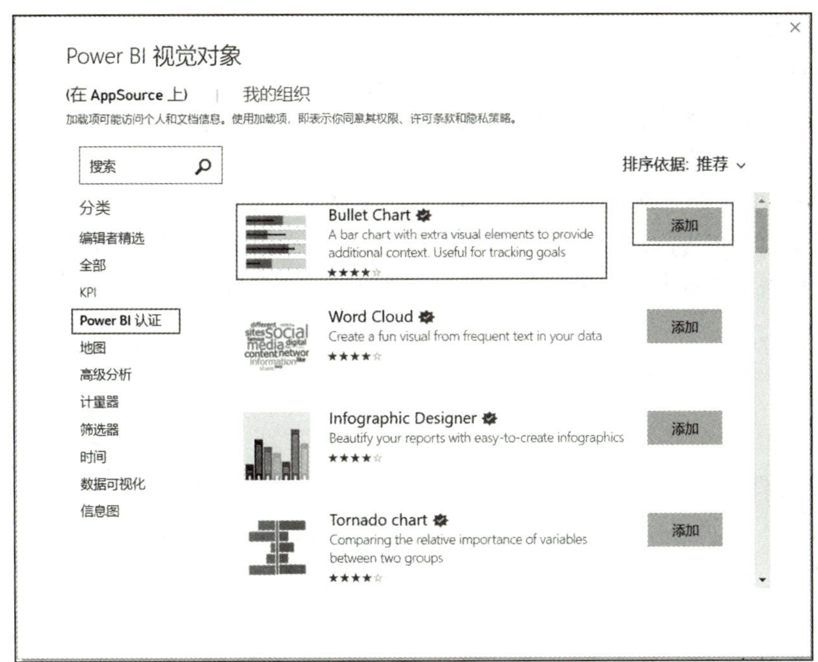

图6-10　添加自定义可视化图表“子弹图”

步骤02 单击“添加”按钮，即可把子弹图添加到“可视化”窗格中。

步骤03 用同样的方法，我们可以添加“Sankey Chart”（桑基图）、“Dial Gauge”（马表图）、“Word Cloud”（词云图）等可视化图表，结果如图6-11所示。

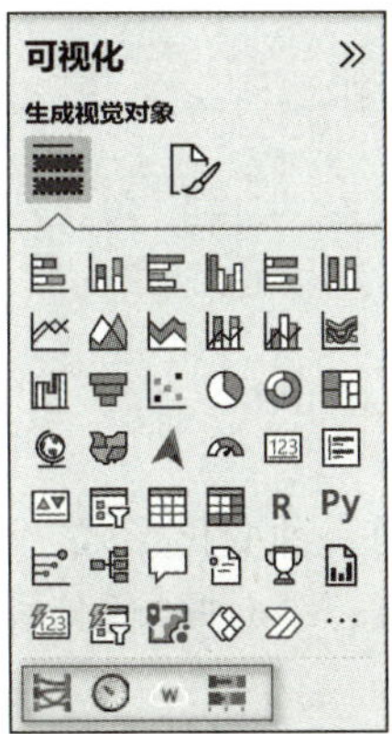

图6-11　添加“子弹图”“桑基图”“马表图”和“词云图”按钮后的“可视化”窗格

微课 6-2-2

子任务二　马表图

马表图是一种带指针的仪表图，可以通过红、黄、绿3种颜色的变化反映实际值与目标值的接近程度，令可视化效果更加突出且富有冲击力。

下面介绍如何用马表图来反映烘焙工坊销售金额与任务额的接近程度。

【任务实现】

步骤 01 打开“案例数据\项目六\1-数据可视化-原始.pbix”文件，在“任务表”中新建两个度量值。

```
销售任务额最大值 =' 任务表 '[ 销售任务额 ]*1.5
销售任务额最小值 =' 任务表 '[ 销售任务额 ]*0.9
```

步骤 02 单击窗口左侧的“报表”按钮，新建“马表图”报表页。

步骤 03 单击“可视化”窗格中的“马表图”按钮，按图6-12设置马表图的属性，并用红、黄、绿3种颜色标示。生成的马表图如图6-13所示。

- 0～销售任务额最小值（0～90%）：红色区域（销售任务完成得不好）。
- 销售任务额最小值～销售任务额（90%～100%）：黄色区域（销售任务完成正常）。
- 销售任务额～销售金额最大值（100%～120%）：绿色区域（销售任务完成得很好）。

图6-12　设置马表图的属性

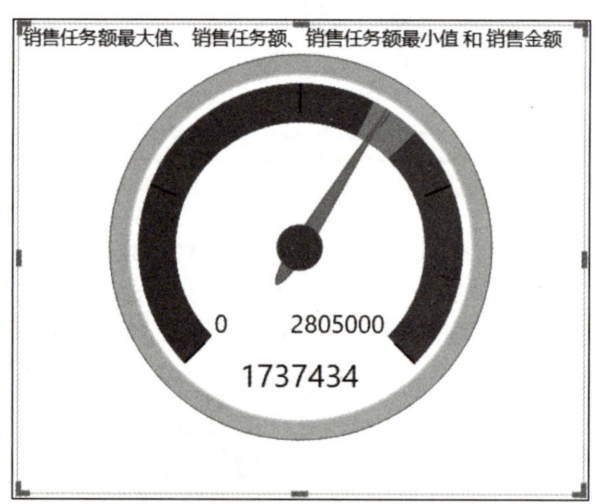

图6-13　生成的马表图

微课 6-2-3

子任务三　子弹图

子弹图是仪表图的一种变化形式，可以用来展现目标的完成情况。子弹图可以定义深红、红、黄、绿4种颜色分别呈现有待改善、一般、好和很好4种情况，具体说明如下。

- 0～25%：深红色区域，有待改善。

- 25%～70%：红色区域，一般。
- 70%～100%：黄色区域，好。
- 100%～120%：绿色区域，很好。

下面具体介绍如何用子弹图来反映烘焙工坊销售金额与任务额的接近程度。

【任务实现】

步骤01 打开“案例数据\项目六\1-数据可视化-原始.pbix”文件，单击窗口左侧的“报表”按钮，新建“子弹图”报表页。

步骤02 单击“可视化”窗格中的“子弹图”按钮，按图6-14设置子弹图的属性，并按图6-15设置子弹图数据值的格式。生成的子弹图如图6-16所示。

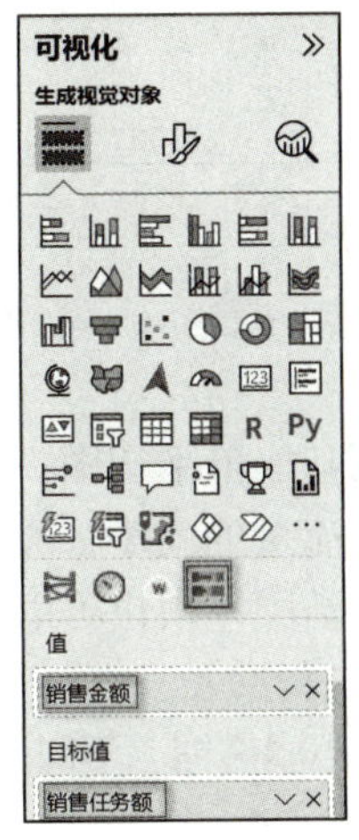

图6-14　设置子弹图的属性

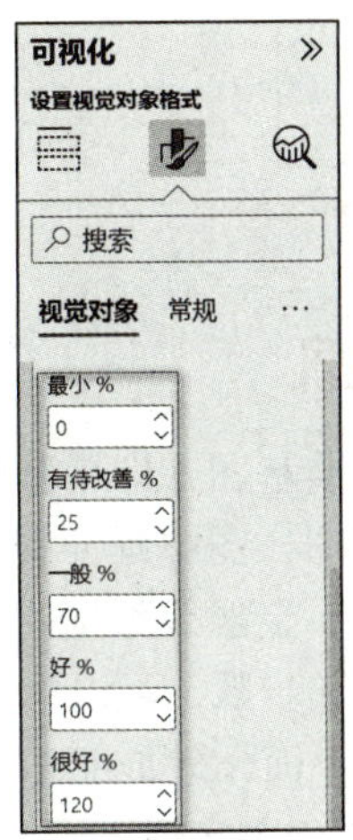

图6-15　设置子弹图的格式

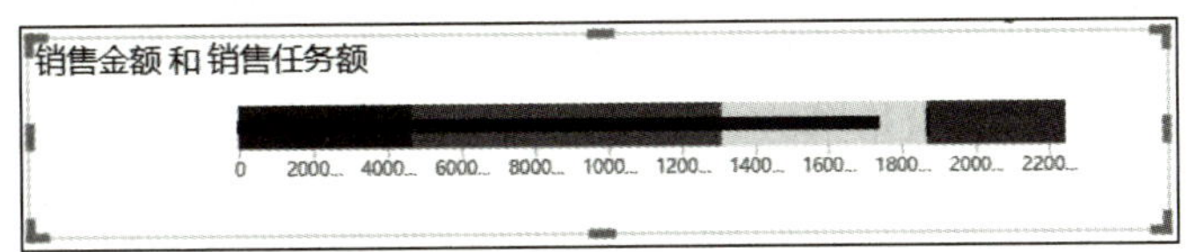

图6-16　生成的子弹图

子任务四　词云图

微课 6-2-4

词云图是一种很好的图形展现方式，能让浏览者从一组数据中快速找到突出的那几个。词云图特别适合做文本内容挖掘的可视化展示。当我们需要呈现某个词语在文本数据中出现的频率时，使用词云图可以让出现频率较高的词语以较大的形式呈现出来，而出现频率较低的词语则以较小的形式呈现，这样可以使文本中出现频率较高的“关键词”更加突出，浏览者一眼扫过就可以领略文本的主旨。

下面具体介绍如何用词云图来反映烘焙工坊中购买金额最大的会员ID号。

【任务实现】

步骤01 打开“案例数据\项目六\1-数据可视化-原始.pbix”文件，单击窗口左侧的“报表”按钮，新建“词云图”报表页。

步骤02 单击“可视化”窗格中的“词云图”按钮，按图6-17设置词云图的属性，生成的词云图如图6-18所示。从中可以看出，购买金额最大的会员ID是7663。

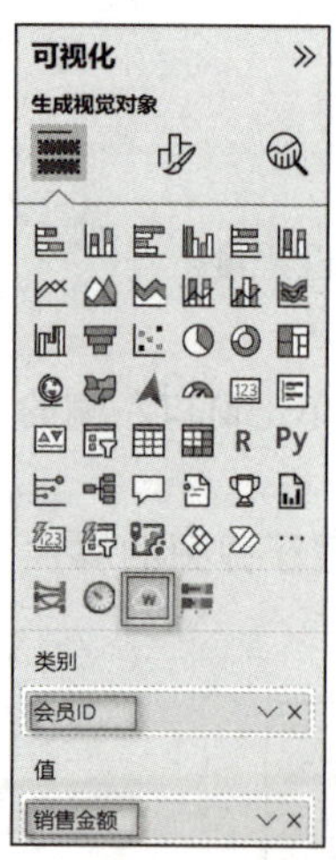

图6-17 设置词云图的属性

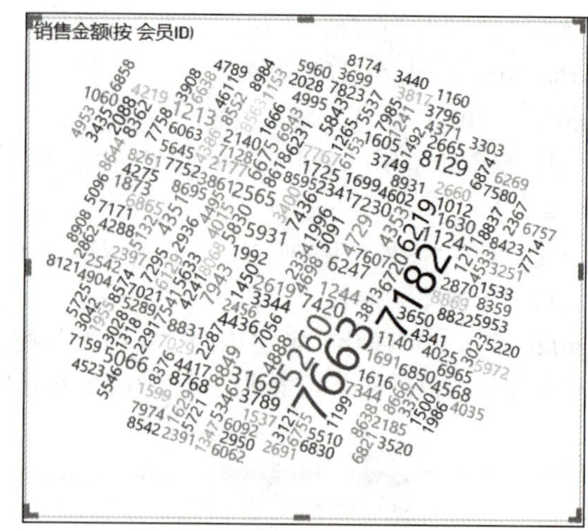

图6-18 生成的词云图

子任务五 桑基图

微课 6-2-5

桑基图，即桑基能量分流图，也叫桑基能量平衡图。它是一种特定类型的流程图，图中延伸的分支的宽度对应数据流量的大小，通常应用于能源、材料成分、金融等数据的可视化分析。通过桑基图，用户可以清楚地找到源头、目的地和步骤，可以单击链接或流程本身来进行交互。

下面介绍如何用桑基图来反映烘焙工坊不同店铺、不同产品分类的销售情况。

【任务实现】

步骤 01 打开“案例数据\项目六\1-数据可视化-原始.pbix”文件，单击窗口左侧的“报表”按钮，新建“桑基图”报表页。

步骤 02 单击“可视化”窗格中的“桑基图”按钮，按图6-19设置桑基图的属性，生成的桑基图如图6-20所示。

图6-19 设置桑基图的属性

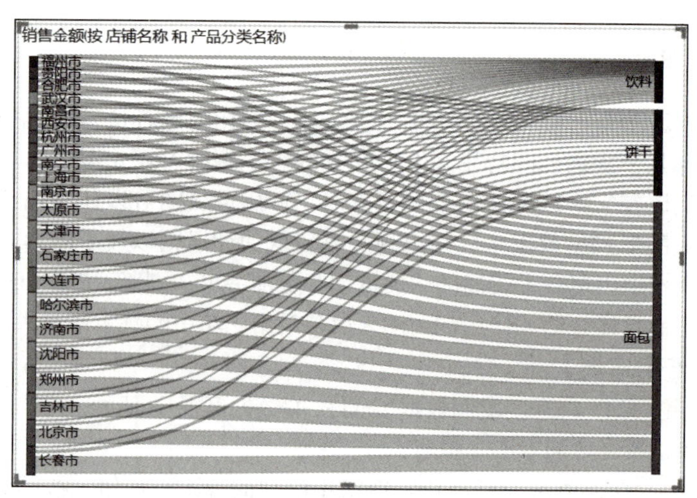

图6-20 生成的桑基图

任务三 图表美化

为了使生成的可视化图表更加美观，我们可以从切换主题和图表格式设置两个方面对图表进行美化。

子任务一 切换主题

Power BI Desktop提供了默认、城市公园、教室、色盲友好、电气、高对比度、日落、黄昏等多个主题，每一个主题有不同的配色。进行可视化分析时，用户可以根据数据的特点、公司的风格和文化背景等选择适合的主题。除了系统提供的主题外，Power BI Desktop还提供了导入主题功能。

下面依然以烘焙工坊为例来介绍如何由系统默认的主题切换为“城市公园”主题。

【任务实现】

步骤01 打开“案例数据\项目六\2-数据可视化-原始.pbix”文件，单击窗口左侧的“报表”按钮，报表页的默认显示效果如图6-21所示。

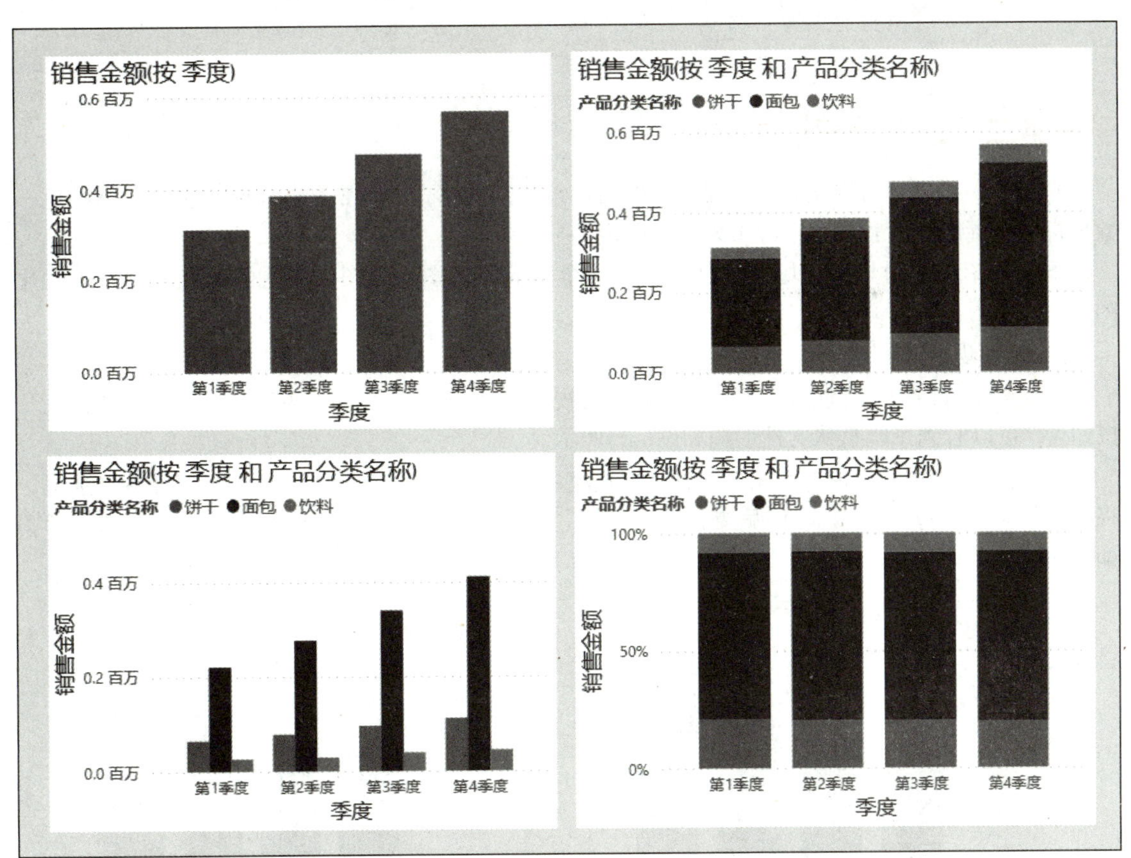

图6-21 报表主题（默认主题）

步骤02 执行“视图”→“主题”→“城市公园”命令后，报表页的显示效果如图6-22所示。

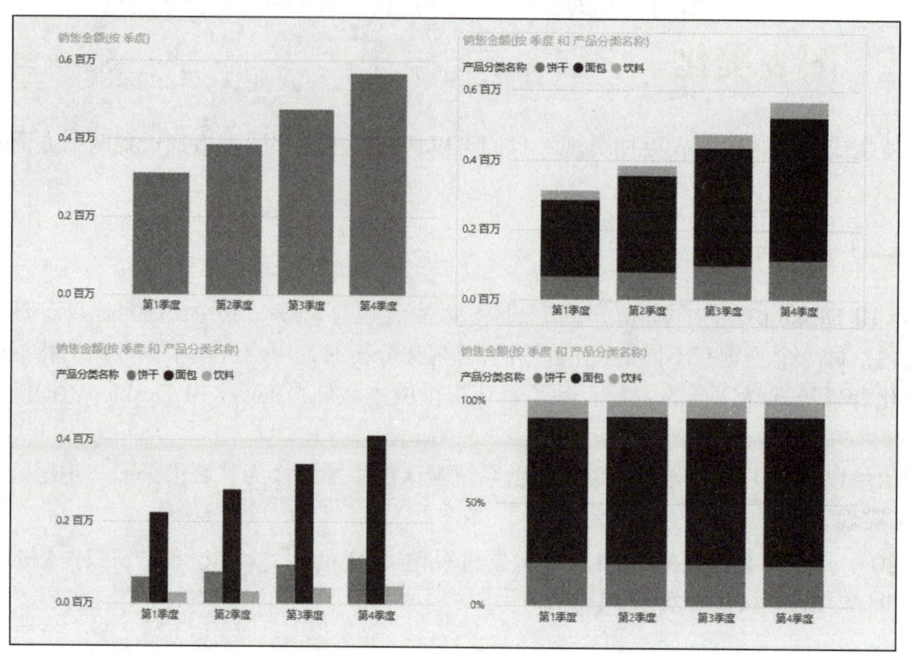

图6-22　报表主题（城市公园）

子任务二　设置图表格式

对于某一报表的可视化对象，我们可以通过设置图表格式（如常规、X轴、Y轴、数据颜色、数据标签、标题、背景、边框等）来改变图表的显示风格。

下面介绍如何对烘焙工坊按季度显示销售金额的柱形图进行图表格式的设置，进一步美化图表。

【任务实现】

步骤01 打开“案例数据\项目六\2-数据可视化-原始.pbix”文件，单击窗口左侧的“报表”按钮，可以看到系统默认的柱形图如图6-23所示。

步骤02 选中柱形图，单击“可视化”窗格中的“格式”按钮，打开“数据标签”选项，将“显示单位”设为“无”，然后再打开“边框”选项，给柱形图加上边框，最终得到的柱形图如图6-24所示。

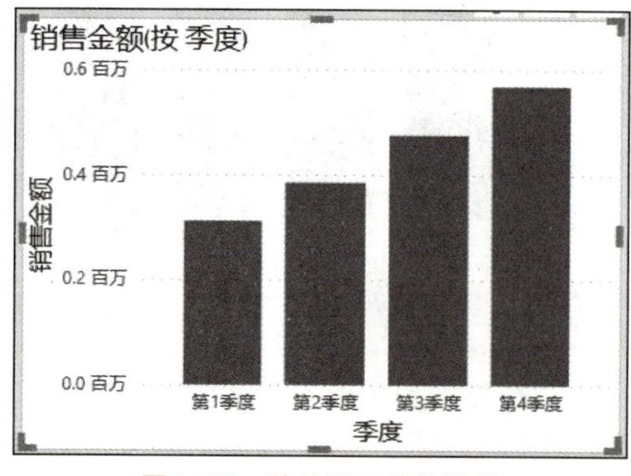

图6-23　默认显示的柱形图

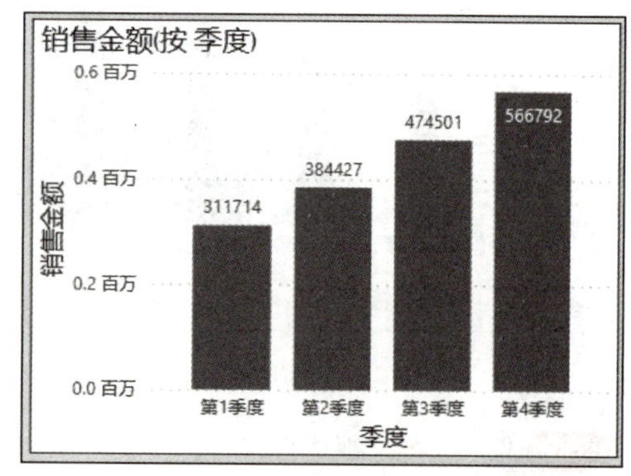

图6-24　设置格式后的柱形图

任务四 图表的筛选、钻取和编辑交互

在Power BI Desktop中，用户通过图表的筛选、钻取和编辑交互功能，可以实现更多的动态效果，对数据进行更加深入的探索。

子任务一 图表的筛选

微课 6-4-1

Power BI中对图表的筛选是指通过可视化对象属性筛选器的设置而完成的筛选。准确地说，切片器和图表的钻取都属于筛选功能。

筛选器按照使用的方位可以分为视觉级筛选器、页面级筛选器和报告级筛选器3种。

- 视觉级筛选器的作用是对特定的可视化对象进行筛选后，其他可视化对象不受影响。
- 页面级筛选器的作用是对特定的可视化对象进行筛选后，本报表页的其他可视化对象也受到影响。
- 报告级筛选器的作用是对特定的可视化对象进行筛选后，所有报表页的所有可视化对象均受到影响。

根据字段类型，筛选器可以分为文本筛选器、数值筛选器、日期和时间筛选器。3种筛选器的筛选方式比较如表6-2所示。

表6-2 3种筛选方式的比较

筛选器	筛选方式
文本筛选器	基本筛选：列表模式 高级筛选：设置复杂筛选条件（大于、小于、且、或等） 前N个：筛选该字段前N个数据
数值筛选器	基本筛选：列表模式
日期和时间筛选器	高级筛选：设置复杂的筛选条件（大于、小于、且、或等）

1. 新建视觉级筛选器

下面具体介绍如何对条形图进行视觉级筛选器的设置（不影响本报表页折线图中数据的显示）。

【任务实现】

步骤01 打开“案例数据\项目六\3-数据可视化-原始.pbix”文件，单击窗口左侧的“报表”按钮，选择“条形图和折线图”报表页。条形图和折线图均显示3个产品分类的数据，如图6-25所示。

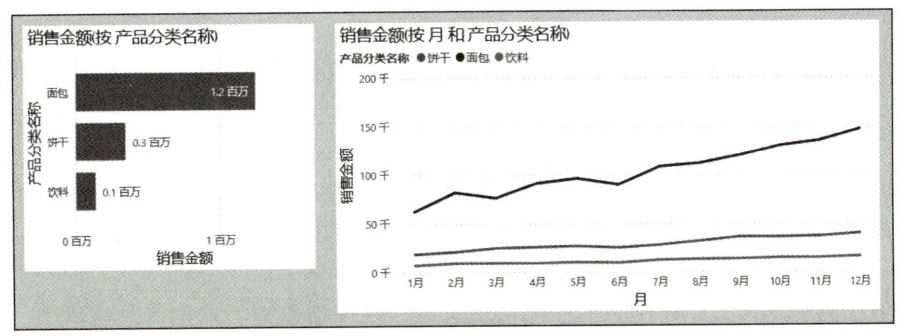

图6-25 条形图和折线图（原显示）

步骤02 选中“条形图”，在“筛选器”窗格的“此视觉对象上的筛选器”框中，将“产品分类名称”下的“面包”去掉，其他产品分类保留，如图6-26所示。

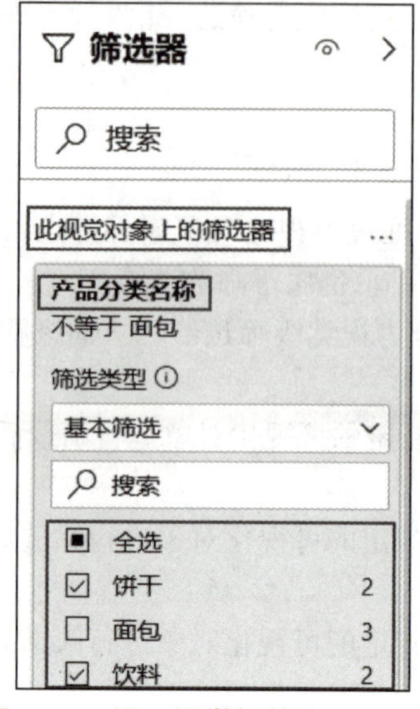

图6-26 设置视觉级筛选器的属性

步骤03 筛选后的报表页显示效果如图6-27所示。可以看到，条形图中已经没有“面包”数据，而折线图中还有。

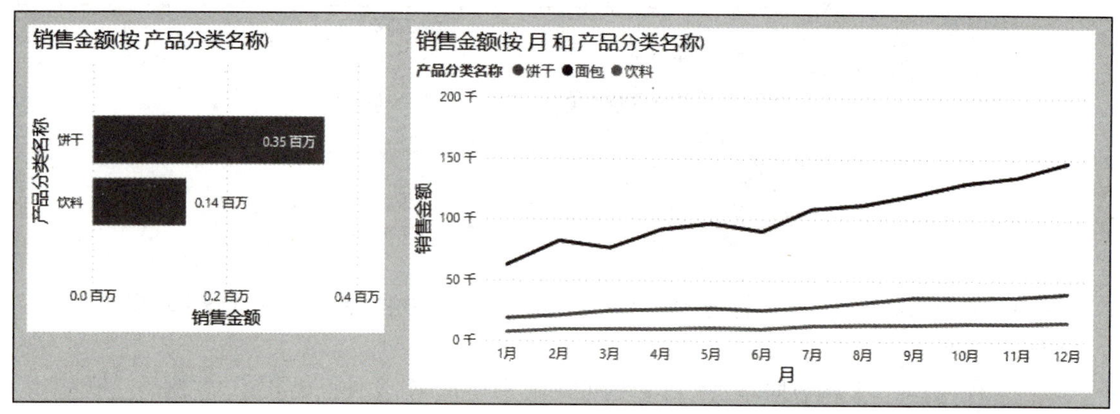

图6-27 条形图和折线图（筛选后显示）

2. 新建页面级筛选器

下面介绍如何对条形图进行页面级筛选器的设置（结果将影响本报表页折线图中数据的显示）。

【任务实现】

步骤01 打开“案例数据\项目六\3-数据可视化-原始.pbix”文件，单击窗口左侧的“报表”按钮，选择“条形图和折线图”报表页。条形图和折线图均显示3个产品分类数据，如图6-27所示。

步骤02 将“字段”窗格中的“产品分类名称”选项拖曳到“筛选器”窗格中“此页上的筛选器”框中，然后将“面包”分类去掉，其他产品分类保留，如图6-28所示。

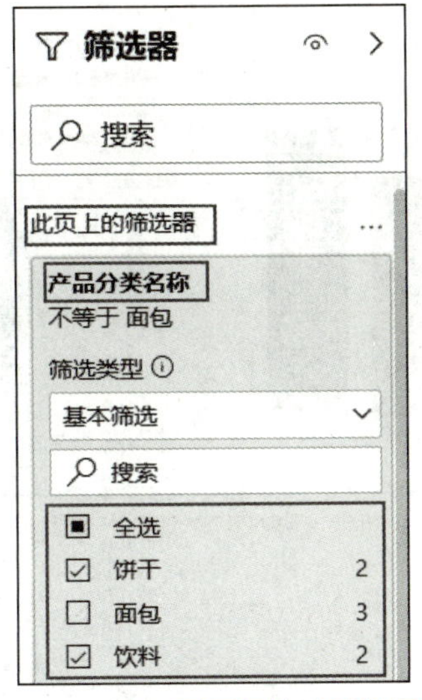

图6-28 设置页面级筛选器的属性

步骤03 筛选后的报表页显示效果如图6-29所示。可以看到，条形图和折线图中均已经没有“面包”数据。

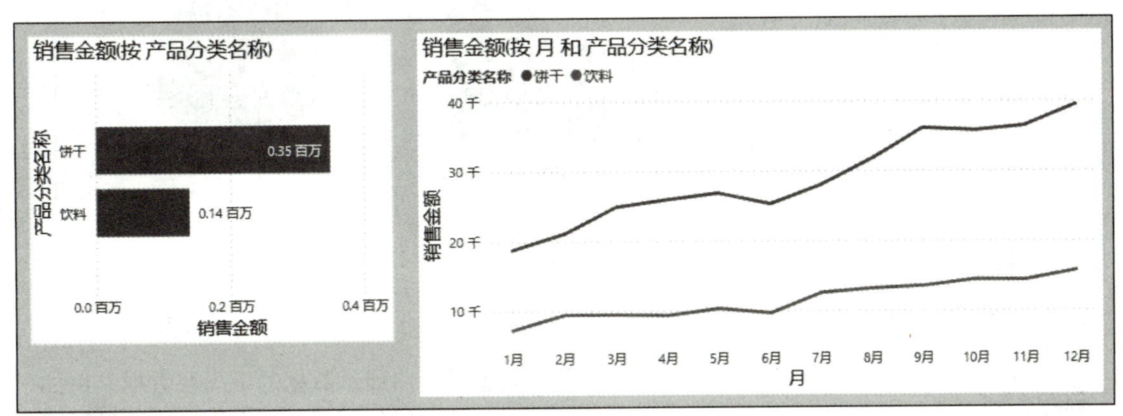

图6-29 条形图和折线图（筛选后显示）

3. 新建报告级筛选器

下面介绍如何对条形图进行报告级筛选器的设置（结果将影响本报表页所有可视化对象中的数据显示）。

【任务实现】

步骤01 打开“案例数据\项目六\3-数据可视化-原始.pbix”文件，单击窗口左侧的“报表”按钮，“条形图和折线图”报表页的显示如图6-25所示，“柱形图和饼图”报表页的显示如图6-30所示。可以看到，所有报表页均显示3个产品分类的数据。

步骤02 将“字段”窗格中的“产品分类名称”选项拖曳到“筛选器”窗格中“所有页面上的筛选器”框中，然后将“面包”分类去掉，其他产品分类保留，如图6-31所示。

步骤03 筛选后的“条形图和折线图”报表页的显示效果如图6-29所示；筛选后的“柱形图和饼图”报表页的显示效果如图6-32所示。可以看到，报表页的所有可视化对象均已经没有“面包”数据。

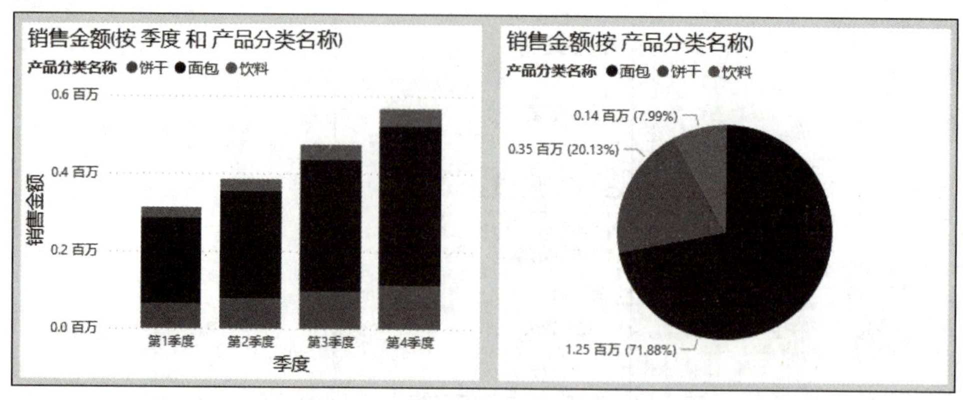

图6-30 柱形图和饼图（原显示）

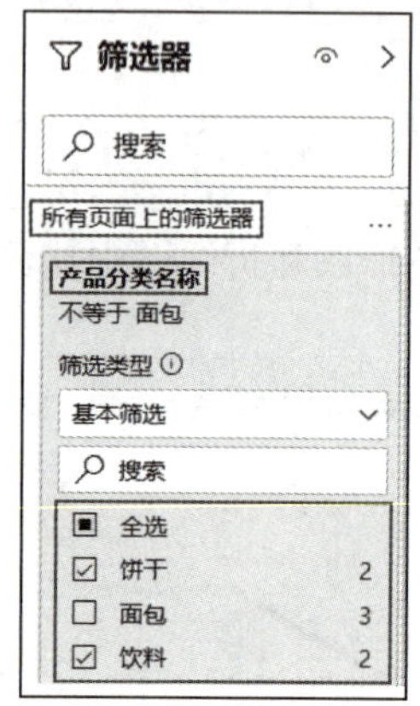

图6-31 设置报告级筛选器的属性

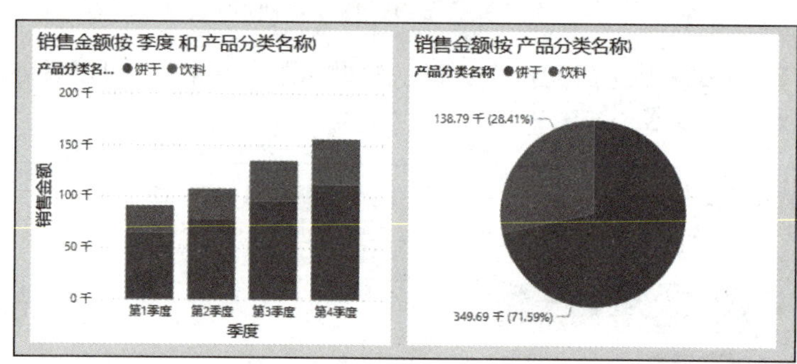

图6-32 柱形图和饼图（筛选后显示）

微课 6-4-2

子任务二 图表的钻取

在进行可视化分析时，如果我们想看当前展示数据的下一层数据，例如，查看某一产品分类下的全部产品信息，就可以使用图表的钻取功能。设置好钻取的层级后，可视化对象的上方会出现如表6-3所示的按钮。

表6-3 各钻取按钮的含义

按钮样式	含义
↓	向下钻取
↑	向上钻取
↓↓	转至层次结构中的下一级别
⛙	转至层次结构中的所有下一级别

下面介绍如何实现图表的钻取功能（对条形图中的“面包”数据向下钻取，查看其具体产品名称的数据）。

【任务实现】

步骤01 打开“案例数据\项目六\3-数据可视化-原始.pbix”文件，单击Power BI窗口左侧的

“报表”按钮，选择“条形图和折线图”报表页。

步骤02 选中条形图，将“字段”窗格中的“产品名称”字段拖曳到“可视化”窗格的“轴”框中，并放到“产品分类名称”下，如图6-33所示。

步骤03 单击条形图上方的↓按钮，再单击条形图中的“面包”数据，则此时不是编辑交互功能，而是展示“面包”下级的产品数据信息，如图6-34所示。

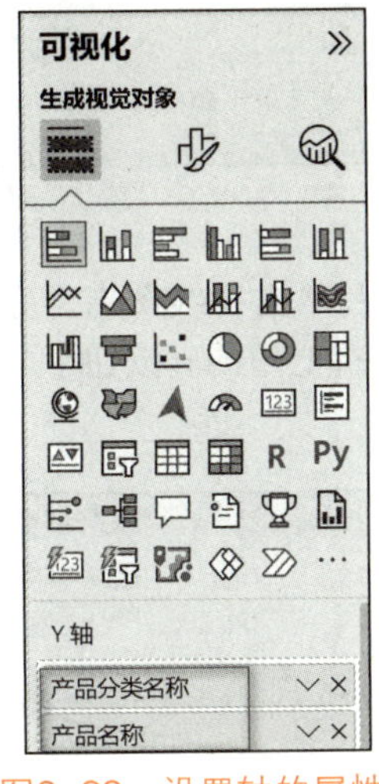

图6–33　设置轴的属性

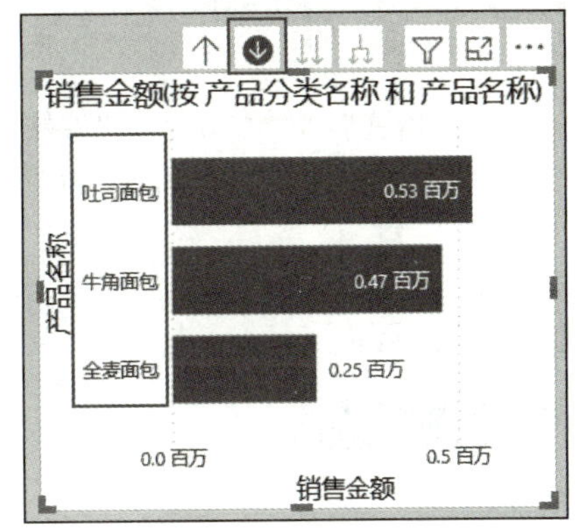

图6–34　向下钻取

子任务三　图表的编辑交互

图表的编辑交互功能是指单击某一图表的数据对象时，被单击的图表对象在本图表中突出显示，而其他图表中只显示相应数据对象，其他数据对象不再显示，形成一种动态显示效果。单击图表的空白处，可取消编辑交互功能。图表的编辑交互功能有助于数据的联动分析。

微课 6-4-3

在某些情况下，我们可以控制编辑交互功能，即某一图表对象突出显示时，其他图表的相应数据并不联动变化。控制编辑交互功能的两个按钮的含义如表6-4所示。

表6–4　编辑交互按钮的含义

按钮样式	含义
⃠	单击此按钮，当前图表不受编辑交互控制
📊	单击此按钮，当前图表恢复编辑交互控制

下面介绍如何使用图表的编辑交互功能（对条形图中的“面包”数据突出显示，而折线图中的数据显示不受影响）。

【任务实现】

步骤01 打开“案例数据\项目六\3-数据可视化-原始.pbix”文件，单击窗口左侧的“报表”按钮，选择“条形图和折线图”报表页。

步骤02 选中条形图中的“面包”数据，可以看到条形图中的“面包”数据突出显示，而折线图中的“面包”数据并没有突出显示，如图6-35所示。

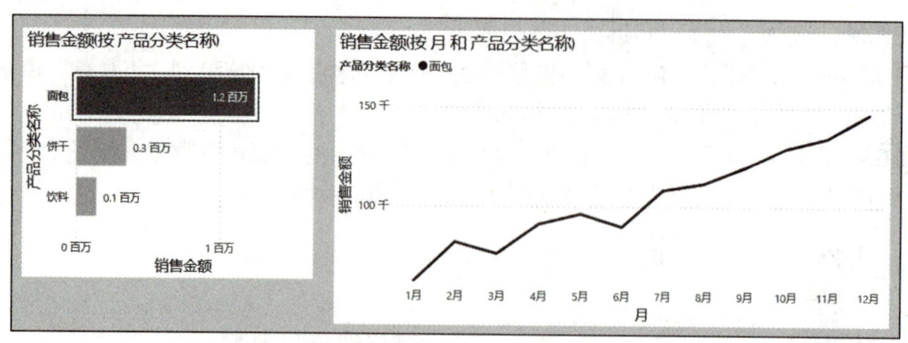

图6-35　编辑交互-控制

步骤03 执行“格式”→“交互”→“编辑交互”命令，然后单击折线图右上角的⦸按钮，则折线图不受编辑交互功能的控制，如图6-36所示。单击折线图右上角的📊按钮，可恢复编辑交互功能。

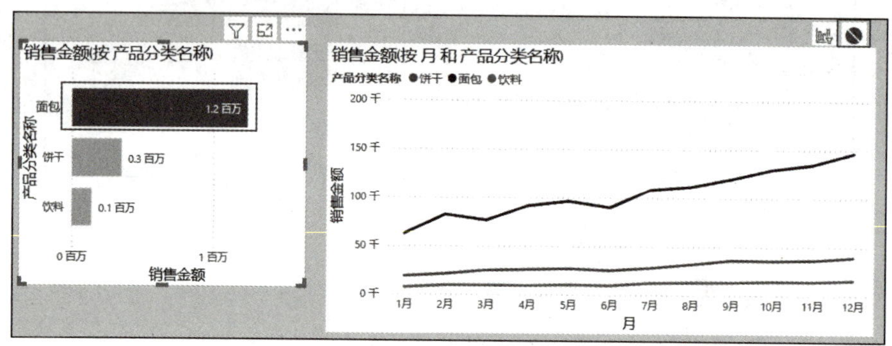

图6-36　编辑交互-非控制

时代新知

马龙的“六边形战士”与全面发展

马龙，作为中国乒乓球界的传奇人物，以其出色的技术和卓越的成就，赢得了广大球迷的喜爱和尊敬。

在2016年的吉隆坡世乒赛上，有媒体用六维雷达图从力量、速度、技巧、发球、防守、经验6个方面，分析各参赛选手的实力。而马龙在这6个方面的得分均是满分，展现出了极高的水平。因此，他被媒体誉为“六边形战士”，意指他在乒乓球的各项技术中均达到了顶尖水平，没有明显的短板。这一称号不仅是对马龙技术能力的认可，更是对他全面发展、追求卓越的精神的赞誉。

马龙在乒乓球领域的成功并非偶然，而是他长期坚持全面发展、精益求精的结果。他不仅注重提升自己的单项技术，如发球、接发球、正手进攻、反手防守等，还注重提升自己的综合实力，包括身体素质、心理素质、战术意识等方面。正是这种全面发展的理念，使得马龙在比赛中能够应对各种复杂的局面，始终保持高水平的竞技状态。

在学习和生活中，我们也应该学习马龙那种追求卓越、精益求精的精神，不仅要提升自己的专业知识和技能，还要提高自己的综合素质。只有这样，我们才能成为全面发展的“六边形战士”，更好地适应未来社会的挑战。

巩固提高

一、单选题

1. 下列属于Power BI自定义可视化图表的是（　　）。

A. 条形图　　B. 桑基图　　C. 散点图　　D. 饼图

2. 图6-37属于（　　）。

A. 簇状条形图　　B. 堆积条形图

C. 百分比堆积条形图　　D. 简单条形图

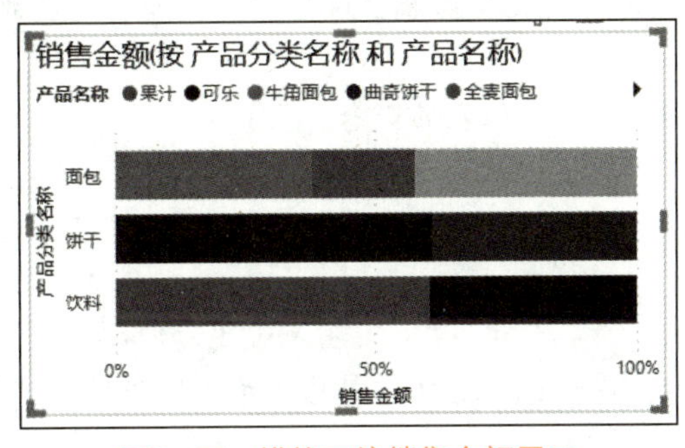

图6-37　烘焙工坊销售金额展示

3. （　　）能够清晰地反映数据的变化趋势。

A. 折线图　　B. 桑基图　　C. 散点图　　D. 饼图

4. （　　）适合跟踪某产品从推广到购买转化的业务流程。

A. 条形图　　B. 漏斗图　　C. 树状图　　D. 折线图

5. 单击（　　）按钮，表示当前图表不受编辑交互控制。

A. ⛼　　B. ↓　　C. 📊　　D. ⃠

二、多选题

1. 下列说法正确的有（　　）。

A. 组合图是具有相同*Y*轴的折线图和柱形图

B. 组合图可以比较具有不同值范围的多个度量值

C. 分区图中每种阴影的相对高度才是该序列的值

D. 组合图分为折线和堆积柱形图、折线和簇状柱形图两种

2. 下列关于瀑布图说法错误的有（　　）。

A. 组成瀑布图中，既有上升方向，又有下降方向

B. 瀑布图是根据数据的正负值来表示增加和减少，并以此来表达柱子的上升和下降

C. 瀑布图由埃森哲公司首创

D. 变化瀑布图使用不同颜色的柱子反映数据上升和下降变化

3. 下列关于饼图和环形图的说法正确的有（　　）。

A. 环形图表示比例的大小依靠扇形的角度

B. 饼图和环形图都是显示部分与整体的关系

C. 饼图一般从12点方向开始，按逆时针方向从大到小排列

D. 饼图展现的是个体占总体的比例，利用扇面的角度来展示比例大小

4. 可以展示关键数据指标的可视化图表有（　　）。

A. 卡片图　　B. 多行卡　　C. KPI图　　D. 矩阵

5. 筛选器按照使用的方位可以分为（　　）。

A. 网络级筛选器　　B. 页面级筛选器

C. 报告级筛选器　　D. 视觉级筛选器

三、判断题

1. 页面级筛选器的作用是对特定的可视化对象进行筛选后，所有报表页的其他可视化对象也受到影响。（　　）

2. 图表的筛选指的是通过可视化对象属性筛选器的设置而完成的筛选。准确地说，切片器和图表的钻取都属于筛选功能。（　　）

3. Power BI中的矩阵实际上是二维表的概念。（　　）

4. 饼图一般从12点方向开始，按顺时针方向从大到小排列。（　　）

5. 如果在 Power BI仪表板或报表中想要跟踪的最重要的信息就是一个数字，可视化对象可以选择切片器。（　　）

四、思考题

1. 在本项目介绍的所有可视化图表中，请思考并总结能够表达关键数据指标的图表有哪些，并说明它们分别是如何表达的。

2. 举例说明仪表图、百分比仪表图的应用方法。

3. 举例说明如何在表中呈现数据的环比和同比。

4. 简述Power BI中有哪几种筛选器，并分析它们的区别。

五、实训题

结合项目五实训题的结果，完成下列操作。

1. 设计至少2张可视化报表页。

2. 选用适当的可视化图表，进行数据可视化。（至少使用2个自定义可视化图表）

项目七

财务分析案例：上市公司财务数据分析与可视化

学习目标

- **知识目标**

✧ 能够准确描述财务数据分析与可视化页面设计的一般思路。

✧ 能够准确说明复杂度量值的表达方法及数据同比的应用方法。

✧ 能够精准列举KPI图、瀑布图、分解树、堆积柱形图等可视化图表在财务分析中的应用场景。

- **能力目标**

✧ 能够通过Power BI实现资产负债表分析、利润表分析、现金流量表分析、财务比率分析和杜邦分析。

✧ 能够通过Power BI进行行业分析，以及纵向对比分析和横向对比分析。

- **素养目标**

✧ 具备严谨的数据分析态度，理解数据在财务决策中的重要性，培养对数据的敏感度。

✧ 关注企业财务分析中的环保、社会责任等ESG指标，理解企业在追求经济效益的同时，也应承担环境保护、员工福利等社会责任，为可持续发展贡献力量。

项目导图

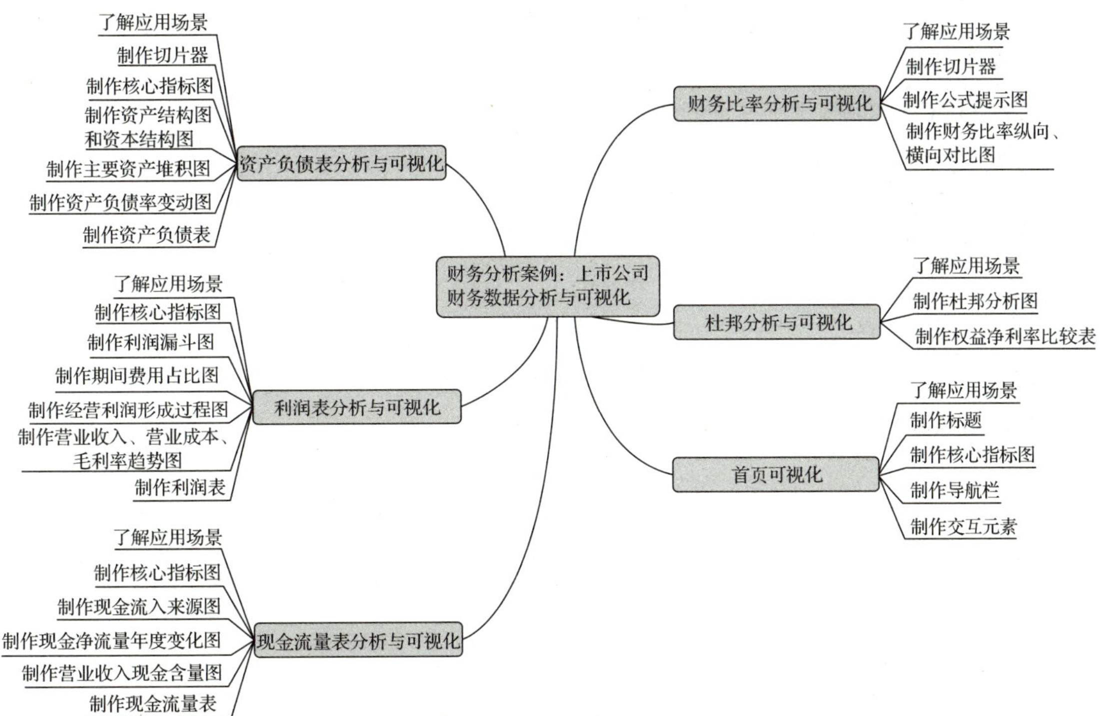

微课 7-0-1

情境案例

1. 公司选择

本案例选择对申万行业分类“家电—白色家电—空调”下3家上市公司（格力电器、美的集团、海信家电）2019—2023年度的财务数据进行可视化分析。可视化报告包括5个方面：资产负债表分析、利润表分析、现金流量表分析、财务比率分析、杜邦分析。

2. 数据准备

报表数据：案例数据\项目七\报表数据\格力电器.xlsx、美的集团.xlsx、海信家电.xlsx
分类数据：案例数据\项目七\报表分类.xlsx、财务比率分类表.xlsx

（1）报表数据（以格力电器为例）如下。

资产负债表（部分）如图7-1所示。

	A	B	C	D	E	F
1	报表项目	2019-12-31	2020-12-31	2021-12-31	2022-12-31	2023-12-31
2	流动资产：					
3	货币资金	125,400,715,267.64	136,413,143,859.81	116,939,298,776.87	157,484,332,251.39	124,104,987,289.62
4	交易性金融资产	955,208,583.58	370,820,500.00	0.00	3,867,203,363.52	9,614,423,403.40
5	衍生金融资产	92,392,625.69	285,494,153.96	198,773,198.65	0.00	108,919,513.22
6	应收票据及应收账款	8,513,334,545.08	8,738,230,905.44	13,840,898,802.76	14,831,561,052.40	16,186,817,248.08
7	其中：应收票据	0.00	0.00	0.00	6,818,428.95	87,340,130.52
8	其中：应收账款	8,513,334,545.08	8,738,230,905.44	13,840,898,802.76	14,824,742,623.45	16,099,477,117.56
9	应收款项融资	28,226,248,997.12	20,973,404,595.49	25,612,056,693.07	28,427,310,345.20	10,176,089,668.41
10	预付款项	2,395,610,555.26	3,129,202,003.24	4,591,886,517.34	2,344,668,845.48	2,492,647,395.31
11	其他应收款合计	159,134,399.10	147,338,547.86	334,161,870.18	804,277,958.80	826,558,622.42
12	其中:应收利息	0.00	0.00	0.00	0.00	0.00
13	其中:应收股利	0.00	0.00	615,115.33	1,260,498.66	19,936,649.83
14	其中:其他应收款	159,134,399.10	147,338,547.86	333,546,754.85	803,017,460.14	806,621,972.59
15	买入返售金融资产	0.00	0.00	0.00	0.00	3,932,338,954.49
16	以摊余成本计量的金融资产	0.00	0.00	0.00	0.00	0.00
17	存货	24,084,854,064.29	27,879,505,159.39	42,765,598,328.01	38,314,176,763.90	32,579,140,028.70
18	合同资产	0.00	78,545,525.60	1,151,228,472.63	1,047,739,817.94	838,812,133.65
19	划分为持有待售的资产	0.00	0.00	0.00	0.00	0.00
20	一年内到期的非流动资产	445,397,710.39	0.00	11,033,571,932.60	3,314,191,633.19	2,411,633,459.29
21	其他流动资产	23,091,144,216.68	15,617,301,913.87	9,382,177,587.07	4,704,576,940.64	24,868,941,754.15
22	流动资产其他项目	0.00	0.00	0.00	0.00	0.00
23	流动资产合计	213,364,040,964.83	213,632,987,164.66	225,849,652,179.18	255,140,038,972.46	228,141,309,470.74

图7-1　资产负债表（部分）

利润表（部分）如图7-2所示。

	A	B	C	D	E	F
1	报表项目	2019-12-31	2020-12-31	2021-12-31	2022-12-31	2023-12-31
2	一、营业总收入	200,508,333,611.34	170,497,415,702.41	189,654,033,523.50	190,150,672,542.13	205,018,123,834.21
3	营业收入	198,153,027,540.35	168,199,204,404.53	187,868,874,892.71	188,988,382,706.68	203,979,266,387.09
4	利息收入	2,351,471,964.56	2,295,972,686.55	1,785,060,001.28	1,162,289,741.08	1,038,856,837.77
5	手续费及佣金收入	3,834,106.43	2,238,611.33	98,629.51	94.37	609.35
6	二、营业总成本	170,723,573,765.20	146,260,681,865.34	163,521,848,332.24	162,107,253,847.61	170,774,052,191.66
7	营业成本	143,499,372,581.36	124,229,033,680.92	142,251,638,589.87	139,784,387,882.78	141,625,549,746.95
8	利息支出	110,579,966.36	304,448,121.92	523,238,956.03	82,118,835.96	126,399,291.44
9	手续费及佣金支出	603,394.43	516,318.75	815,760.35	423,034.83	503,529.63
10	税金及附加	1,542,983,748.63	964,600,693.81	1,076,664,461.78	1,612,243,409.40	2,114,184,492.83
11	销售费用	18,309,812,188.35	13,043,241,798.27	11,581,735,617.31	11,285,451,112.27	17,129,639,682.51
12	管理费用	3,795,645,600.08	3,603,782,803.64	4,051,241,003.05	5,267,999,733.62	6,542,161,037.82
13	研发费用	5,891,219,715.90	6,052,563,108.10	6,296,715,941.03	6,281,394,430.40	6,762,136,262.23
14	财务费用	-2,426,643,429.91	-1,937,504,660.07	-2,260,201,997.18	-2,206,764,591.65	-3,526,521,851.75
15	其中：利息费用	1,598,276,258.59	1,088,369,394.87	1,752,112,003.72	2,836,743,431.08	2,962,205,439.75
16	其中：利息收入	-3,698,387,243.32	-3,708,312,903.06	-4,242,449,764.06	-4,646,747,718.69	-6,189,969,897.82
17	三、其他经营收益	-179,652,723.74	1,806,784,000.63	545,180,100.74	-759,321,608.34	-1,379,291,284.79
18	公允价值变动收益	228,264,067.88	200,153,472.05	-58,130,545.10	-343,575,705.11	437,583,988.72
19	投资收益	-226,634,780.62	713,010,071.67	522,063,222.58	86,883,941.74	217,156,605.23
20	其中：对联营企业和合营企业的投资收益	-20,983,248.83	35,314,343.21	51,594,928.82	-3,324,287.24	93,222,443.16
21	资产处置收益	4,911,230.34	2,945,975.01	6,212,295.19	608,425.71	382,923,791.69
22	资产减值损失(新)	-842,893,299.94	-466,270,321.67	-606,161,255.62	-966,679,009.51	-2,493,579,694.08
23	信用减值损失(新)	-279,448,586.27	192,824,692.53	-150,980,869.74	-416,368,773.22	-824,045,112.30
24	其他收益	936,148,644.87	1,164,120,111.04	832,177,253.43	879,809,512.05	900,669,135.95
25	四、营业利润	29,605,107,122.40	26,043,517,837.70	26,677,365,292.00	27,284,097,086.18	32,864,780,357.76
26	营业外收入	345,706,663.13	287,160,721.97	154,321,776.87	59,810,331.36	128,371,808.52

图7-2　利润表（部分）

现金流量表（部分）如图7-3所示。

	A	B	C	D	E	F
1	报表项目	2019-12-31	2020-12-31	2021-12-31	2022-12-31	2023-12-31
2	一、经营活动产生的现金流量：					
3	销售商品、提供劳务收到的现金	166,387,697,953.52	155,890,384,313.86	169,646,517,565.79	191,722,692,750.88	222,450,716,185.76
4	客户存款和同业存放款项净增加额	31,898,181.64	-92,506,750.32	-78,563,388.63	36,042,751.33	35,681,305.16
5	向中央银行借款净增加额	0.00	0.00	0.00	0.00	0.00
6	向其他金融机构拆入资金净增加额	1,000,000,000.00	-700,000,000.00	0.00	-300,000,000.00	0.00
7	收取利息、手续费及佣金的现金	1,051,389,792.25	1,137,265,615.92	955,723,978.81	316,385,822.75	404,330,867.02
8	发放贷款及垫款的净减少额	0.00	0.00	0.00	0.00	0.00
9	回购业务资金净增加额	2,074,500,000.00	475,000,000.00	271,500,000.00	-746,500,000.00	0.00
10	收到的税费返还	1,854,373,548.43	2,484,293,128.44	2,467,381,243.01	3,671,277,018.74	3,267,420,421.11
11	收到其他与经营活动有关的现金	2,796,063,838.34	4,698,328,013.32	3,938,701,318.02	3,887,782,462.69	2,838,768,145.79
12	经营活动现金流入其他项目	0.00	0.00	0.00	0.00	0.00
13	经营活动现金流入小计	175,195,923,314.18	163,892,764,321.22	177,201,260,717.00	198,587,680,806.39	228,996,916,924.84
14	购买商品、接受劳务支付的现金	94,214,771,389.83	121,793,121,343.62	145,601,518,405.47	140,307,498,966.97	122,277,671,203.25
15	客户贷款及垫款净增加额	7,529,473,836.40	-9,091,377,401.54	-1,131,768,349.46	-3,541,760,000.00	3,751,715,000.00
16	存放中央银行和同业款项净增加额	-31,341,719.47	-976,192,487.64	-633,908,556.69	-142,968,622.64	121,006,301.94
17	支付利息、手续费及佣金的现金	103,327,387.96	312,753,420.49	525,419,503.63	72,151,067.99	126,487,510.44
18	支付给职工以及为职工支付的现金	8,831,213,736.01	8,901,277,136.77	9,848,593,392.99	10,236,422,672.26	11,191,368,139.74
19	支付的各项税费	15,128,311,796.96	8,184,052,900.55	8,371,839,466.55	12,501,020,989.21	17,572,921,744.39
20	支付其他与经营活动有关的现金	21,526,452,792.90	15,530,492,099.81	12,725,203,595.79	10,486,879,811.33	17,557,320,670.91
21	经营活动现金流出其他项目	0.00	0.00	0.00	0.00	0.00
22	经营活动现金流出小计	147,302,209,220.59	144,654,127,012.06	175,306,897,458.28	169,919,244,885.12	172,598,490,570.67
23	**经营活动产生的现金流量净额**	27,893,714,093.59	19,238,637,309.16	1,894,363,258.72	28,668,435,921.27	56,398,426,354.17
24	二、投资活动产生的现金流量：					

图7-3　现金流量表（部分）

（2）分类数据如下。

申万白色家电分类如图7-4所示。

	A	B	C	D	E	F
1	股票代码	公司简称	申万一级行业	申万二级行业	申万三级行业	公司简介
2	000333.SZ	美的集团	33家电	3301白色家电	330102空调	美的集团股
3	000651.SZ	格力电器	33家电	3301白色家电	330102空调	珠海格力电
4	000921.SZ	海信家电	33家电	3301白色家电	330102空调	海信家电集

图7-4　申万白色家电分类

资产负债表分类（部分）如图7-5所示。

	A	B	C	D	E
1	报表类型	报表项目	序号	项目大类	项目小类
2	资产负债表	货币资金	1	资产	流动资产
3	资产负债表	交易性金融资产	2	资产	流动资产
4	资产负债表	衍生金融资产	3	资产	流动资产
5	资产负债表	应收票据及应收账款	4	资产	流动资产
6	资产负债表	其中：应收票据	5	资产	流动资产
7	资产负债表	其中：应收账款	6	资产	流动资产
8	资产负债表	应收款项融资	7	资产	流动资产
9	资产负债表	预付款项	8	资产	流动资产
10	资产负债表	其他应收款合计	9	资产	流动资产
11	资产负债表	其中:应收利息	10	资产	流动资产

图7-5　资产负债表分类（部分）

利润表分类（部分）如图7-6所示。

	A	B	C	D
1	报表类型	报表项目	序号	项目小类
2	利润表	一、营业总收入	1	
3	利润表	营业收入	2	营业总收入
4	利润表	利息收入	3	营业总收入
5	利润表	手续费及佣金收入	4	营业总收入
6	利润表	二、营业总成本	5	
7	利润表	营业成本	6	营业总成本
8	利润表	利息支出	7	营业总成本
9	利润表	手续费及佣金支出	8	营业总成本

图7-6　利润表分类（部分）

现金流量表分类（部分）如图7-7所示。

	A	B	C	D	E
1	报表类型	报表项目	序号	项目大类	项目小类
2	现金流量表	一、经营活动产生的现金流量：	1		
3	现金流量表	销售商品、提供劳务收到的现金	2	经营活动产生的现金流量	经营活动现金流入
4	现金流量表	客户存款和同业存放款项净增加额	3	经营活动产生的现金流量	经营活动现金流入
5	现金流量表	向中央银行借款净增加额	4	经营活动产生的现金流量	经营活动现金流入
6	现金流量表	向其他金融机构拆入资金净增加额	5	经营活动产生的现金流量	经营活动现金流入
7	现金流量表	收取利息、手续费及佣金的现金	6	经营活动产生的现金流量	经营活动现金流入
8	现金流量表	发放贷款及垫款的净减少额	7	经营活动产生的现金流量	经营活动现金流入
9	现金流量表	回购业务资金净增加额	8	经营活动产生的现金流量	经营活动现金流入
10	现金流量表	收到的税费返还	9	经营活动产生的现金流量	经营活动现金流入
11	现金流量表	收到其他与经营活动有关的现金	10	经营活动产生的现金流量	经营活动现金流入
12	现金流量表	经营活动现金流入其他项目	11	经营活动产生的现金流量	经营活动现金流入
13	现金流量表	经营活动现金流入小计	12		
14	现金流量表	购买商品、接受劳务支付的现金	13	经营活动产生的现金流量	经营活动现金流出

图7-7　现金流量表分类（部分）

杜邦分析层级结构如图7-8所示。金额单位表如图7-9所示。

	A	B	C	D
1	项目	杜邦分析一级结构	杜邦分析二级结构	杜邦分析三级结构
2	权益净利率	总资产收益率	销售净利率	净利润
3	权益净利率	总资产收益率	销售净利率	营业收入
4	权益净利率	总资产收益率	总资产周转率	营业收入
5	权益净利率	总资产收益率	总资产周转率	总资产
6	权益净利率	权益乘数	总资产	
7	权益净利率	权益乘数	所有者权益	

图7-8　杜邦分析层级结构

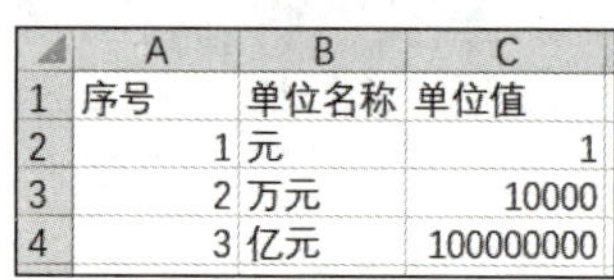

	A	B	C
1	序号	单位名称	单位值
2	1	元	1
3	2	万元	10000
4	3	亿元	100000000

图7-9　金额单位表

财务比率分类（部分）如图7-10所示。

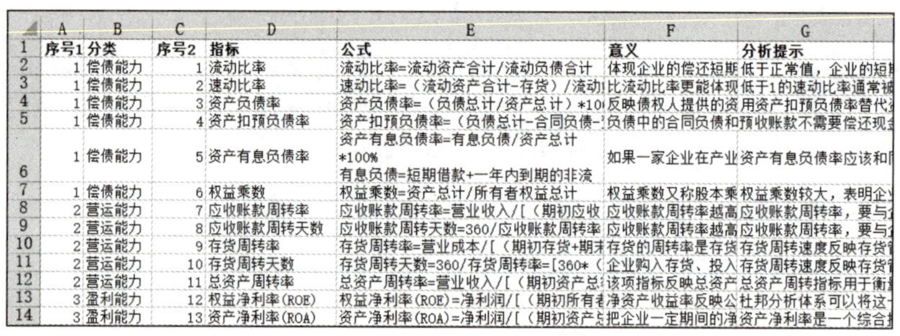

	A	B	C	D	E	F	G
1	序号1	分类	序号2	指标	公式	意义	分析提示
2	1	偿债能力	1	流动比率	流动比率=流动资产合计/流动负债合计	体现企业的偿还短期	低于正常值，企业的短
3	1	偿债能力	2	速动比率	速动比率=（流动资产合计-存货）/流动	比流动比率更能体现	低于1的速动比率通常被
4	1	偿债能力	3	资产负债率	资产负债率=（负债总计/资产总计）*10	反映债权人提供的资	用资产扣预负债率替代
5	1	偿债能力	4	资产扣预负债率	资产扣预负债率=（负债总计-合同负债-	负债中的合同负债和	预收账款不需要偿还现
6	1	偿债能力	5	资产有息负债率	资产有息负债率=有息负债/资产总计 *100% 有息负债=短期借款+一年内到期的非流	如果一家企业在产业	资产有息负债率应该和
7	1	偿债能力	6	权益乘数	权益乘数=资产总计/所有者权益总计	权益乘数又称股本乘	权益乘数较大，表明企
8	2	营运能力	7	应收账款周转率	应收账款周转率=营业收入/[（期初应收	应收账款周转率越高	应收账款周转率，要与
9	2	营运能力	8	应收账款周转天数	应收账款周转天数=360/应收账款周转率	应收账款周转率越高	应收账款周转率，要与
10	2	营运能力	9	存货周转率	存货周转率=营业成本/[（期初存货+期末	存货的周转率是存货	存货周转速度反映存货
11	2	营运能力	10	存货周转天数	存货周转天数=360/存货周转率=[360*（	企业购入存货、投入	存货周转速度反映存货
12	2	营运能力	11	总资产周转率	总资产周转率=营业收入/[（期初资产总	该项指标反映总资产	总资产周转指标用于衡
13	3	盈利能力	12	权益净利率(ROE)	权益净利率(ROE)=净利润/[（期初所有	净资产收益率反映公	杜邦分析体系可以将这
14	3	盈利能力	13	资产净利率(ROA)	资产净利率(ROA)=净利润/[（期初资产	把企业一定期间的净	资产净利率是一个综合

图7-10　财务比率分类（部分）

微课 7-0-2

3. 数据清洗

对加载的报表数据和各种分类表数据进行清洗，为数据建模和数据分析做好准备。数据清洗的常见方法是：将首行升为标题、添加列、拆分列、删除列、逆透视其他列、删除空行、删除空字符、更改数据类型等。

数据清洗的详细步骤请扫描左侧二维码查看操作演示视频。

4. 数据建模

（1）新建表。新建日期表作为报表数据的维度表。

```
日期表 =
VAR mindate=MINX(ALL('报表数据'),[报表日期])
RETURN
ADDCOLUMNS(
   CALENDARAUTO( ),
   "年度" , YEAR([Date]),
   "月份" , MONTH([Date]),
```

```
    "月份名称", FORMAT ([Date], "0000"),
    "年度月份", FORMAT ([Date], "YYYYMM"),
    "季度" , QUARTER([Date]),
    "报表期间" , SWITCH( QUARTER([Date]),1,"第一季度",2,"第二季度",3,"第三季度",
4,"第四季度"),
    "年季编号",(YEAR([Date])-YEAR(mindate))*4+QUARTER([Date]),
    "年度季度",YEAR([Date])&"Q"& QUARTER([Date])
)
```

（2）创建模型。

本案例中关系模型需要5个维度表和1个事实表。维度表分别是日期表、利润表分类、资产负债表分类、现金流量表分类、申万白色家电分类。事实表是报表数据。同时，模型中还需要4个辅助表，不参与数据建模：一是金额单位表，作为金额单位切换时的计算依据；二是度量值，此表为新建空表，主要用来存放和分类管理所有的度量值；三是杜邦分析层级结构，用来展示杜邦分析各层级结构；四是财务比率分类，用于财务比率指标的切换选择。创建后的关系模型如图7-11所示。

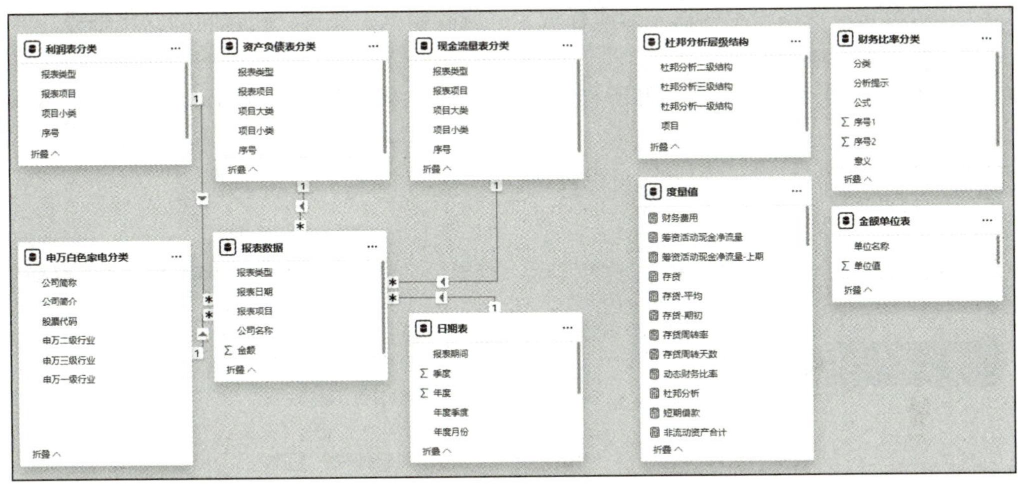

图7-11　关系模型

模型创建后的文件：案例数据\项目七\上市公司财务数据分析与可视化-初始.pbix（此文件已包含全部度量值）

项目学习

任务一　资产负债表分析与可视化

微课 7-1-1

子任务一　了解应用场景

1. 场景描述

资产负债表是企业三大主要报表之一，它反映了企业在特定时点的财务状况，即企业的资产、负债和所有者权益的分布情况。资产负债表遵循“资产=负债+所有者权益”的会计等式。

资产分为流动资产和非流动资产，负债分为流动负债和非流动负债，所有者权益是资产减去负债后企业剩余的净资产。

对资产负债表进行分析，可以起到以下作用。①评估财务状况：可以了解企业的财务健康状况，包括企业的资产配置、债务水平和所有者权益状况。②衡量偿债能力：分析负债结构，评估企业偿还短期债务和长期债务的能力。③评价资产管理效率：通过比较不同时间点的资产负债表，可以分析企业资产的使用效率和流动性。④支持决策：为企业内部管理者和外部投资者提供重要的财务信息，帮助其做出投资、融资和经营决策。

要进行有效的资产负债表分析，可以参考以下方法。

（1）对比分析。横向对比，即与同行业其他企业进行比较，了解企业在行业中的位置；纵向对比，即与企业历史数据进行比较，观察其财务状况的变化趋势。

（2）比率分析。偿债比率分析，如流动比率、速动比率，可以评估企业的短期偿债能力；而资产负债率、产权比率，可以评估企业的财务杠杆和偿债风险。资产管理比率分析，如存货周转率、应收账款周转率，可以评估资产的使用效率。

（3）趋势分析。观察特定项目（如库存现金、应收账款、存货）随时间的变化趋势，可以了解企业财务状况的发展方向。

（4）结构分析。分析资产、负债和所有者权益的结构，可以了解企业的资产配置和资本结构。

2. 分析思路

资产负债表分析与可视化的思路如图7-12所示。

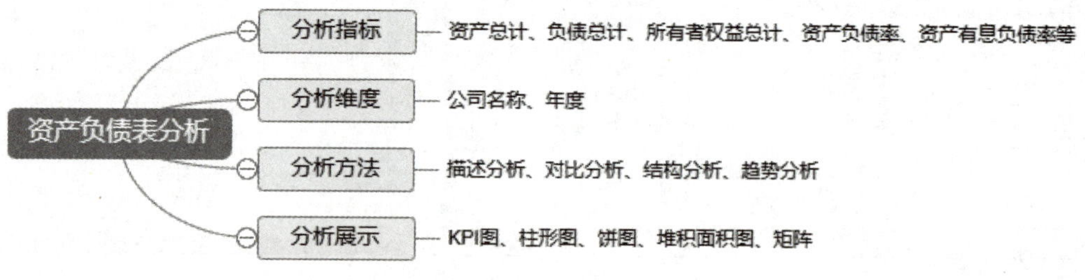

图7-12 资产负债表分析与可视化的思路

3. 准备度量值

资产负债表分析与可视化用的度量值比较多，主要有资产总计、负债总计、所有者权益总计、资产负债率、资产有息负债率等，同时还要给出相关度量值的上年数据，用于数据指标的同比计算。

（1）基础度量值。

```
项目金额 = SUM('报表数据'[金额])/SELECTEDVALUE('金额单位表'[单位值],1)
```

说明

项目金额是其他度量值的基础，上述DAX公式的含义是：根据金额单位切片器的选择，将项目金额变成以“元”为单位。如果将DAX公式中的参数“1”替换为“10 000”，则项目金额变成以“万元”为单位。同理，将“1”替换为“100 000 000”，则项目金额变成以“亿元”为单位。关于SELECTEDVALUE函数的具体用法，读者可以查阅Power BI官方网站了解。

```
资产负债表 - 期末 = [项目金额]
资产负债表 - 期初 = OPENINGBALANCEYEAR([资产负债表 - 期末],'日期表'[日期])
资产负债表 - 同比 = DIVIDE([资产负债表 - 期末]-[资产负债表 - 期初],[资产负债表 - 期初])
```

（2）资产相关度量值。

```
资产总计 = CALCULATE([项目金额],FILTER(ALL('资产负债表分类'),'资产负债表分类'[报表项目]="资产总计"))
资产总计 - 期初 = OPENINGBALANCEYEAR([资产总计],'日期表'[日期])
资产总计 - 平均 = IF(ISBLANK([资产总计 - 期初]),[资产总计],DIVIDE([资产总计 - 期初]+[资产总计],2))
存货 = CALCULATE([项目金额],FILTER(ALL('资产负债表分类'),'资产负债表分类'[报表项目]="存货"))
存货 - 期初 = OPENINGBALANCEYEAR([存货],'日期表'[日期])
存货 - 平均 = IF(ISBLANK([存货 - 期初]),[存货],DIVIDE([存货]+[存货 - 期初],2))
应收账款 = CALCULATE([项目金额],FILTER(ALL('资产负债表分类'),'资产负债表分类'[报表项目]="应收票据及应收账款"))
应收账款 - 期初 = OPENINGBALANCEYEAR([应收账款],'日期表'[日期])
应收账款 - 平均 = IF(ISBLANK([应收账款 - 期初]),[应收账款],DIVIDE([应收账款]+[应收账款 - 期初],2))
流动资产合计 = CALCULATE([项目金额],FILTER(ALL('资产负债表分类'),'资产负债表分类'[报表项目]="流动资产合计"))
非流动资产合计 = CALCULATE([项目金额],FILTER(ALL('资产负债表分类'),'资产负债表分类'[报表项目]="非流动资产合计"))
```

（3）负债相关度量值。

```
负债总计 = CALCULATE([项目金额],FILTER(ALL('资产负债表分类'),'资产负债表分类'[报表项目]="负债合计"))
负债总计 - 期初 = OPENINGBALANCEYEAR([负债总计],'日期表'[日期])
短期借款 = CALCULATE([项目金额],FILTER(ALL('资产负债表分类'),'资产负债表分类'[报表项目]="短期借款"))
合同负债 = CALCULATE([项目金额],FILTER(ALL('资产负债表分类'),'资产负债表分类'[报表项目]="合同负债"))
流动负债合计 = CALCULATE([项目金额],FILTER(ALL('资产负债表分类'),'资产负债表分类'[报表项目]="流动负债合计"))
一年内到期的非流动负债 = CALCULATE([项目金额],FILTER(ALL('资产负债表分类'),'资产负债表分类'[报表项目]="一年内到期的非流动负债"))
应付债券 = CALCULATE([项目金额],FILTER(ALL('资产负债表分类'),'资产负债表分类'[报表项目]="应付债券"))
预收账款 = CALCULATE([项目金额],FILTER(ALL('资产负债表分类'),'资产负债表分类'[报表项目]="预收账款"))
长期借款 = CALCULATE([项目金额],FILTER(ALL('资产负债表分类'),'资产负债表分类'[报表项目]="长期借款"))
长期应付款 = CALCULATE([项目金额],FILTER(ALL('资产负债表分类'),'资产负债表分类'[报表项目]="长期应付款"))
有息负债 = [短期借款]+[一年内到期的非流动负债]+[长期借款]+[应付债券]+[长期应付款]
```

（4）所有者权益相关度量值。

```
所有者权益总计 = CALCULATE([项目金额],FILTER(ALL('资产负债表分类'),'资产负债表分类'[报表项目]="股东权益合计"))
所有者权益总计 - 期初 = OPENINGBALANCEYEAR([所有者权益总计],'日期表'[日期])
```

```
所有者权益总计 - 平均 = IF(ISBLANK([所有者权益总计 - 期初]),[所有者权益总计],DIVIDE([所有者权益总计 - 期初]+[所有者权益总计],2))
```

（5）财务比率相关度量值。

```
资产负债率 = DIVIDE([负债总计],[资产总计])
资产扣预负债率 = DIVIDE([负债总计]-[合同负债]-[预收账款],[资产总计])
资产有息负债率 = DIVIDE ([有息负债],[资产总计])
```

4. 可视化效果

格力电器2019—2023年资产负债表分析与可视化的效果如图7-13所示。整体配色风格选择“视图”菜单下的“城市公园”主题，此主题风格清新活泼，读者可根据自己的喜好或所在企业的特点选择适合的主题风格。下面通过6个子任务详细介绍格力电器2019—2023年资产负债表分析与可视化的实现过程。

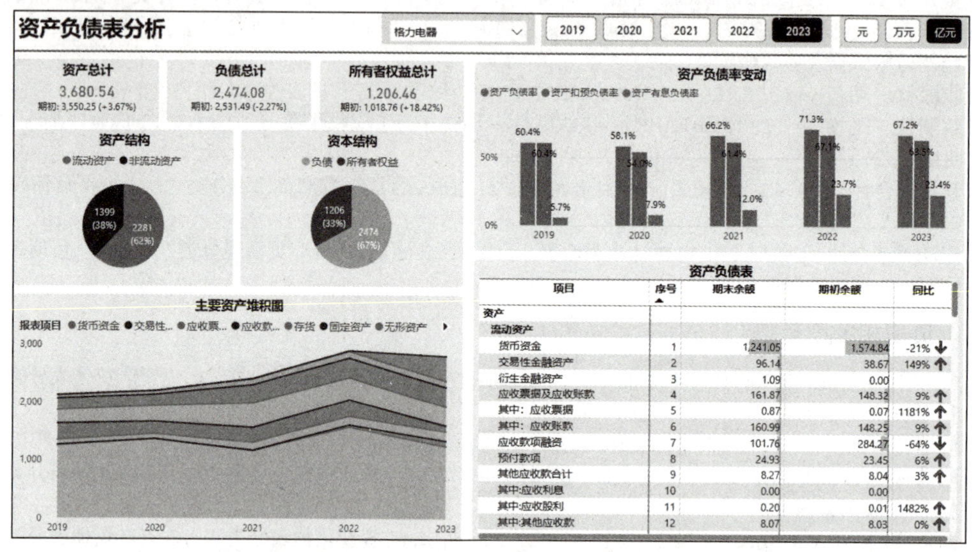

项目	序号	期末余额	期初余额	同比
资产				
流动资产				
货币资金	1	1,241.05	1,574.84	-21% ↓
交易性金融资产	2	96.14	38.67	149% ↑
衍生金融资产	3	1.09	0.00	
应收票据及应收账款	4	161.87	148.32	9% ↑
其中：应收票据	5	0.87	0.07	1181% ↑
其中：应收账款	6	160.99	148.25	9% ↑
应收款项融资	7	101.76	284.27	-64% ↓
预付款项	8	24.93	23.45	6% ↑
其他应收款合计	9	8.27	8.04	3% ↑
其中:应收利息	10	0.00	0.00	
其中:应收股利	11	0.20	0.01	1482% ↑
其中:其他应收款	12	8.07	8.03	0% ↑

图7-13 资产负债表分析与可视化效果总览

微课 7-1-2

子任务二 制作切片器

1. 公司名称切片器

公司名称切片器用于资产负债表公司名称的选择，用户通过此切片器可查看不同公司资产负债表相关指标的变化情况。公司名称切片器制作后的效果如图7-14所示。

图7-14 公司名称切片器

说明

本书项目三和项目六已详细介绍了多种可视化图表的制作方法，项目七和项目八为综合案例应用，重点讲解财务大数据分析与可视化的思路与方法，因此相关可视化图表的制作过程不再具体介绍，仅保留相关参数设置提示，详细操作过程可扫描二维码观看。

【任务实现】

步骤01 视觉对象生成设置。可视化对象：切片器；字段：公司简称。

步骤02 视觉对象格式设置如表7-1所示。

表7-1　公司名称切片器格式设置

格式类型	属性值设置
视觉对象	①切片器设置-选项：样式（下拉）；切片器设置-选择：单项选择（打开）。②切片器标头：关闭。③值-值：字体（Segoe UI，10）；值-背景：颜色（白色）
常规	效果-背景：颜色（灰色）

步骤03 同步切片器制作。在“视图”菜单下单击“同步切片器”按钮，选择公司名称切片器，按表7-2进行公司名称同步切片器设置。设置完成后，在其他表页即可看到需要的切片器，而且每个表页做了切片后，其他表页会同步变化。

表7-2　公司名称同步切片器设置

页面名称	同步	可见
首页	√	√
资产负债表	√	√
利润表	√	√
现金流量表	√	√
财务比率		√
杜邦分析	√	√

2. 年度切片器

年度切片器用于资产负债表年度的选择，用户通过此切片器可查看不同年度资产负债表相关指标的变化情况。年度切片器制作后的效果如图7-15所示。

图7-15　年度切片器

【任务实现】

步骤01 视觉对象生成设置。可视化对象：切片器（新）；字段：年度。

步骤02 视觉对象格式设置如表7-3所示。

表7-3　年度切片器格式设置

格式类型	属性值设置
视觉对象	①切片器设置-选择：单项选择（打开），强制选择（打开）。②形状：形状（圆角矩形），圆角像素（5）。③布局-布局：安排（单行），显示的最大按钮数（5）。④标注值-值：水平对齐（居中）。⑤按钮-填充：大小（窄）
常规	①标题：关闭。②效果-背景：颜色（灰色）

步骤03 同步切片器制作。在“视图”菜单下单击“同步切片器”按钮，选择年度切片器，按表7-4进行年度同步切片器设置。

表7-4　年度同步切片器设置

页面名称	同步	可见
首页		
资产负债表	√	√
利润表	√	√
现金流量表	√	√
财务比率		
杜邦分析	√	√

3. 金额单位切片器

金额单位切片器用于切换金额的单位，使得金额单位更符合中国人阅读数据的习惯。本案例需要制作“元”“万元”“亿元”切片器，以便选择合适的金额单位展示数据。

金额单位切片器制作后的效果如图7-16所示。其同步切片器的制作方法与年度同步切片器的一样。

图7–16　金额单位切片器

【任务实现】

步骤01 视觉对象生成设置：可视化对象：切片器（新）；字段：单位名称。

步骤02 视觉对象格式设置如表7-5所示。

表7–5　金额单位切片器格式设置

格式类型	属性值设置
视觉对象	①切片器设置-选择：单项选择（打开），强制选择（打开）。②形状：形状（圆角矩形），圆角像素（5）
常规	效果-背景：颜色（灰色）

子任务三　制作核心指标图

可视化分析中，表页一般都会根据实际需要展示多个核心指标，以便报表使用者快速洞察核心指标的基本情况。资产负债表分析中，决策者最关心的核心指标就是资产总计、负债总计及所有者权益总计。本任务中，我们通过KPI图展示这3个指标，KPI图相比卡片图，其优势在于不仅能展示3个核心指标的本期数据，还可同时对比各指标的期初数据及变动率。

核心指标图制作后的效果如图7-17所示。

图7–17　核心指标图

微课 7-1-3

【任务实现】

步骤01 视觉对象生成设置。可视化对象：KPI图；值：资产总计；走向轴：日期；目标：资产总计-期初。

步骤02 视觉对象格式设置如表7-6所示。

表7–6　核心指标图格式设置

格式类型	属性值设置
视觉对象	①标注值：字体（DIN，16），显示单位（无）。②图标：关闭。③目标标签-值：字体（Segoe UI，8），标签（期初）
常规	①标题-标题：文本（资产总计），字体（DIN，12，粗体），水平对齐（居中）。②效果-背景：颜色（#EEF8E8）

步骤03 按照同样的方法，制作负债总计、所有者权益总计的KPI图。

数据理解

将切片器设置为公司名称“格力电器”、年度“2023”、金额单位“亿元”，从图7-13中可以看出，2023年年末，格力电器资产总额达3 680.54亿元，同比增长3.67%；负债总额2 474.08

亿元，同比减少2.27%；所有者权益总额1 206.46亿元，同比增长18.42%，增幅较大。由此可以得出：格力电器的资产规模稳步增长，彰显了公司的扩张能力和资产增值能力；负债减少表明公司正在改善其财务结构，减少债务负担，具体分析时可查看有息负债和无息负债的占比情况；所有者权益大幅增长是公司盈利能力和财务健康状况良好的强烈信号。

建议公司采取如下对策：①公司应继续扩大资产规模，增加收入来源，提高资产回报率；②继续优化负债结构，降低财务成本，提升财务稳定性；③加强内部管理，提高运营效率，进一步提升盈利能力，并通过增加分红等方式，提高股东的投资回报。

动手练

将公司名称切换为海信电器和美的集团，查看它们的资产规模。将3家公司进行横向对比分析，看一看哪家资产规模最大、哪家最小。

子任务四　制作资产结构图和资本结构图

资产结构是指企业资产的不同类别及其在总资产中所占的比重。它反映了企业资源配置的情况，是衡量企业财务状况和运营效率的重要指标。资产结构分析是分析企业各项资产的占比情况，可以是流动资产、非流动资产占总资产的比重，也可以是具体某项资产占各自资产分类或总资产的比重。资产结构分析有助于了解企业的资产配置是否合理，评估企业资产的流动性，优化资源配置，降低财务风险。

资本结构是指负债和所有者权益的比例及其组合方式。它体现了企业如何通过债务（借款、债券等）和股权（普通股、优先股等）来筹集资金以支持其运营和发展。资本结构的选择对企业的财务成本、财务风险、企业价值及投资者回报都有重要影响。分析资本结构的意义在于：①分析负债和所有者权益的比例，评估企业的财务杠杆和偿债能力；②对比行业标准和历史数据，了解企业在行业中的位置及发展趋势；③识别资本结构的优势和劣势，如财务成本、财务灵活性、财务风险等。

资产结构和资本结构分析的最佳展现方式是饼图或环形图。在本案例中，我们利用饼图进行资产结构分析（流动资产和非流动资产占比）和资本结构分析（负债和所有者权益占比）。资产结构图和资本结构图制作后的效果如图7-18所示。

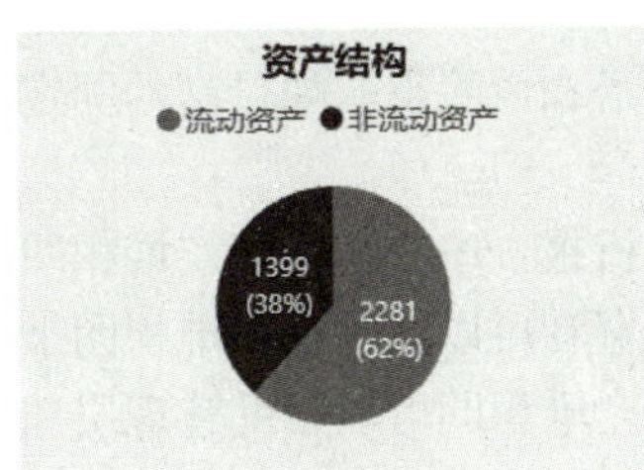

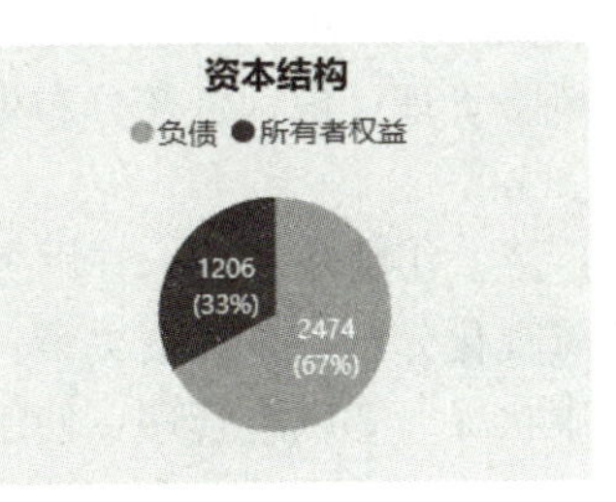

图7-18　资产结构图和资本结构图

【任务实现】

步骤01 视觉对象生成设置。可视化对象：饼图；值：流动资产合计、非流动资产合计。将两个度量值分别重命名为“流动资产”和“非流动资产”。

步骤02 视觉对象格式设置如表7-7所示。

表7-7　资产结构图格式设置

格式类型	属性值设置
视觉对象	①图例-选项：位置（靠上居中）。②详细信息标签-选项：位置（内部），标签内容（数据值、总百分比）；详细信息标签-值：显示单位（无），背景（关），值的小数位（0），百分比小数位数（0）
常规	①标题-标题：文本（资产结构），字体（DIN，12，粗体），水平对齐（居中）。②效果-背景：颜色（#E6E6E6）；效果-视觉对象边框：颜色（白色），圆角像素（5） 说明：本案例大部分可视化对象的灰色背景及圆角边框的设置方法均相同，后面不再赘述

步骤03　按照同样的方法，制作资本结构图。

数据理解

将切片器设置为公司名称“格力电器”、年度“2023”、金额单位“亿元”。从图7-13中可以看出，格力电器2023年年底流动资产占总资产的比重为62%，是典型的轻资产企业。切片海信家电和美的集团，流动资产占总资产的比重分别为68%和58%。由此可以看出，3家公司均为轻资产企业。在面对国家政策调整及市场竞争加剧的背景下，这种转型是在市场环境变化和互联网技术快速发展的双重影响下进行的，旨在开拓线上销售渠道和转向智能制造。空调行业的轻资产化，可以采取产业链整合、市场多元化等战略举措，帮助空调企业适应市场变化，提高竞争力和盈利能力。从资本结构方面来看，3家公司的负债均大于所有者权益，是否说明公司面临一定的财务风险呢？这个需要结合资产负债率来分析，尤其要看资产有息负债率。

子任务五　制作主要资产堆积图

资产堆积图是一种用于展示企业资产在不同分类下的分布情况的财务分析图。资产堆积图通过堆叠不同类别（可以是具体某一项）的资产总额，可以直观地展示各类资产在企业总资产中的占比，从而为分析企业的资产结构提供便利。

资产堆积图具有以下作用。①展示资产结构：资产堆积图清晰地显示了不同资产（如货币资金、存货、应收账款、固定资产等）在总资产中的比重，有助于快速识别企业的资产配置。②分析资产流动性：通过观察流动资产在总资产中的比重，可以评估企业的短期偿债能力和流动性风险。③比较分析：将不同时间点的资产堆积图进行对比，可以了解资产结构的变化趋势，分析企业资产配置的调整情况。④风险管理：识别资产分布中的潜在风险点，如过高的固定资产占比可能意味着较低的资产流动性。

资产堆积图的应用非常广泛。①财务分析：在财务分析报告中，使用资产堆积图可以为管理层和投资者提供资产结构的可视化分析。②投资决策：投资者可以通过资产堆积图来评估潜在投资对象的资产配置和财务健康状况。③风险管理：使用资产堆积图可以帮助管理层和投资者识别企业的流动性风险和其他相关风险。④审计：在审计过程中，通过资产堆积图来识别企业的资产分布是否符合行业惯例。⑤行业比较：在行业研究中，通过比较不同企业的资产堆积图，可以分析行业内的资产配置模式和趋势。

本案例使用堆积面积图来实现主要资产堆积图的制作，主要资产选择的是货币资金、交易性金融资产、应收票据及应收账款、应收款项融资、存货、固定资产、无形资产、其他非流动资产，读者亦可根据自己的需要选择其他类别的资产。格力电器主要资产堆积图制作后的效果如图7-19所示。

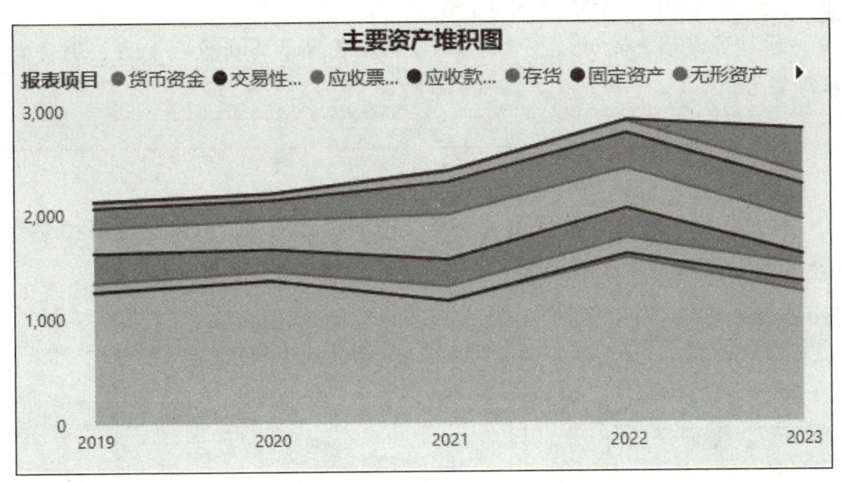

图7-19　格力电器主要资产堆积图

【任务实现】

步骤01 视觉对象生成设置。可视化对象：堆积面积图；*X*轴：年度；*Y*轴：资产负债表-期末；图例：报表项目。

步骤02 编辑交互设置。选择“年度”切片器，在“格式”菜单下单击“编辑交互”命令，然后单击堆积面积图右上角的⊘，使其变为黑色，再单击“编辑交互”命令。

步骤03 筛选器设置。展开筛选器，报表项目的筛选类型为“基本筛选”，只选择以下主要资产：货币资金、交易性金融资产、应收票据及应收账款、应收款项融资、存货、固定资产、无形资产、其他非流动资产。

步骤04 视觉对象格式设置如表7-8所示。

表7-8　主要资产堆积图格式设置

格式类型	属性值设置
视觉对象	①*X*轴-标题：关闭。②*Y*轴-值：显示单位（无）；*Y*轴-标题：关闭。③行-直线：宽度像素（2）
常规	标题-标题：文本（主要资产堆积图），字体（DIN，12，粗体），水平对齐（居中）

数据理解

将切片器设置为公司名称“格力电器”、年度“2023”、金额单位“亿元”。从图7-13中可以看出，2019—2023年格力电器比较的8项资产中，货币资金始终占比较大，现金流非常充足。2023年年底，货币资金达到1 241.05亿元，接近其他7项资产之和，这大大降低了企业的偿债风险。

格力电器的股利分配政策也进一步印证了其现金流充沛。格力电器2022年1月发布公告，披露未来3年股东回报规划：公司2022—2024年每年进行两次利润分配，即年度利润分配及中期利润分配。在现金流满足公司正常经营和长期发展的前提下，公司2022—2024年每年累计现金分红总额不低于当年净利润的50%。2022年和2023年都实施了现金股利发放政策，向全体股东派发现金红利。格力电器在2022年中期向全体股东每10股派发现金股利10元（含税），共计派发现金股利55.37亿元。2023年，格力电器再次向全体股东派发现金红利，是公司上市以来第29次发放现金股利。格力电器的现金股利发放政策体现了公司对股东的回报和对其财务状况的信心。通过连续多年的现金分红，格力电器展现了其在盈利能力、财务健康及股东回报方面的雄厚实力。

动手练

再对公司名称进行切片，图7-20为美的集团主要资产堆积图，图7-21为海信电器主要资产堆积图。请分析3家公司占比最大的资产都是什么，各有何不同。

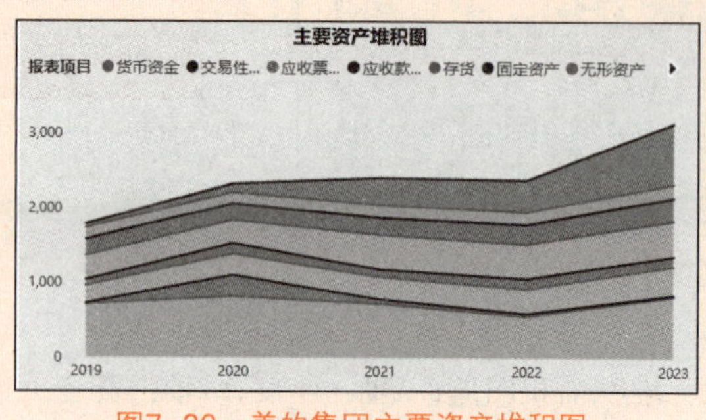

图7-20 美的集团主要资产堆积图

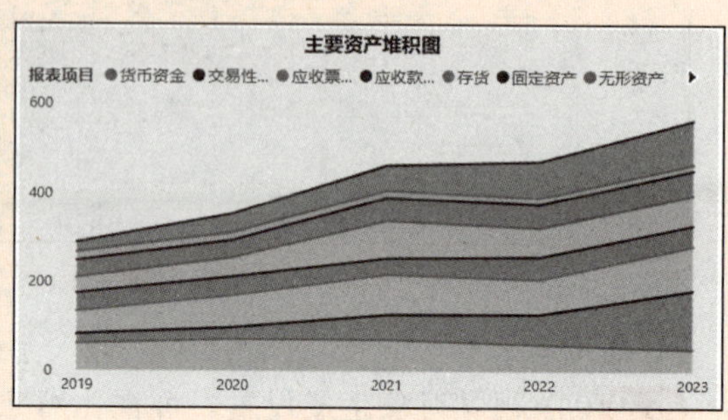

图7-21 海信电器主要资产堆积图

子任务六 制作资产负债率变动图

资产负债率是衡量企业财务杠杆和偿债能力的重要财务指标，它表示企业负债总额与资产总额的比例。资产负债率的计算公式为：

资产负债率=负债总额/资产总额×100%

国资委对国有企业进行考核的“一利五率”指标体系中就有资产负债率，可见其重要性。

判断企业的资产负债率是否合理，并没有绝对标准。很多企业将资产负债率的标准设定为60%，认为超过60%就有风险。那资产负债率水平高于60%，企业就一定有偿债风险吗？负债中的预收账款和合同负债是不需要偿还现金的，可以将其从负债中扣除，看一下资产扣预负债率的情况，如果还是很高，再继续看资产有息负债率是多少。

我们知道，负债可以分为两类，即无息负债和有息负债。无息负债一般是指来自经销商先付款后提货形成的预收账款，以及向供货商延期支付形成的应付票据和应付账款。有息负债包括银行长期借款、发行债券等，它的特点就是负债越多，需支付的资金费用越高。资产有息负债率的计算公式为：

资产有息负债率=（短期借款+一年内到期的长期负债+长期借款+应付债券+长期应付款）/资产总额×100%

企业管理者应该将本企业的资产有息负债率和同时期、同行业的其他企业一起比较。要警惕资产有息负债率比较高的企业，如果有息负债超过了资产总额的六成，遇到宏观政策突变时，企业陷入困境的可能性就比较大。如果一家企业在产业链中处于强势地位，其资产负债率高并不可怕，甚至是好事，因为多半是“无息负债/资产总额”的数额较大，这说明该企业能够通过应付账款、预收账款占用上下游的资金。所以，在财务分析中，资产有息负债率比资产负债率更有价值。

本案例用柱形图对资产负债率、资产扣预负债率和资产有息负债率进行对比分析，并对连续5年的3个指标进行趋势分析，以发现它们的变化规律。资产负债率变动图制作后的效果如图7-22所示。

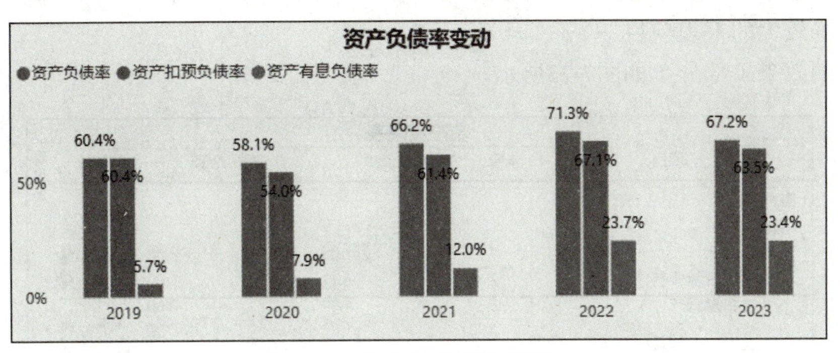

图7-22　资产负债率变动图

【任务实现】

步骤01 视觉对象生成设置。可视化对象：簇状柱形图；X轴：年度；Y轴：资产负债率、资产扣预负债率、资产有息负债率。

步骤02 编辑交互设置。选择“年度”切片器，在“格式”菜单下单击“编辑交互”命令，然后单击簇状柱形图右上角的⦸，使其变为黑色，再单击“编辑交互”命令。

步骤03 视觉对象格式设置如表7-9所示。

表7-9　资产负债率变动图格式设置

格式类型	属性值设置
视觉对象	①X轴-标题：关闭。②Y轴-标题：关闭。③列-布局：类别间距（50），系列间距（10）。④数据标签：打开
常规	标题-标题：文本（资产负债率变动），字体（DIN，12，粗体），水平对齐（居中）

数据理解

将切片器设置为公司名称“格力电器”、年度“2023”、金额单位“亿元”。从图7-13中可以看出，除2020年外，格力电器2019年和2021—2023年的资产负债率均在60%以上，2022年更是达到了71.3%，通常来说，这时企业的偿债风险较大；但是继续看这5年的资产有息负债率，前3年很低，2022年和2023年即便超过20%，比例也较低，说明格力电器需要偿还的有息负债很少，大部分是无息负债。以2023年为例，格力电器的资产负债率为67.2%，而资产有息负债率为23.4%，这说明格力电器能够通过应付账款、预收账款占用上下游的资金，在产业链中处于强势地位。

动手练

将公司名称切换为海信电器和美的集团，看看这两家公司的资产负债率和资产有息负债率情况如何。

子任务七　制作资产负债表

标准的资产负债表是左右结构，图7-13中展示的资产负债表是上下结构，即资产在上面，负债和所有者权益在下面。该资产负债表不仅展示了各项目的期末余额和期初余额，同时还展示了其同比变动情况。期初余额和期末余额均用数据条展示其大小，数据条越长，说明数值越大，应重点关注；而同比表现则用箭头来展示，绿色箭头表示同比上升，红色箭头表示同比下降，应重点关注同比上升或下降较大的报表项目。

资产负债表制作的效果（部分）如图7-23所示。

微课 7-1-7

资产负债表

项目	序号	期末余额	期初余额	同比
资产				
流动资产				
货币资金	1	1,241.05	1,574.84	-21% ↓
交易性金融资产	2	96.14	38.67	149% ↑
衍生金融资产	3	1.09	0.00	
应收票据及应收账款	4	161.87	148.32	9% ↑
其中：应收票据	5	0.87	0.07	1181% ↑
其中：应收账款	6	160.99	148.25	9% ↑
应收款项融资	7	101.76	284.27	-64% ↓
预付款项	8	24.93	23.45	6% ↑
其他应收款合计	9	8.27	8.04	3% ↑
其中:应收利息	10	0.00	0.00	
其中:应收股利	11	0.20	0.01	1482% ↑
其中:其他应收款	12	8.07	8.03	0% ↑

图7-23 资产负债表（部分）

【任务实现】

步骤01 视觉对象生成设置。可视化对象：矩阵；行：项目大类、项目小类、报表项目；值：序号、资产负债表-期末、资产负债表-期初、资产负债表-同比。将“项目大类”重命名为“项目”；将“资产负债表-期末”重命名为“期末余额”；将“资产负债表-期初”重命名为“期初余额”；将“资产负债表-同比”重命名为“同比”；将“序号的最小值”重命名为“序号”，并选择为“最小值”。

步骤02 视觉对象格式设置如表7-10所示。

表7-10 资产负债表格式设置

格式类型	属性值设置
视觉对象	①列标题-文本：字体（粗体），对齐方式（居中）。②网格-边框：节（所有），边框位置（上，左）。③行小计：关闭。④单元格元素：数据序列（期末余额、期初余额），数据条（fx条件设置，如图7-24所示）；单元格元素：数据序列（同比），图标（fx条件设置，如图7-25所示）
常规	标题-标题：文本（资产负债表），字体（DIN，12，粗体），水平对齐（居中）

数据条 - 数据条

格式样式：数据条　应用于：仅值

应将此基于哪个字段?：资产负债表-期末　条形图方向：从右向左

最小值：最低值　输入值　最大值：最高值　输入值

正值条形图　负值条形图　轴

仅显示条形图

图7-24 期末余额数据条设置

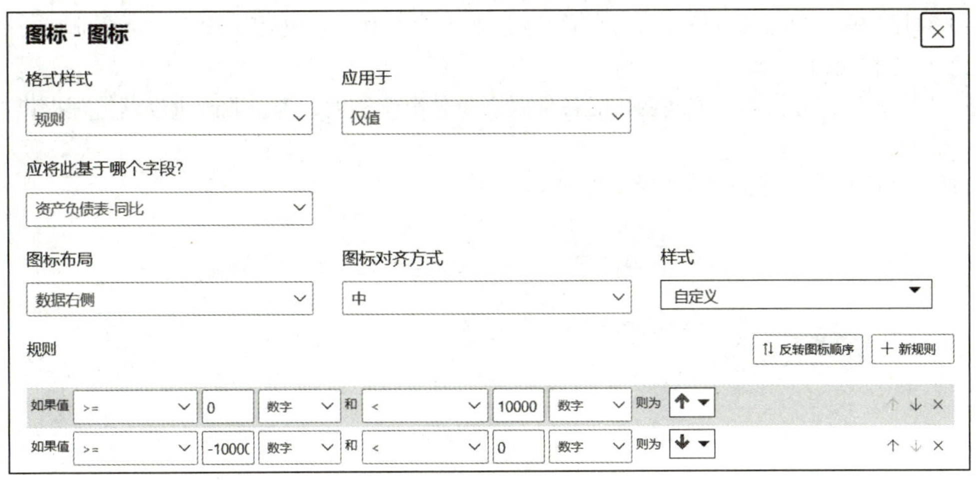

图7-25　同比图标设置

步骤 03 筛选器设置。将“项目小类”筛选中的“空白”去掉。

数据理解

将切片器设置为公司名称“格力电器”、年度“2023”、金额单位“亿元”。从图7-13中可以看出，2023年年末，格力电器的资产总额同比增长3.67%，负债总额同比下降2.27%，所有者权益总额同比增长18.42%。这些数据反映了公司的财务状况良好，资产总额的增长和负债总额的减少通常被视为积极的财务信号。所有者权益的增长尤其积极，因为它表明公司的净资产在增加，这对于股东和投资者来说是好消息。

任务二　利润表分析与可视化

微课 7-2-1

子任务一　了解应用场景

1. 场景描述

利润表，也称为损益表，是反映企业在一定会计期间（如月度、季度、半年度或年度）内经营成果的财务报表。利润表根据“收入-费用=利润”的会计等式来编制。利润表在企业财务管理和决策中发挥着重要作用，主要表现在以下几个方面：①有助于评价企业当前的经营绩效；②有助于分析企业盈利能力和预测企业未来一定时期的盈利趋势；③作为分配企业经营成果的重要依据。

如何进行利润表分析，并没有统一的标准，常见方法有以下几种。

（1）结构分析：分析利润表中各项收支因素的结构变动对利润的影响，如主营业务利润、其他业务利润、期间费用等项目的占比变化。

（2）趋势分析：将不同时期的利润表进行比较，分析企业利润的变化趋势，以判断企业的盈利能力和发展前景。

（3）比率分析：利用利润表中的数据计算各种比率，如销售利润率、成本费用利润率、营业利润率等，以评价企业的盈利能力。

（4）对比分析：将企业的利润表与同行业其他企业的利润表进行比较，分析企业在行业中的竞争地位和盈利能力。

（5）因素分析：分析影响利润变化的各种因素及其影响程度，为企业改进经营管理提供方向。

2. 分析思路

利润表分析与可视化的思路如图7-26所示。

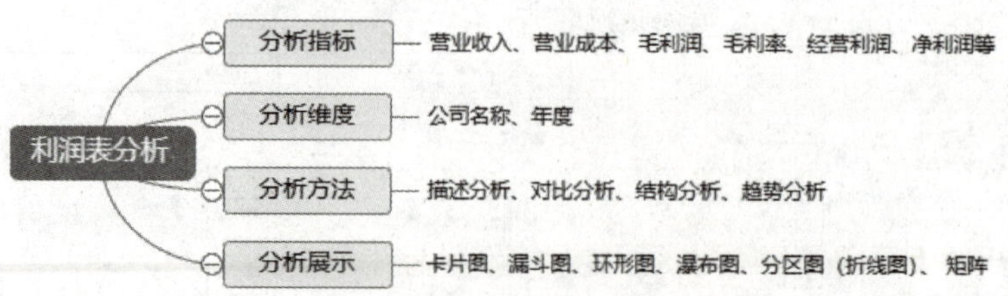

图7–26　利润表分析与可视化思路

3. 准备度量值

利润表分析与可视化用的度量值主要有营业收入、营业成本、毛利润、毛利率、经营利润、净利润等，同时还要给出相关度量值的上期数据，用于数据指标的同比计算。

```
利润表 - 本期 = [项目金额]
利润表 - 上期 = OPENINGBALANCEYEAR([利润表 - 本期],'日期表'[日期])
利润表 - 同比 = DIVIDE([利润表 - 本期]-[利润表 - 上期],[利润表 - 上期])
营业收入 = CALCULATE([项目金额],FILTER(ALL('利润表分类'),'利润表分类'[报表项目]=
"营业收入"))
营业成本 = CALCULATE([项目金额],FILTER(ALL('利润表分类'),'利润表分类'[报表项目]=
"营业成本"))
毛利润 = [营业收入]-[营业成本]
毛利率 = DIVIDE([毛利润],[营业收入])
税金及附加 = CALCULATE([项目金额],FILTER(ALL('利润表分类'),'利润表分类'[报表项目]=
"税金及附加"))
管理费用 = CALCULATE([项目金额],FILTER(ALL('利润表分类'),'利润表分类'[报表项目]=
"管理费用"))
销售费用 = CALCULATE([项目金额],FILTER(ALL('利润表分类'),'利润表分类'[报表项目]=
"销售费用"))
财务费用 = CALCULATE([项目金额],FILTER(ALL('利润表分类'),'利润表分类'[报表项目]=
"财务费用"))
研发费用 = CALCULATE([项目金额],FILTER(ALL('利润表分类'),'利润表分类'[报表项目]=
"研发费用"))
经营利润 = [毛利润]-[税金及附加]-[管理费用]-[销售费用]-[财务费用]-[研发费用]
净利润 = CALCULATE([项目金额],FILTER(ALL('利润表分类'),'利润表分类'[报表项目]=
"六、净利润"))
瀑布图数据 =
VAR x =SELECTEDVALUE('利润表分类'[报表项目])
RETURN
    SWITCH(TRUE(),
        x="营业收入",[营业收入],
        -[利润表 - 本期]
    )
```

4. 可视化效果

利润表分析与可视化的最终效果如图7-27所示。下面通过6个子任务详细介绍利润表分析与可视化的实现过程。

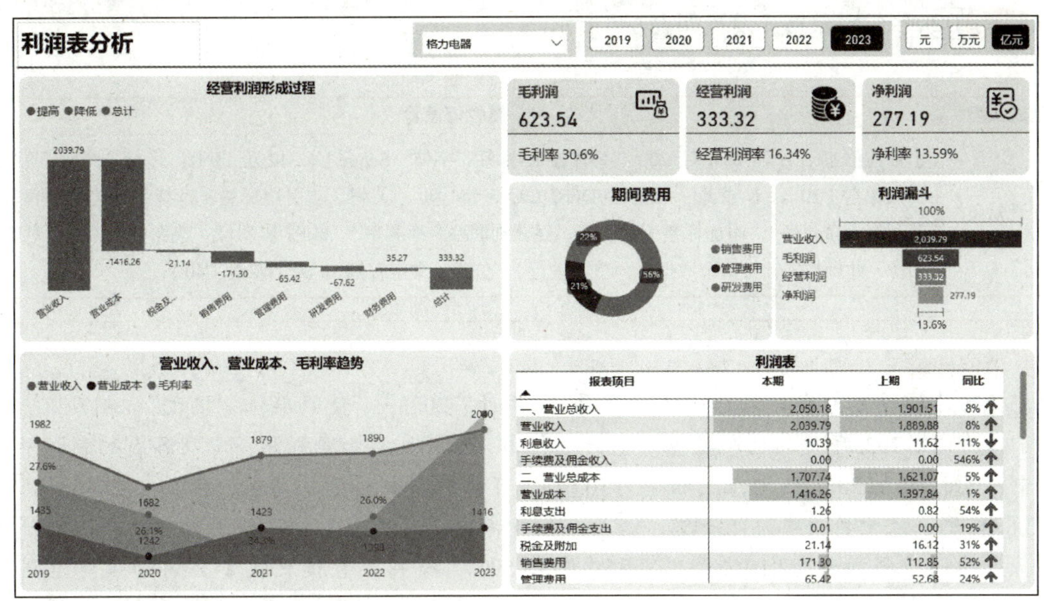

图7-27　利润表分析与可视化效果总览

注：因小数位四舍五入，格力电器2023年度销售费用、管理费用和研发费用在期间费用中的占比之和为99%，不影响数据分析结果。

子任务二　制作核心指标图

从标准利润表来看，需要计算3个利润，分别是营业利润、利润总额和净利润，其中，营业利润中包含公允价值变动收益、投资收益等其他经营收益，而利润总额中又包含营业外收支，这两个利润均不能准确反映企业主业所创造的利润。从企业经营的角度看，管理层更关注毛利润、经营利润和净利润3个指标。它们的计算公式如下。

毛利润=营业收入-营业成本

经营利润=毛利润-税金及附加-管理费用-销售费用-财务费用-研发费用

净利润=经营利润+其他经营收益+营业外收支-所得税

毛利润和净利润我们比较熟悉，这里重点讲一下经营利润。从公式可以看出，经营利润是由企业经营活动带来的，是企业核心的利润来源，因此也称作核心利润。经营利润是企业最基本的经营活动成果，也是企业在一定时期内获得的利润中最主要、最稳定、最可持续的利润。

利润表分析与可视化表页将以卡片图展示毛利润、经营利润、净利润3个核心指标，同时反映毛利率、经营利润率和净利率的情况。利润核心指标图制作后的效果如图7-28所示。

微课 7-2-2

图7-28　利润核心指标图

【任务实现】

步骤 01 视觉对象生成设置。可视化对象：卡片（新）；数据：毛利润、经营利润、净利润。

步骤 02 视觉对象格式设置如表7-11所示。

表7-11 卡片图格式设置

格式类型	属性值设置
视觉对象	①标注值-值：字体（DIN，20）。②标注值-标签：字体（Segoe UI，12）。③卡：形状（圆角矩形），圆角像素（10）；卡-背景：颜色（#D6EDE9）；卡-边框：关闭。④引用标签：选择系列（毛利润、经营利润、净利润），添加标签（毛利率、经营利润率、净利率）。⑤图像-图像：映像类型（选择对应的图像，此操作需针对每个数据系列单独进行），位置（文本右侧），大小像素（40）

数据理解

将切片器设置为公司名称"格力电器"、年度"2023"、金额单位"亿元"。图7-28中展示了格力电器2023年度的利润数据，包括毛利润、经营利润和净利润，以及各自的利润率。其中，毛利润为623.54亿元，毛利率为30.6%，可以看到公司的初始盈利能力；经营利润为333.32亿元，经营利润率为16.34%，这两个指标考虑了营业费用，可以用来评估公司的日常运营效率；净利润为277.19亿元，净利率为13.59%，净利率直接反映了公司的最终盈利能力。我们通过这些数据可以判断格力电器的盈利能力和成本控制情况。如果毛利率较高，但净利率较低，可能意味着公司的营业费用或税费较高。

切换公司名称，我们发现格力电器的毛利率、经营利润率、净利率在3家公司中都是最高的。

微课 7-2-3

子任务三 制作利润漏斗图

漏斗图通常用于展示数据的层级关系和变化趋势。使用漏斗图，可以进行转化率分析、流程优化、决策支持、资源分配、性能监控等。漏斗图的应用场景也非常广泛，在销售和营销场景中，使用漏斗图可以跟踪潜在客户从最初接触到最终购买的过程，进而分析营销活动的效果，优化广告投放和营销策略；在电子商务场景中，使用漏斗图可以观察客户从浏览商品到添加购物车、结算、完成购买的转化情况，识别购物流程中的流失点，优化用户体验。

本案例使用漏斗图来呈现营业收入逐步变为净利润的过程，我们从中也可看出成本费用对各级利润的影响。利润漏斗图制作后的效果如图7-29所示。

图7-29 利润漏斗图

【任务实现】

步骤 01 视觉对象生成设置。可视化对象：漏斗图；值：营业收入、毛利润、经营利润、净利润。

步骤 02 视觉对象格式设置如表7-12所示。

表7-12 利润漏斗格式设置

格式类型	属性值设置
视觉对象	①颜色：显示全部，根据需要设置4个指标的渐进颜色。②数据标签-值：显示单位（无）
常规	标题-标题：文本（利润漏斗），字体（DIN，12，粗体），水平对齐（居中）

数据理解

将切片器设置为公司名称“格力电器”、年度“2023”、金额单位“亿元”。图7-29展示了格力电器2023年度的利润漏斗，我们可以看到从营业收入到净利润的变化过程及其对应的金额。营业收入中很大一部分被销售成本吃掉，毛利率仅为30.6%，该值是高是低要看行业平均水平。格力电器的毛利率在3家企业中是最高的，其他两家均不到30%。

子任务四　制作期间费用占比图

期间费用是企业在经营过程中发生的、与产品生产无直接关系的费用，这些费用在发生时计入当期损益。期间费用主要包括销售费用、管理费用、财务费用、研发费用。通过分析期间费用，企业可以识别成本控制的机会，减少不必要的开支；有助于评估自身的盈利能力；还可以了解运营效率，发现运营中的低效环节。

期间费用分析的常用方法包括以下4种。①比较分析：将实际发生的期间费用与预算或历史数据进行比较，以评估费用控制的成效。②趋势分析：分析期间费用随时间的变化趋势，预测未来的费用支出。③结构分析：分析期间费用的构成比例，了解不同费用类别的占比和变化情况。④因素分析：对期间费用中的异常波动进行深入分析，找出原因，采取措施。

由于3家公司的财务费用为负数，分析时将财务费用剔除。期间费用占比图制作后的效果如图7-30所示。可视化对象选择“环形图”，值属性选择“销售费用”、“管理费用”和“研发费用”，其制作过程同饼图类似，在此不赘述。

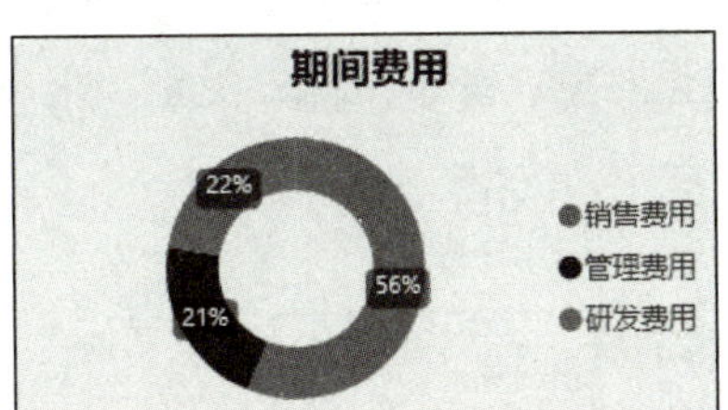

图7-30　期间费用占比图

微课 7-2-4

数据理解

将切片器设置为公司名称“格力电器”、年度“2023”、金额单位“亿元”。从图7-30中可以看出，销售费用占期间费用的56%，管理费用占21%，而研发费用占22%。销售费用和管理费用的占比较高，可能表明公司在市场推广和日常管理上投入较多；而研发费用相对较低，可能意味着公司在产品创新和技术发展上的投入仍需加强。促进产品创新和技术进步，是提高公司长期竞争力的重要举措。

动手练

切换公司名称，看看海信电器和美的集团这两家公司期间费用的占比情况。

子任务五　制作经营利润形成过程图

经营利润形成过程图用于展示企业在一定时期内，从营业收入开始，如何一步步转化为经营利润的过程。通过经营利润形成过程图，企业管理者可以直观地看到收入、成本和费用之间的比例关系及变化过程，从而了解企业的盈利能力。另外，根据利润形成过程图，企业可以识别出哪些环节是盈利的关键点，哪些环节需要改进以提高利润。

本案例中经营利润形成过程采用瀑布图展现的效果最为直观，其中营业收入（显示为正数）用绿色柱子显示，各种成本费用（显示为负数）用橘黄色柱子显示，其不断下降的过程表示对营业收入的影响过程，最后的总计为经营利润。经营利润形成过程图制作后的效果如图7-31所示。

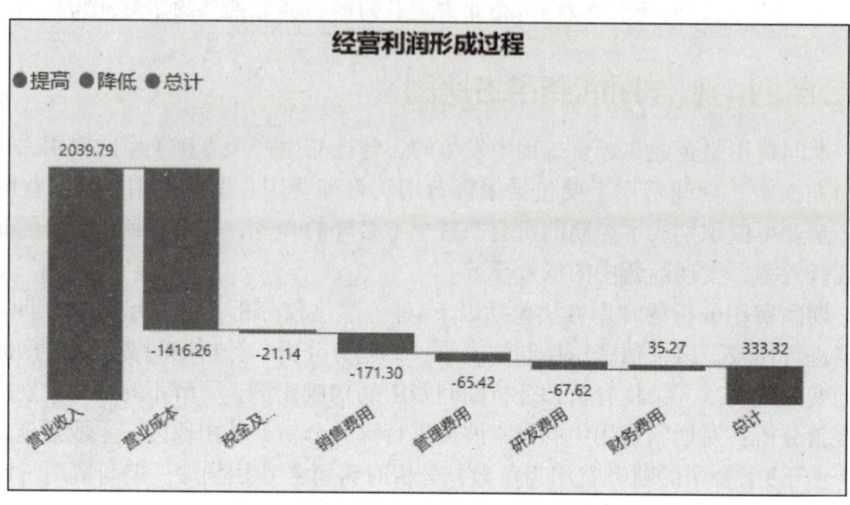

图7-31 经营利润形成过程图

【任务实现】

步骤01 视觉对象生成设置。可视化对象：瀑布图；类别：报表项目（利润表）；*Y*轴：瀑布图数据。

步骤02 筛选器设置如图7-32所示。

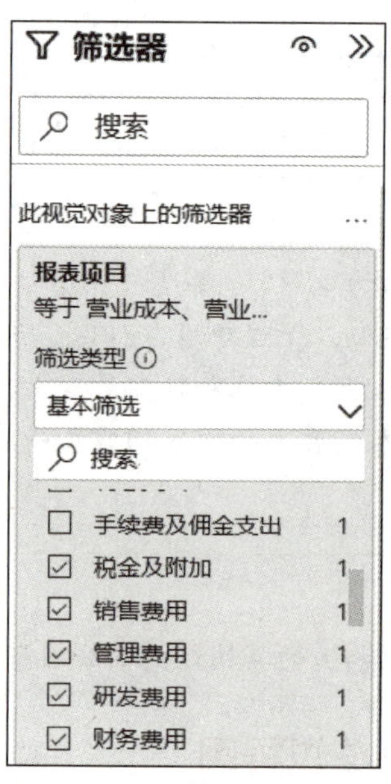

图7-32 筛选器设置

步骤03 视觉对象格式设置如表7-13所示。

表7-13 利润形成过程图格式设置

格式类型	属性值设置
视觉对象	①数据标签：打开。②数据标签-值：显示单位（无），值的小数位（2）
常规	标题-标题：文本（经营利润形成过程），字体（DIN、12，粗体），水平对齐（居中）

数据理解

将切片器设置为公司名称“格力电器”、年度“2023”、金额单位“亿元”。图7-31显示，营业收入为2 039.79亿元，营业成本为1 416.26亿元，这两者之间的差额是毛利润。然后，从毛利润中减去营业税金及附加、销售费用、管理费用、研发费用和财务费用，最终得到经营利润333.32亿元。可以看出，营业成本是经营利润的最大影响因素，如何做好成本控制，是企业提升毛利率的关键。

动手练

切换公司名称，看看海信电器和美的集团两家公司经营利润的形成过程。

子任务六 制作营业收入、营业成本、毛利率趋势图

营业收入、营业成本和毛利率趋势是指在特定时间段内，企业的营业收入、营业成本和毛利率的变化情况。这些趋势分析有助于企业评估其经营绩效和盈利能力。反映趋势变化最适合的方法就是时间序列分析法，即通过将不同时间点的营业收入、营业成本和毛利率数据进行对比，分析其随时间的增减变化趋势。这里还可以进行异常值分析，检查数据中的异常波动，探究其背后的原因，如季节性因素、市场活动、供应链问题等。

本案例中营业收入、营业成本、毛利率趋势采用分区图（本质是折线图）实现，制作后的效果如图7-33所示。

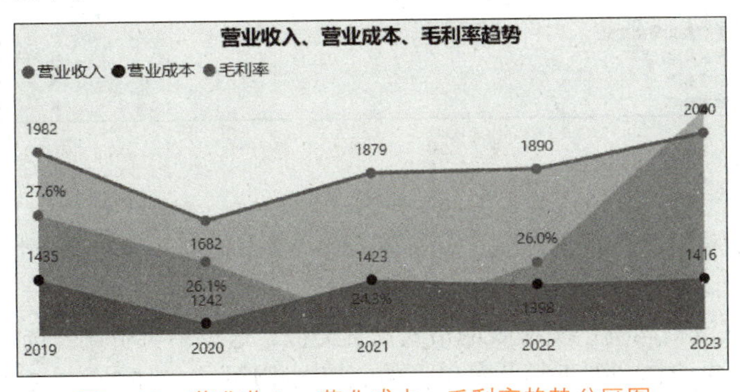

图7-33 营业收入、营业成本、毛利率趋势分区图

【任务实现】

步骤01 视觉对象生成设置。可视化对象：分区图；*X*轴：年度；*Y*轴：营业收入、营业成本；辅助*Y*轴：毛利率。

步骤02 编辑交互设置。选择“年度”切片器，在“格式”菜单下选择“编辑交互”按钮，然后单击堆积图右上角的⃠，使其变为黑色，再单击“编辑交互”按钮。

步骤03 视觉对象格式设置如表7-14所示。

表7-14　　营业收入、营业成本、毛利率趋势图格式设置

格式类型	属性值设置
视觉对象	①X轴-标题：关闭。②Y轴-值：关闭；Y轴-标题：关闭。③辅助Y轴-标题：关闭。④数据标签：数据系列（营业收入、营业成本），值的小数位（0）
常规	标题-标题：文本（营业收入、营业成本、毛利率趋势），字体（DIN，12，粗体），水平对齐（居中）

数据理解

将切片器设置为公司名称“格力电器”、年度“2023”、金额单位“亿元”。图7-33显示，2020年的营业收入为1 682亿元，与2019年相比降幅较大，之后稳步增长，2023年达到2 040亿元。营业成本的变动趋势与营业收入的变动趋势较为吻合，2021—2023年公司营业成本数据变化不大，说明公司成本控制较好，因此，2023年收入增长带来了毛利率明显增长，达到30.6%。从分析结果看出，公司应继续优化成本结构，提高运营效率，以保持毛利率的稳步提升；深挖公司营业收入增长的原因，在市场拓展、产品创新或提高售价等方面思考提高收入的可能性。另外，除了自身找原因外，公司还应深入分析市场需求和客户偏好，以更好地优化其产品和服务。

子任务七　制作利润表

利润表有助于分析企业的盈利能力。这里的利润表展示方式与标准报表类似，不仅展示了本期金额、上期金额，同时还展示了同比变动情况，并配以数据条和图标，增强了展示效果。利润表制作的效果（部分）如图7-34所示。

微课 7-2-7

利润表

报表项目	本期	上期	同比
一、营业总收入	2,050.18	1,901.51	8% ↑
营业收入	2,039.79	1,889.88	8% ↑
利息收入	10.39	11.62	-11% ↓
手续费及佣金收入	0.00	0.00	546% ↑
二、营业总成本	1,707.74	1,621.07	5% ↑
营业成本	1,416.26	1,397.84	1% ↑
利息支出	1.26	0.82	54% ↑
手续费及佣金支出	0.01	0.00	19% ↑
税金及附加	21.14	16.12	31% ↑
销售费用	171.30	112.85	52% ↑
管理费用	65.42	52.68	24% ↑

图7-34　利润表（部分）

【任务实现】

步骤 01 视觉对象生成设置。可视化对象：矩阵；行：报表项目（利润表分类）；值：序号、利润表-本期、利润表-上期、利润表-同比。

步骤 02 视觉对象格式设置同资产负债表的格式设置类似，这里不再赘述。选择利润表分类下的“报表项目”字段，再选择“列工具”菜单下的“按列排序”→“序号”。这样，单击利润表的“报表项目”字段，系统会自动按序号显示报表项目。

数据理解

将切片器设置为公司名称“格力电器”、年度“2023”、金额单位“亿元”。对于利润表的分析应重点关注数据条比较长的报表项目，它们既是金额比较大的报表项目，又是利润表的主要影响因素。从图7-34可以看出，营业成本、销售费用、管理费用、研发费用是对利润表产生影响的主要因素。另外，对于变动率较大的报表项目也应重点关注。

任务三　现金流量表分析与可视化

子任务一　了解应用场景

微课 7-3-1

1. 场景描述

现金流量表反映了企业在报告期内由于经营活动、投资活动和筹资活动产生的现金流入和流出情况。它按照现金收付实现制原则编制。现金流量表通常分为3个部分：①经营活动产生的现金流量，包括销售商品、提供服务等主营业务产生的现金流入和购买原材料、支付工资等产生的现金流出；②投资活动产生的现金流量，涉及购买或出售固定资产、长期投资等投资行为的现金流入和流出；③筹资活动产生的现金流量，包括企业吸收投资、发行债券或偿还债务等筹资活动产生的现金流入和流出。

现金流量表的作用体现在以下几个方面。

（1）评估现金流动性。现金流量表提供了企业流动性状况的直接信息，可以帮助报表使用者评估企业短期内偿还债务的能力。

（2）监控运营效率。通过分析经营活动产生的现金流量，报表使用者可以了解企业的收入和支出情况，监控企业的运营效率。

（3）揭示财务风险。通过现金流量表，报表使用者可以识别企业面临的财务风险，如现金流入不足、过度依赖筹资活动等。

（4）验证盈利质量。现金流量表有助于验证企业利润的质量，即利润是否转化为实际的现金流入。

现金流表的常见分析方法有3种。

（1）现金流量结构分析：分析3类活动产生的现金净流量或现金流入、流出的结构，了解不同活动对现金流量的贡献情况。

（2）趋势分析：比较连续几个时期的现金流量表，分析现金流量变化趋势，预测未来的现金需求。

（3）比率分析：计算并分析现金流量比率，以评估企业的现金流量状况。

2. 分析思路

现金流量表分析与可视化的思路如图7-35所示。

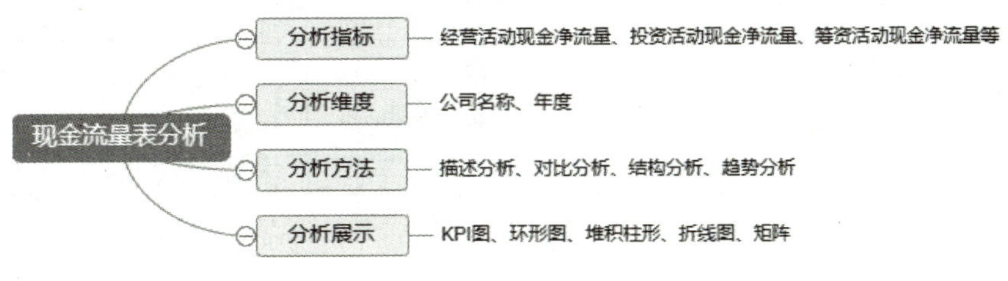

图7-35　现金流量表分析与可视化的思路

3. 准备度量值

现金流量表分析与可视化的度量值主要有经营活动现金净流量、投资活动现金净流量、筹资活动现金净流量等，同时还要给出相关度量值的上期数据，用于数据指标的同比计算。

```
现金流量表 - 本期 = [项目金额]
现金流量表 - 上期 = OPENINGBALANCEYEAR([现金流量表 - 本期],'日期表'[日期])
现金流量表 - 同比 = DIVIDE([现金流量表 - 本期]-[现金流量表 - 上期],[现金流量表 - 上期])
经营活动现金净流量 = CALCULATE([项目金额],FILTER(ALL('现金流量表分类'),'现金流量表分类'[报表项目]="经营活动产生的现金流量净额"))
经营活动现金净流量 - 上期 = OPENINGBALANCEYEAR([经营活动现金净流量],'日期表'[日期])
投资活动现金净流量 = CALCULATE([项目金额],FILTER(ALL('现金流量表分类'),'现金流量表分类'[报表项目]="投资活动产生的现金流量净额"))
投资活动现金净流量 - 上期 = OPENINGBALANCEYEAR([投资活动现金净流量],'日期表'[日期])
筹资活动现金净流量 = CALCULATE([项目金额],FILTER(ALL('现金流量表分类'),'现金流量表分类'[报表项目]="筹资活动产生的现金流量净额"))
筹资活动现金净流量 - 上期 = OPENINGBALANCEYEAR([筹资活动现金净流量],'日期表'[日期])
现金流入 - 筹资活动 = CALCULATE([项目金额],FILTER(ALL('现金流量表分类'),'现金流量表分类'[报表项目]="筹资活动现金流入小计"))
现金流入 - 经营活动 = CALCULATE([项目金额],FILTER(ALL('现金流量表分类'),'现金流量表分类'[报表项目]="经营活动现金流入小计"))
现金流入 - 投资活动 = CALCULATE([项目金额],FILTER(ALL('现金流量表分类'),'现金流量表分类'[报表项目]="投资活动现金流入小计"))
销售商品、提供劳务收到的现金 = CALCULATE([项目金额],FILTER(ALL('现金流量表分类'),'现金流量表分类'[报表项目]="销售商品、提供劳务收到的现金"))
```

4. 可视化效果

现金流量表分析与可视化的效果如图7-36所示。下面通过5个子任务详细介绍现金流量表分析与可视化的实现过程。

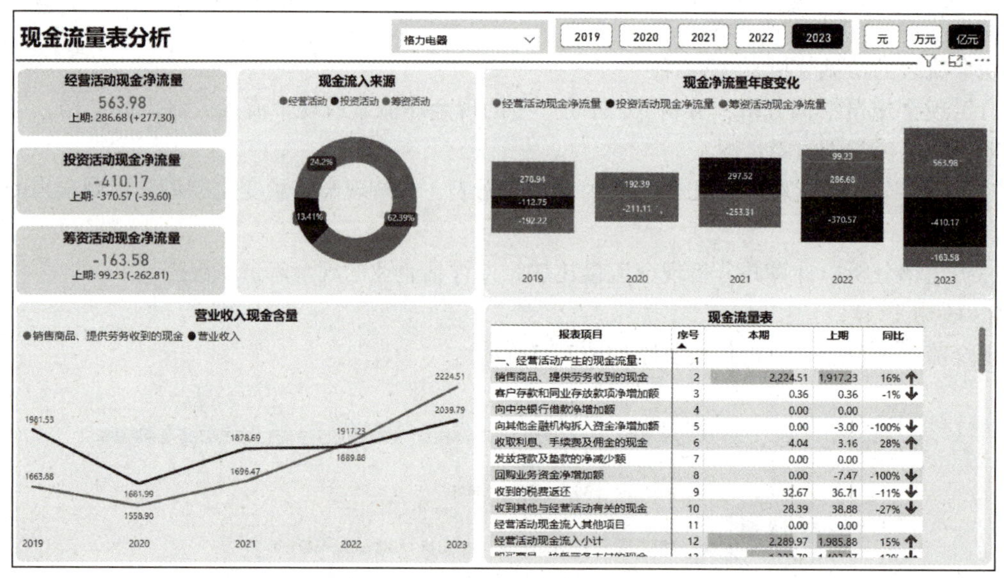

图7-36 现金流量分析与可视化效果总览

子任务二 制作核心指标图

微课 7-3-2

现金流量表最需要关注的3个指标分别是经营活动现金净流量、投资活动现金净流量、筹资活动现金净流量。经营活动现金净流量反映了企业通过其核心业务活动产生的现金收入和支出。它是企业正常运营所产生的现金流量，是企业现金来源的主要部分。分析经营活动现金净流量可以帮助投资者了解企业的主营业务是否健康，以及企业能否持续产生足够的现金来支付日常运营成本、偿还债务和进行投资。投资活动现金净流量反映了企业购买和出售长期资产（如固定资产、长期投资等）所产生的现金流入和流出。通过分析投资活动现金净流量，我们可以了解企业对长期资产的投资策略，以及这些投资能否带来预期的回报。此外，投资活动的现金流量也反映了企业资本扩张或收缩的动态。筹资活动现金净流量反映了企业通过发行股票、债券或偿还债务等筹资活动所产生的现金流入和流出。筹资活动的现金流量可以揭示企业的资本结构，以及企业如何管理其融资需求。通过分析筹资活动现金净流量，投资者可以评估企业的财务杠杆水平，以及企业能否有效地管理其债务和股本融资。

现金流量表核心指标图制作后的效果如图7-37所示。可视化对象选择“KPI图”，值属性分别选择“经营活动现金净流量”“投资活动现金净流量”“筹资活动现金净流量”，走向轴属性选择“日期”，目标属性选择“经营活动现金净流量-上期”“投资活动现金净流量-上期”“筹资活动现金净流量-上期”。其制作过程同资产负债表核心指标图类似，这里不再赘述。

经营活动现金净流量
563.98
上期: 286.68 (+277.30)

投资活动现金净流量
-410.17
上期: -370.57 (-39.60)

筹资活动现金净流量
-163.58
上期: 99.23 (-262.81)

图7–37　现金流量表核心指标图

数据理解

将切片器设置为公司名称“格力电器”、年度“2023”、金额单位“亿元”。图7-37显示，2023年度格力电器经营活动现金净流量为563.98亿元，上年度为286.68亿元，较上年度增长了277.30亿元，这是一个较大幅度的增长，表明其自身“造血”能力强劲。投资活动和筹资活动的现金净流量为负数，说明两项活动的流出均大于流入。查看现金流量表发现，投资活动中“投资支付的资金”达到842.67亿元，筹资活动中“偿还债务支付的资金”达到870.10亿元。

子任务三　制作现金流入来源图

现金流入来源分析是现金流量表分析的重要内容，它关注企业现金流入的来源和结构，以评估企业的现金获取能力。

现金流入来源图制作后的效果如图7-38所示。可视化对象选择“环形图”，值属性分别选择“现金流入-经营活动”“现金流入-投资活动”“现金流入-筹资活动”。其制作过程与利润表期间费用占比图制作类似，这里不再赘述。

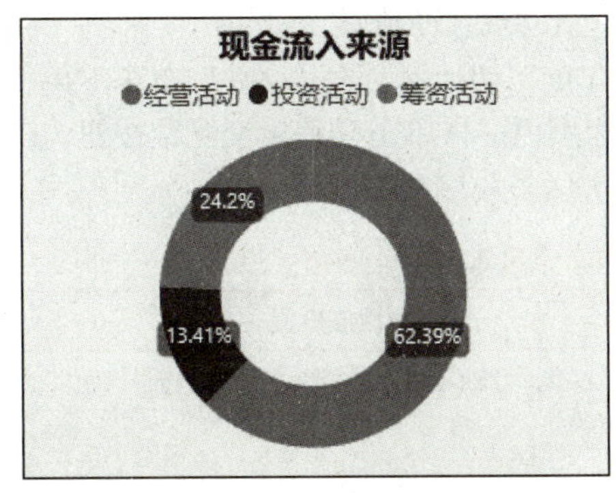

图7–38　现金流入来源图

微课 7-3-3

数据理解

将切片器设置为公司名称"格力电器"、年度"2023"、金额单位"亿元"。从图7-38中可以看出，经营活动现金流入占比62.39%，投资活动现金流入占比13.41%，筹资活动现金流入占比24.2%。数据表明，2023年格力电器的主要现金流入来源于经营活动，剩余依次是筹资活动和投资活动。经营活动现金流入占比最大，反映其自身"造血"能力较强，这意味着公司的大部分收入来自其核心业务运营，而较少依赖外部融资或投资回报。公司应继续保持这种态势，维持现金流入的稳定性和健康性。

微课 7-3-4

子任务四　制作现金净流量年度变化图

现金净流量年度变化图用于展示公司在不同年度的经营活动、投资活动、筹资活动产生的现金净流量变动情况。通过该图，我们可以直观地了解公司的现金流状况，识别哪类活动给企业带来现金净流入，评估企业的财务风险是否可控。

本案例采用堆积柱形图来反映各年度3类现金净流量的变化情况，可视化效果对比明显。现金净流量年度变化图制作后的效果如图7-39所示。

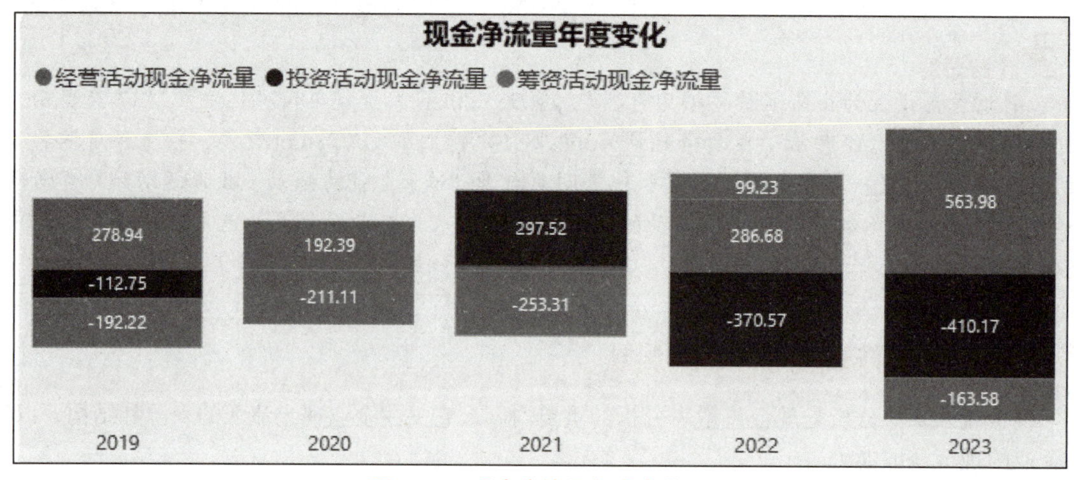

图7-39　现金净流量年度变化图

【任务实现】

步骤01 视觉对象生成设置。可视化对象：堆积柱形图；*X*轴：年度；*Y*轴：经营活动现金净流量、投资活动现金净流量、筹资活动现金净流量。

步骤02 编辑交互设置。选择"年度"切片器，在"格式"菜单下单击"编辑交互"按钮，然后单击堆积图右上角的⊘，使其变为黑色，再单击"编辑交互"按钮。

步骤03 视觉对象格式设置如表7-15所示。

表7-15　现金净流量年度变化图格式设置

格式类型	属性值设置
视觉对象	①*X*轴-标题：关闭。②*Y*轴-值：关闭；*Y*轴-标题：关闭。③辅助*Y*轴-标题：关闭。④数据标签：打开，值的小数位（2）
常规	标题-标题：文本（现金净流量年度变化），字体（DIN，12，粗体），水平对齐（居中）

数据理解

将切片器设置为公司名称“格力电器”、年度“2023”、金额单位“亿元”。从图7-39中可以看出，5年间格力电器经营活动现金净流量始终为正，从2019年的278.94亿元增长到2023年的563.98亿元（其中2021年出现较大波动，应单独分析），这意味着主营业务的盈利能力强劲，销售回款率高；投资活动现金净流量除2021年和2020年（0.98亿元，数值太小，图7-39中未显示）外一直为负，表明公司在不断增加资本支出，如购买固定资产、投资新项目等，这可能是公司扩张和长期发展的必要投资；筹资活动现金净流量除2022年外均为负值，这说明公司大部分时间在偿还债务，结合其自身经营现金流较好的现状，反映出公司主要靠经营活动现金净流入即可解决资金需求问题，而无需过多的债务融资，说明公司的财务风险较低。

鉴于此，公司应采取的策略如下。①加强主营业务：继续强化主营业务，提高盈利能力和现金流。②审慎投资：对投资项目进行严格评估，确保投资回报率，同时注意现金流管理。③优化融资结构：考虑多种融资方式，优化债务和股权结构，加大财务杠杆，提高公司的净资产收益率。

子任务五　制作营业收入现金含量图

营业收入现金含量主要用于评估企业的收入质量。它通过比较销售商品、提供劳务收到的现金与营业收入之间的关系，来判断企业营业收入的可靠性和带来的现金流入是否一致。具体来说，营业收入现金含量越高，说明企业实际收到的现金越多，收入的质量越好；反之，则说明收入的质量较差。

现金流量表中的“销售商品、提供劳务收到的现金”项目包括销售商品或提供劳务收到的现金、本期收到前期销售的现金、本期预收的账款等。而利润表上的“营业收入”反映的是本期销售收入的合计数。一般来讲，销售商品、提供劳务收到的现金应该大于营业收入，这是因为前者还包含了收回的以前年度应收账款，以及预收的账款，还有可能是收回的其他应收款和多付的货款等；即使没有这些，销售商品、提供劳务收到的现金也应该大于营业收入，因为销售商品、提供劳务收到的现金里包含增值税，而营业收入不包含增值税。

本案例用折线图反映两个指标的年度变化趋势。总的来说，销售商品、提供劳务收到的现金若接近营业收入，说明大部分收入都是现金；若营业收入远高于销售商品、提供劳务收到的现金，则说明营业收入中含有大量的应收账款。营业收入现金含量图制作后的效果如图7-40所示。

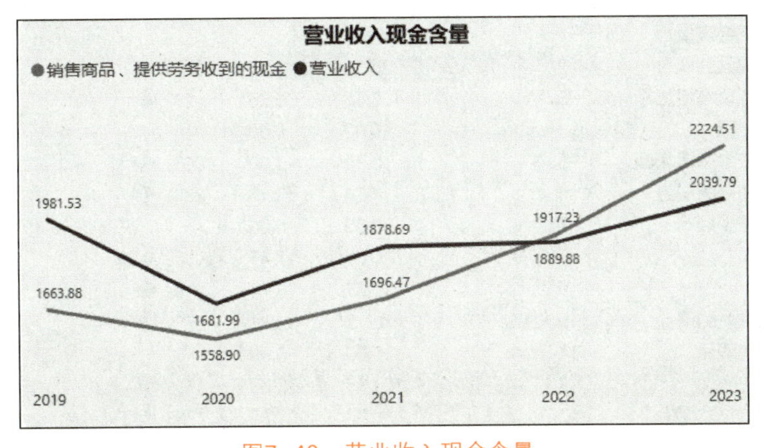

图7-40　营业收入现金含量

微课 7-3-5

【任务实现】

步骤01 视觉对象生成设置。可视化对象：折线图；*X*轴：年度；*Y*轴：销售商品、提供劳务收到的现金和营业收入。

步骤02 编辑交互设置。选择“年度”切片器，在“格式”菜单下单击“编辑交互”按钮，然后单击堆积图右上角的⊘，使其变为黑色，再单击“编辑交互”按钮。

步骤03 视觉对象格式设置如表7-16所示。

表7–16 营业收入现金含量图格式设置

格式类型	属性值设置
视觉对象	①*X*轴-标题：关闭。②*Y*轴-值：关闭；*Y*轴-标题：关闭。③辅助*Y*轴-标题：关闭。④数据标签：打开，值的小数位（2）
常规	标题-标题：文本（营业收入现金含量），字体（DIN，12，粗体），水平对齐（居中）

数据理解

将切片器设置为公司名称“格力电器”、年度“2023”、金额单位“亿元”。从图7-40中可以看出，2019—2021年格力电器的营业收入大于销售商品、提供劳务收到的现金，但相差不多。2022—2023年格力电器销售商品、提供劳务收到的现金大于营业收入，说明这两年营业收入中的应收账款较少，营业收入的现金含量非常高，这也从侧面印证了格力电器在供应链上下游中的强势地位。

子任务六 制作现金流量表

本案例中的现金流量表项目列示与标准报表类似，而金额方面，不仅展示了本期金额、上期金额，同时还展示了同比变动情况，并配以数据条和图标，增强展示效果。

现金流量表制作后的效果（部分）如图7-41所示。可视化对象选择“矩阵”；行属性选择“报表项目（现金流量表分类）”；值属性选择“序号（现金流量表分类）”“现金流量表-本期”“现金流量表-上期”“现金流量表-同比”。其制作过程可参考资产负债表、利润表，这里不再赘述。

现金流量表

报表项目	序号	本期	上期	同比
一、经营活动产生的现金流量：	1			
销售商品、提供劳务收到的现金	2	2,224.51	1,917.23	16% ↑
客户存款和同业存放款项净增加额	3	0.36	0.36	-1% ↓
向中央银行借款净增加额	4	0.00	0.00	
向其他金融机构拆入资金净增加额	5	0.00	-3.00	-100% ↓
收取利息、手续费及佣金的现金	6	4.04	3.16	28% ↑
发放贷款及垫款的净减少额	7	0.00	0.00	
回购业务资金净增加额	8	0.00	-7.47	-100% ↓
收到的税费返还	9	32.67	36.71	-11% ↓
收到其他与经营活动有关的现金	10	28.39	38.88	-27% ↓
经营活动现金流入其他项目	11	0.00	0.00	
经营活动现金流入小计	12	2,289.97	1,985.88	15% ↑
[illegible]	13	[illegible]	[illegible]	[illegible]

图7–41 现金流量表（部分）

数据理解

将切片器设置为公司名称“格力电器”、年度“2023”、金额单位“亿元”。在图7-41中，从金额来看，销售商品、提供劳务收到的现金最多，是影响现金流量的主要因素；而从同比变动率来看，收到其他与筹资活动有关的现金的变化最大，可进一步了解其变动的原因。

任务四 财务比率分析与可视化

微课 7-4-1

子任务一 了解应用场景

1. 场景描述

财务比率分析是一种通过计算和分析企业财务报表中各项数据之间的比例关系，来评估企业的财务状况、运营效率和盈利能力的工具。财务比率分析按一般分类方法可以分为偿债能力分析、营运能力分析、盈利能力分析，每一分类下有很多分析指标。偿债能力分析常用的指标有流动比率、速动比率、资产负债率等，可以判断企业在面对短期和长期债务时的偿付能力；营运能力分析常用的指标有应收账款周转率、存货周转率、总资产周转率等，帮助企业了解其资产的使用效率和管理水平；盈利能力分析常用的指标有毛利率、总资产净利率、权益净利率等，这些指标反映了企业的盈利水平和效率，是投资者和债权人关注的重点。

财务比率分析通常采用比较分析法，可以与同行业其他企业或行业均值进行比较，也可以与自己的历史数据进行比较，找出差距和改进点。总之，财务比率分析是一种强有力的工具，它可以帮助各种利益相关者从不同的角度理解企业的财务表现，为经营决策提供依据。

2. 分析思路

财务比率分析与可视化的思路如图7-42所示。

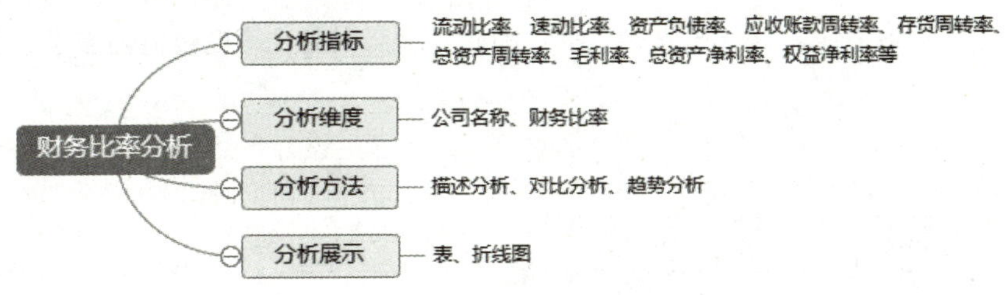

图7-42 财务比率分析与可视化的思路

3. 准备度量值

这里只选择常用的分析指标，读者可根据分析需要对指标自行选择或添加。偿债能力分析选择的度量值是流动比率、速动比率、资产负债率，营运能力分析选择的度量值是应收账款周转率、存货周转率、总资产周转率，盈利能力分析选择的度量值是毛利率、总资产净利率、权益净利率。

```
流动比率 = DIVIDE([流动资产合计],[流动负债合计])
速动比率 = DIVIDE([流动资产合计]-[存货],[流动负债合计])
资产负债率 = DIVIDE([负债总计],[资产总计])
资产扣预负债率 = DIVIDE([负债总计]-[合同负债]-[预收账款],[资产总计])
```

```
资产有息负债率 = DIVIDE ([有息负债],[资产总计])
权益乘数 = DIVIDE([资产总计-平均],[所有者权益总计-平均])
应收账款周转率 = DIVIDE([营业收入],[应收账款-平均])
应收账款周转天数 = DIVIDE(360,[应收账款周转率])
存货周转率 = DIVIDE([营业成本],[存货-平均])
存货周转天数 = DIVIDE(360,[存货周转率])
总资产周转率 = DIVIDE([营业收入],[资产总计-平均])
毛利率 = DIVIDE([毛利润],[营业收入])
经营利润率 = DIVIDE([经营利润],[营业收入])
净利率 = DIVIDE([净利润],[营业收入])
资产净利率(ROA) = DIVIDE([净利润],[资产总计-平均])
权益净利率(ROE) = DIVIDE([净利润],[所有者权益总计-平均])
动态财务比率 =
SWITCH( TRUE(),
     SELECTEDVALUE('财务比率分类'[指标])="流动比率",[流动比率],
     SELECTEDVALUE('财务比率分类'[指标])="速动比率",[速动比率],
     SELECTEDVALUE('财务比率分类'[指标])="资产负债率",[资产负债率],
     SELECTEDVALUE('财务比率分类'[指标])="资产扣预负债率",[资产扣预负债率],
     SELECTEDVALUE('财务比率分类'[指标])="资产有息负债率",[资产有息负债率],
     SELECTEDVALUE('财务比率分类'[指标])="权益乘数",[权益乘数],
     SELECTEDVALUE('财务比率分类'[指标])="应收账款周转率",[应收账款周转率],
     SELECTEDVALUE('财务比率分类'[指标])="应收账款周转天数",[应收账款周转天数],
     SELECTEDVALUE('财务比率分类'[指标])="存货周转率",[存货周转率],
     SELECTEDVALUE('财务比率分类'[指标])="存货周转天数",[存货周转天数],
     SELECTEDVALUE('财务比率分类'[指标])="总资产周转率",[总资产周转率],
     SELECTEDVALUE('财务比率分类'[指标])="权益净利率(ROE)",[权益净利率(ROE)],
     SELECTEDVALUE('财务比率分类'[指标])="资产净利率(ROA)",[资产净利率(ROA)],
     SELECTEDVALUE('财务比率分类'[指标])="毛利率",[毛利率],
     SELECTEDVALUE('财务比率分类'[指标])="经营利润率",[经营利润率],
     SELECTEDVALUE('财务比率分类'[指标])="净利率",[净利率]
)
```

有些财务比率的数值应以百分比形式显示。因此，动态财务比率度量值还需设置其格式，具体如下。

```
SWITCH(
  TRUE(),
  SELECTEDVALUE('财务比率分类'[指标])="资产负债率","0.00%",
  SELECTEDVALUE('财务比率分类'[指标])="资产扣预负债率","0.00%",
  SELECTEDVALUE('财务比率分类'[指标])="资产有息负债率","0.00%",
  SELECTEDVALUE('财务比率分类'[指标])="权益净利率(ROE)","0.00%",
  SELECTEDVALUE('财务比率分类'[指标])="资产净利率(ROA)","0.00%",
  SELECTEDVALUE('财务比率分类'[指标])="毛利率","0.00%",
  SELECTEDVALUE('财务比率分类'[指标])="经营利润率","0.00%",
  SELECTEDVALUE('财务比率分类'[指标])="净利率","0.00%"
)
```

4. 可视化效果

财务比率分析与可视化的效果如图7-43所示。下面通过3个子任务详细介绍财务比率分析与可视化的实现过程。

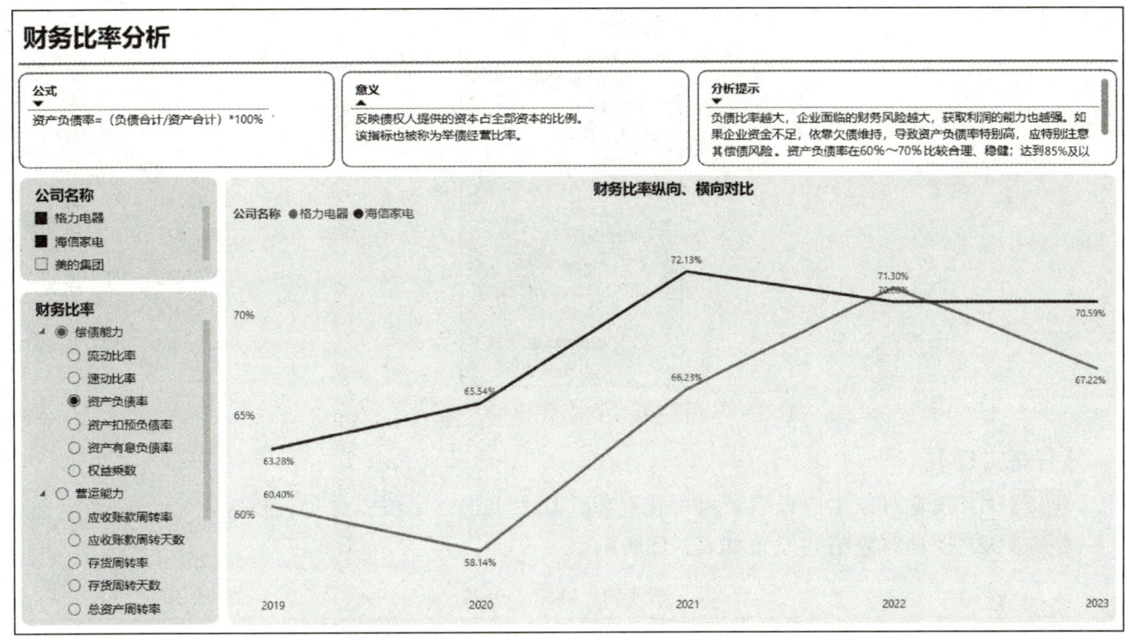

图7-43　财务比率分析与可视化效果总览

子任务二　制作切片器

1. 公司名称切片器

公司名称切片器用于分析财务比率时公司名称的选择，可以选择一家公司做纵向比较，也可以选择多家公司做横向比较。公司名称切片器制作后的效果如图7-44所示。

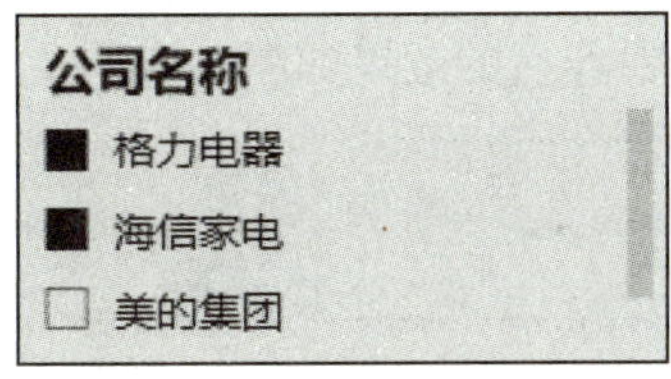

图7-44　公司名称切片器

微课 7-4-2

【任务实现】

步骤01 视觉对象生成设置。公司名称切片器由同步切片器生成，无须单独设置。

步骤02 视觉对象格式设置如表7-17所示。

表7-17　公司名称切片器格式设置

格式类型	属性值设置
视觉对象	①切片器设置-选项：样式（垂直列表）；切片器设置-选择：单项选择（关闭）。②切片器标头-文本：标题文本（公司名称），字体（DIN，12，粗体）。③值-值：字体（Segoe UI，10）；值-背景：颜色（白色）
常规	①效果-背景：颜色（#DED2A6）。②效果-视觉对象边框：颜色（白色），圆角像素（10）

2. 财务比率切片器

财务比率切片器用于某一财务比率指标的选择。根据选择结果，右侧折线图会自动显示这一财务指标的年度变动趋势，其制作后的效果如图7-45所示。

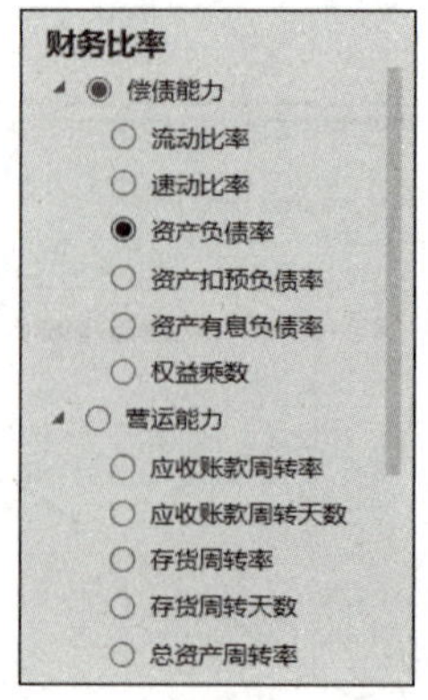

图7-45　财务比率切片器

【任务实现】

步骤01　视觉对象生成设置。可视化对象：切片器；字段：分类、指标。

步骤02　视觉对象格式设置如表7-18所示。

表7-18　年度切片器格式设置

格式类型	属性值设置
视觉对象	①切片器设置-选择：单项选择（打开）。②切片器标头-文本：标题文本（财务比率），字体（DIN，12，粗体）。③值-值：字体（Segoe UI，10）。④层次结构-级别：渐变布局缩进（10）；层次结构-展开/折叠：展开/折叠图标（脱字号）
常规	①效果-背景：颜色（#DED2A6）。②效果-视觉对象边框：颜色（白色），圆角像素（10）

子任务三　制作公式提示图

公式提示图用于对选择的财务指标进行公示提示，包括公式的计算过程、公式的意义及如何用指标进行分析（只做参考）。公式提示图制作后的效果如图7-46所示。

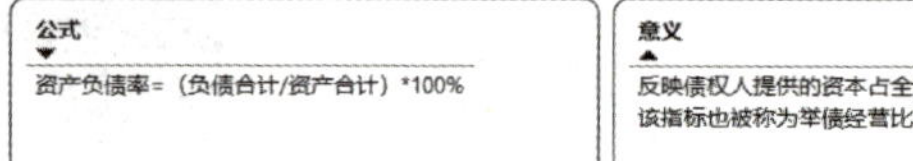

图7-46　公式提示

【任务实现】

步骤01　视觉对象生成设置。可视化对象：表；列：公式。

步骤02　视觉对象格式设置如表7-19所示。

表7-19　公式提示图格式设置

格式类型	属性值设置
常规	效果-视觉对象边框：打开，圆角像素（10）

子任务四　制作财务比率纵向、横向对比图

财务比率的纵向对比和横向对比是财务分析中常用的两种分析手段。纵向对比（也称时间序列分析），通过比较企业连续几个时期的财务比率，可以识别企业财务状况的改善或恶化趋势。横向对比（行业分析或同行比较），通过与行业内其他企业的财务比率进行比较，可以了解本企业在市场中的竞争地位；确定行业平均水平，为企业提供参考基准；识别企业与行业平均水平之

间的差异，评估潜在的风险。

结合纵向和横向对比，可以更全面地评估企业的财务状况和经营成果。其分析方法包括以下3种。

（1）双重分析：先进行纵向对比，识别趋势；再进行横向对比，了解行业地位。

（2）交叉验证：将纵向分析的结果与横向分析的结果相互验证，以获得更准确的结论。

（3）综合评估：综合考虑时间趋势和行业地位，制定更合理的经营策略和财务规划。

通过财务比率纵向和横向对比，企业可以更好地了解自身的财务表现，制定有效的策略，提高竞争力。

财务比率纵向、横向对比适合采用折线图做趋势分析（纵向分析），在图中加入多家企业，还可做对比分析（横向分析）。3家公司毛利率指标纵向、横向对比的效果如图7-47所示。

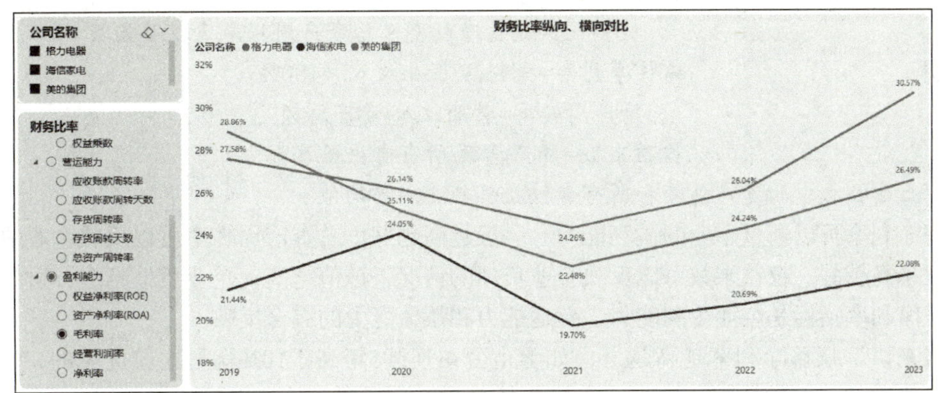

图7-47　财务比率纵向、横向对比

【任务实现】

步骤01 视觉对象生成设置。可视化对象：折线图；*X*轴：年度；*Y*轴：动态财务比率；图例：公司简称（申万白色家电分类）。此外，还要将“公司简称”更改为“公司名称”。

步骤02 编辑交互设置。选择“年度”切片器，在“格式”菜单下单击“编辑交互”按钮，然后单击折线图右上角的⦸，使其变为黑色，再单击“编辑交互”按钮。

微课 7-4-3

步骤03 视觉对象格式设置如表7-20所示。

表7-20　财务比率纵向、横向对比图格式设置

格式类型	属性值设置
视觉对象	①*X*轴-标题：关闭。②*Y*轴-标题：关闭。③辅助*Y*轴-标题：关闭。④数据标签：打开，值-的小数位（2）
常规	标题-标题：文本（财务比率纵向、横向对比），字体（DIN，12，粗体），水平对齐（居中）

数据理解

将切片器设置为公司名称“格力电器”“海信家电”“美的集团”，财务比率选择“毛利率”。从图7-47中可以看出，3家公司毛利率的变动趋势比较接近（海信家电2020年有较大波动，应单独分析）。总体来说，格力电器的毛利率在行业中始终排名靠前，2023年达到30.57%。对于格力电器来说，可以考虑继续优化成本结构和市场策略，以维持或进一步提高毛利率，巩固其市场领先地位。对于海信电器来说，虽然没有其他两家公司排名靠前，2023年也达到了22.08%，可以通过差异化经营、提高产品附加值、优化销售渠道等手段进一步提高毛利率。

任务五 杜邦分析与可视化

微课 7-5-1

子任务一 了解应用场景

1. 场景描述

杜邦分析法是一种综合分析企业财务状况和经济效益的方法。它的思想是将企业的核心指标权益净利率（ROE）分解为多个财务比率的乘积，以深入了解影响企业盈利能力的各种因素。权益净利率的计算公式为：

权益净利率=净利润/所有者权益总额

=销售净利率×总资产周转率×权益乘数

其中，

销售净利率=净利润/营业收入×100%

总资产周转率=营业收入/资产总额

权益乘数=资产总额/所有者权益总额

注：上述公式中的资产总额和所有者权益总额要用平均值。

销售净利率可以衡量企业的盈利能力，一般越高越好。总资产周转率可以反映企业的运营效率，一般越高越好。权益乘数可以反映企业负债的情况，该值越高，企业负债越多，财务风险越大。权益净利率指标是企业盈利能力、营运能力和偿债能力的综合反映。

一般来讲，权益净利率越高越好，如上市公司连续5年高于10%就是比较优秀的，超过20%就是非常优秀的。在做杜邦分析时，应重点分析销售净利率、总额产周转率和权益乘数3个指标对权益净利率的影响。企业要想提升权益净利率，就要在风险可控的情况下提高销售利润率、资产周转率或财务杠杆。

2. 分析思路

杜邦分析与可视化的思路如图7-48所示。

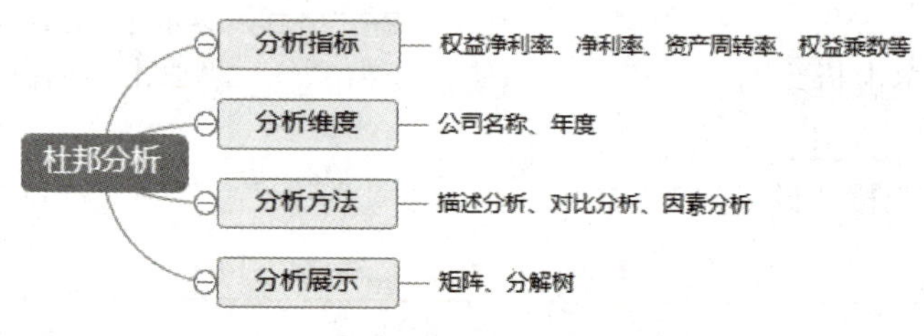

图7-48 杜邦分析与可视化思路

3. 准备度量值

杜邦分析与可视化的度量值主要有权益净利率、净利率、资产周转率、权益乘数等，这些比率在任务四中全部介绍过，此处不再重复。本任务重点介绍进行杜邦分析展示要用到的度量值及其格式。

```
（度量值）杜邦分析 =
SWITCH(
    TRUE(),
    NOT ISINSCOPE('杜邦分析层级结构'[杜邦分析一级结构]),[权益净利率(ROE)],
    NOT ISINSCOPE('杜邦分析层级结构'[杜邦分析二级结构]),
```

```
        SWITCH(
            SELECTEDVALUE('杜邦分析层级结构'[杜邦分析一级结构]),
             "权益乘数",[权益乘数],
             "总资产收益率",[资产净利率(ROA)]
        ),
    NOT ISINSCOPE('杜邦分析层级结构'[杜邦分析三级结构]),
        SWITCH(
            SELECTEDVALUE('杜邦分析层级结构'[杜邦分析二级结构]),
            "销售净利率",[净利率],
            "总资产周转率",[总资产周转率],
            "总资产",[资产总计-平均],
            "所有者权益",[所有者权益总计-平均]
        ),
    SWITCH(
        SELECTEDVALUE('杜邦分析层级结构'[杜邦分析三级结构]),
        "净利润",[净利润],
        "营业收入",[营业收入],
        "总资产",[资产总计-平均]
    )
)
(格式)杜邦分析 =
SWITCH(TRUE(),
  SELECTEDVALUE('杜邦分析层级结构'[杜邦分析一级结构])="总资产收益率",
    SWITCH(true(),
      SELECTEDVALUE('杜邦分析层级结构'[杜邦分析二级结构])="总资产周转率","0.00",
      "0.00%"
    ),
  SELECTEDVALUE('杜邦分析层级结构'[杜邦分析一级结构])="权益乘数","0.00",
  "0.00%"
)
```

4. 可视化效果

杜邦分析与可视化的效果如图7-49所示。下面通过2个子任务详细介绍杜邦分析与可视化的实现过程。

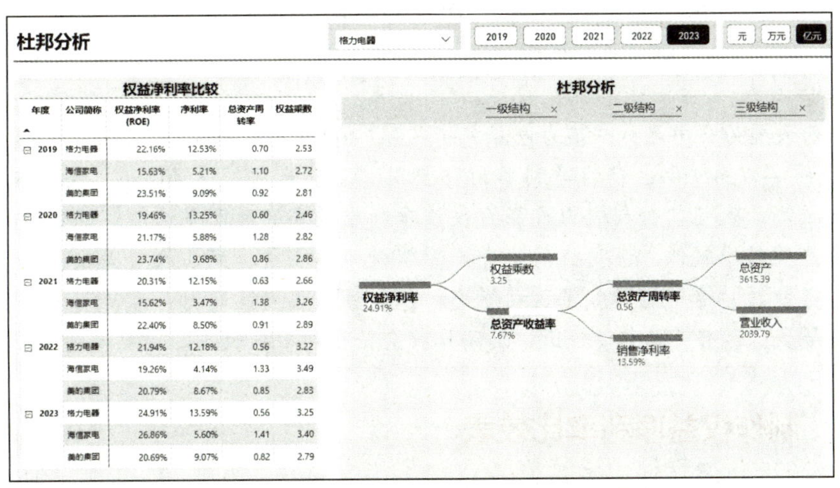

权益净利率比较

年度	公司简称	权益净利率(ROE)	净利率	总资产周转率	权益乘数
2019	格力电器	22.16%	12.53%	0.70	2.53
	海信家电	15.63%	5.21%	1.10	2.72
	美的集团	23.51%	9.09%	0.92	2.81
2020	格力电器	19.46%	13.25%	0.60	2.46
	海信家电	21.17%	5.88%	1.28	2.82
	美的集团	23.74%	9.68%	0.86	2.86
2021	格力电器	20.31%	12.15%	0.63	2.66
	海信家电	15.62%	3.47%	1.38	3.26
	美的集团	22.40%	8.50%	0.91	2.89
2022	格力电器	21.94%	12.18%	0.56	3.22
	海信家电	19.26%	4.14%	1.33	3.49
	美的集团	20.79%	8.67%	0.85	2.83
2023	格力电器	24.91%	13.59%	0.56	3.25
	海信家电	26.86%	5.60%	1.41	3.40
	美的集团	20.69%	9.07%	0.82	2.79

图7-49　杜邦分析与可视化效果总览

子任务二　制作杜邦分析图

本案例中杜邦分析主要通过分解树图对权益净利率进行动态分解，观察其影响因素所涉及的指标。杜邦分析图制作后的效果如图7-50所示。

微课 7-5-2

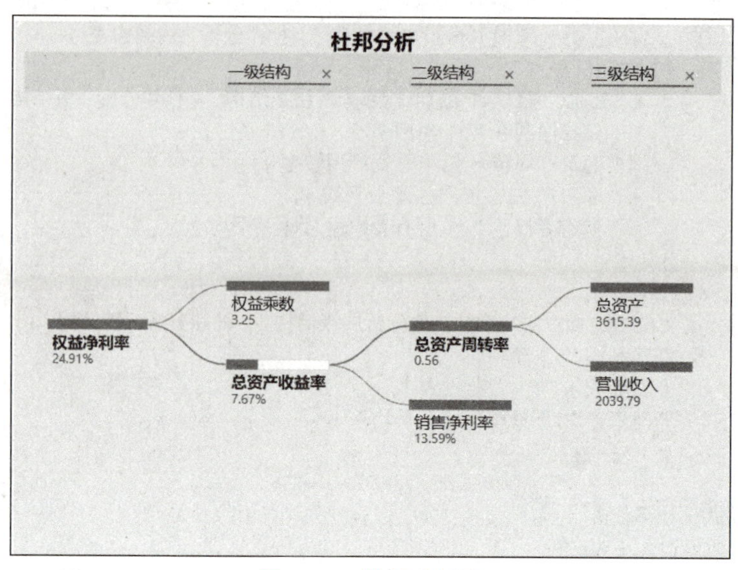

图7-50　杜邦分析图

【任务实现】

步骤01 视觉对象生成设置。可视化对象：分解树；分析：杜邦分析；解释依据：杜邦分析一级结构、杜邦分析二级结构、杜邦分析三级结构。将“杜邦分析”修改为“权益净利率”，将解释依据中的内容分别修改为“一级结构”“二级结构”“三级结构”。

步骤02 视觉对象格式设置如表7-21所示。

表7-21　杜邦分析图格式设置

格式类型	属性设置
视觉对象	标头-背景：颜色（#E6E6E6）
常规	标题-标题：文本（杜邦分析），字体（DIN，16，粗体），水平对齐（居中）

数据理解

将切片器设置为公司名称“格力电器”、年度“2023”、金额单位“亿元”。格力电器2023年的权益净利率为24.91%，销售净利率为13.59%。总资产周转率为0.56，权益乘数为3.25。权益净利率较高，表明其盈利能力较强。权益净利率较高的原因是由较高的销售净利率引起的，而总资产周转率较低，说明公司的资产管理效率仍有待提高。权益乘数高表明公司使用了较高的财务杠杆，这可能增加了盈利能力，但也带来了更高的财务风险。具体要看负债中的有息负债是多少，若有息负债较低，则高杠杆会给企业贡献较高的权益净利率。

子任务三　制作权益净利率比较表

权益净利率比较表主要用来集中观察每年各家公司的权益净利率、净利率、总资产周转率、权益乘数四个指标的变化情况。权益净利率比较表制作的效果如图7-51所示。可视化对象选择“矩阵”▦；行属性选择“年度”和“公司简称”；值属性选择“权益净利率（ROE）”“净利率”“总资产周转率”“权益乘数”。其制作过程可参考资产负债表、利润表的制作过程，这里不再赘述。

权益净利率比较

年度	公司简称	权益净利率(ROE)	净利率	总资产周转率	权益乘数
⊟ 2019	格力电器	22.16%	12.53%	0.70	2.53
	海信家电	15.63%	5.21%	1.10	2.72
	美的集团	23.51%	9.09%	0.92	2.81
⊟ 2020	格力电器	19.46%	13.25%	0.60	2.46
	海信家电	21.17%	5.88%	1.28	2.82
	美的集团	23.74%	9.68%	0.86	2.86
⊟ 2021	格力电器	20.31%	12.15%	0.63	2.66
	海信家电	15.62%	3.47%	1.38	3.26
	美的集团	22.40%	8.50%	0.91	2.89
⊟ 2022	格力电器	21.94%	12.18%	0.56	3.22
	海信家电	19.26%	4.14%	1.33	3.49
	美的集团	20.79%	8.67%	0.85	2.83
⊟ 2023	格力电器	24.91%	13.59%	0.56	3.25
	海信家电	26.86%	5.60%	1.41	3.40
	美的集团	20.69%	9.07%	0.82	2.79

图7-51　权益净利率比较表

微课 7-5-3

数据理解

以2023年度为例，比较格力电器和海信家电的权益净利率。海信家电的权益净利率为26.86%，高于格力电器的24.91%。对权益净利率进行归因分析发现，两家公司的权益乘数差不多，权益净利率主要受销售净利率和总资产周转率影响。格力电器的销售净利率为13.59%，而海信家电的销售净利率是5.60%，说明格力电器的权益净利率高主要是因为销售利润高；格力电器的总资产周转率为0.56，而海信家电的总资产周转率是1.41，说明海信家电的权益净利率高主要靠资产周转快。另外，将每个年度折叠起来，就可以看到各项指标的行业均值，如图7-52所示。

权益净利率比较

年度	权益净利率(ROE)	净利率	总资产周转率	权益乘数
⊞ 2019	22.44%	10.13%	0.83	2.67
⊞ 2020	21.59%	10.51%	0.77	2.67
⊞ 2021	21.09%	9.08%	0.83	2.81
⊞ 2022	21.15%	9.21%	0.76	3.02
⊞ 2023	22.67%	10.01%	0.75	3.00

图7-52　指标行业均值

任务六 首页可视化

微课 7-6-1

子任务一 了解应用场景

1. 一般思路

可视化作品首页是展示项目精华、吸引用户注意力和引导用户深入探索的关键。以下是首页可视化设计的一般思路。

（1）明确目标。确定首页需要展示的核心内容，如项目主题、关键数据、亮点成果等；了解目标受众，根据受众特点设计页面风格和内容。

（2）确定布局。采用清晰的布局结构，如“头—中—尾”或“左—中—右”布局；确保重要内容在首屏展示，避免用户过多滚动鼠标。

（3）设计元素。Logo与标题：简洁明了地展示项目名称和Logo。导航栏：提供清晰的导航路径，方便用户快速找到感兴趣的内容。核心数据：以表格、图片等形式展示关键数据，增强视觉冲击力。亮点展示：突出项目特色，可通过轮播图、视频等多媒体形式展示。互动元素：如搜索框、下拉菜单等，提升用户体验。

（4）内容编写。简洁明了，用精练的文字描述项目背景、目标和亮点；适当使用关键词，提高搜索引擎收录概率，便于用户查找。

（5）视觉设计。色彩搭配：选择符合项目主题和受众喜好的颜色，保持页面和谐。字体选择：确保字体清晰、易读，符合整体风格。图片与图标：使用高质量的图片和图标，提升页面质感。

（6）交互设计。确保页面响应速度快，优化加载时间；设计合理的交互逻辑，如点击、滑动等操作，提升用户体验；考虑移动端适配，确保在不同设备上均有良好的展示效果。

2. 可视化效果

本案例首页主要设计了标题、导航栏、核心指标和切片器（交互元素）等可视化元素。具体可视化效果如图7-53所示。下面通过4个子任务详细介绍首页可视化的实现过程。

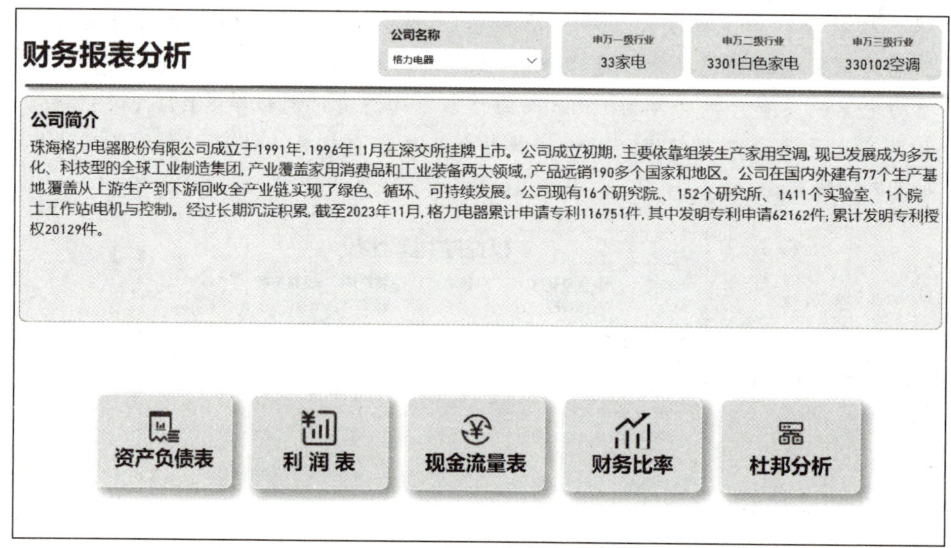

图7-53 首页可视化效果总览

子任务二　制作标题

首页可视化，第一个设计的元素就是标题。标题是整个数据分析报告的核心。标题的实现方式有很多种，可简单，可复杂，通常以文本框、形状、图片等方式实现。

本案例通过插入文本框来实现标题的制作。标题制作时，输入标题文字“财务报表分析”，字号选择28，加粗显示，完成后的效果如图7-54所示。

财务报表分析

图7-54　标题文本框

子任务三　制作核心指标图

一般情况下，可将核心指标放在首页展示，报告使用者可以快速洞察这些数据。本案例选择了公司基本情况介绍的两个指标在首页进行动态展示，分别是所属行业信息和公司简介，这两个指标展示均通过新卡片图实现。读者也可选择自己认为重要的指标放在首页进行展示，如资产负债率、权益净利率等。

行业信息指标图制作后的效果如图7-55所示。

申万一级行业	申万二级行业	申万三级行业
33家电	3301白色家电	330102空调

图7-55　行业信息指标图

公司简介指标图制作后的效果如图7-56所示。

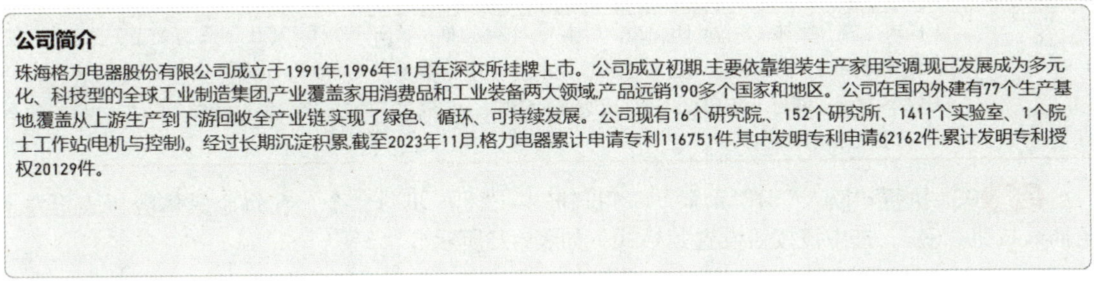

公司简介

珠海格力电器股份有限公司成立于1991年,1996年11月在深交所挂牌上市。公司成立初期,主要依靠组装生产家用空调,现已发展成为多元化、科技型的全球工业制造集团,产业覆盖家用消费品和工业装备两大领域,产品远销190多个国家和地区。公司在国内外建有77个生产基地,覆盖从上游生产到下游回收全产业链,实现了绿色、循环、可持续发展。公司现有16个研究院、152个研究所、1411个实验室、1个院士工作站(电机与控制)。经过长期沉淀积累,截至2023年11月,格力电器累计申请专利116751件,其中发明专利申请62162件;累计发明专利授权20129件。

图7-56　公司简介指标图

【任务实现】

1. 行业信息指标图

步骤01　视觉对象生成设置。可视化对象：卡片（新）；数据：申万一级行业、申万二级行业、申万三级行业。

步骤02　视觉对象格式设置如表7-22所示。

表7-22　行业信息指标图格式设置

格式类型	属性值设置
视觉对象	①标注值-值：字体（DIN，15），水平对齐（居中）。②标注值-标签：字体（Segoe UI，10，粗体）。③卡：形状（圆角矩形），圆角像素（10）；卡-背景：颜色（#BED5ED），透明度（50）；卡-边框：关闭

2. 公司简介指标图

步骤01 视觉对象生成设置。可视化对象：卡片（新）；数据：公司简介。

步骤02 视觉对象格式设置如表7-23所示。

表7-23 公司简介指标图格式设置

格式类型	属性值设置
视觉对象	①标注值-值：字体（15）。②标注值-标签：字体（粗体，17）。③卡：形状（圆角矩形），圆角像素（10）；卡-背景：颜色（#E6E6E6），透明度（50%）

子任务四 制作导航栏

通过首页导航栏，报告使用者可以快速切换到“资产负债表”“利润表”“现金流量表”“财务比率”“杜邦分析”页面。本案例采用“按钮”功能导航，并通过在每个页面上插入“返回”按钮㊀实现返回首页。导航和返回操作均需按住“Ctrl”键再单击相应按钮。

微课 7-6-2

导航栏制作后的效果如图7-57所示。

图7-57 导航栏

【任务实现】

步骤01 执行“插入”→“元素”→“按钮”→“空白”命令，生成空白按钮。

步骤02 视觉对象格式设置如表7-24所示。

表7-24 页面导航器格式设置

格式类型	属性值设置
视觉对象	①样式-文本：字体（Segoe UI，20，粗体）；样式-边框：关闭。②样式-图标：图标类型（自定义，资产负债表.png），图标位置（文本上方）。③操作-操作：类型（页导航），目标（资产负债表）
常规	①效果-背景：颜色（#DED2A6），透明度（50%）。②效果-视觉对象边框：颜色（白色），圆角像素（5）。③效果-阴影：打开

步骤03 执行“插入”→“元素”→“按钮”→“上一步”命令，在每个具体分析表页左上角插入按钮“㊀”，选中该按钮设置其格式，如表7-25所示。

表7-25 返回按钮格式设置

格式类型	属性值设置
按钮	操作-操作：类型（页导航），目标（首页）

子任务五 制作交互元素

首页交互元素通过公司名称切片器设置。公司名称切片器通过同步切片自动生成，这里只需调整其格式即可，具体操作不再赘述。公司名称切片器制作后的效果如图7-58所示。

图7-58 公司名称切片器

时代新知

拥抱数字化转型，开启高质量发展新篇章

从传统的手工记账到电算化，再到如今的信息化、智能化，会计工作模式正在发生着翻天覆地的变化。2024年7月，新修订的《会计法》首次将会计信息化写入法律，为会计工作数字化转型提供了坚实的法律基础，也标志着会计行业正式迈入数字化时代。

数字化转型为会计行业带来了新的发展机遇。通过信息化技术，用户可以实现财务数据的自动化处理、分析，提高工作效率和准确性，减少人为错误，降低运营成本。例如，电子发票的推广和应用，不仅简化了发票开具、报销、入账等流程，还实现了数据共享和互联互通，为企业带来了便捷和效率的提升。此外，信息化技术还可以帮助会计人员更好地分析财务数据，挖掘数据背后的价值，为企业提供更有价值的决策支持，如通过财务数据分析预测市场趋势、评估投资风险、优化资源配置等。

数字化转型也对会计人员提出了新的要求。会计人员需要不断学习新的信息化技术，如云计算、大数据、人工智能等技术，提升自身的数字化能力，才能适应数字化时代的需求。同时，会计人员也需要转变思维方式，从传统的核算型会计向管理型会计转型，从被动执行者转变为主动参与者，从数据记录者转变为数据分析师，从信息提供者转变为价值创造者。例如，会计人员可以利用大数据技术分析客户行为，为企业提供精准的市场营销策略；可以利用人工智能技术进行风险预警，帮助企业规避潜在风险。

拥抱数字化转型，是会计行业发展的必由之路，也是每一位会计人的历史使命。让我们积极行动起来，共同推动会计行业数字化转型，开启高质量发展新篇章，为中国式现代化建设贡献力量！

巩固提高

一、思考题

1. 举例说明在可视化对象“矩阵”中设置条件格式的思路。

2. 理解本项目案例中瀑布图数据、动态财务比率、杜邦分析等复杂度量值的写法，并说说它们的含义。

3. 简述使用KPI图和卡片图进行核心指标展示的优势及操作步骤。

二、实训题

1. 选择自己感兴趣的某一行业，下载该行业上市公司最近5年的资产负债表、利润表、现金流量表数据。

2. 根据需要，选择合适的可视化图表进行财务报表分析。

3. 根据分析结果，编制一份财务分析报告。

项目八

经营分析案例：连锁店业务数据分析与可视化

学习目标

- 知识目标

✧ 能够准确描述经营数据分析与可视化页面设计的一般思路。

✧ 能够准确描述数据环比、波士顿矩阵（四象限）分析、实际预算对比分析、ABC分析（帕累托分析）等数据分析方法的常见业务场景。

- 能力目标

✧ 能够结合公司业务数据，通过Power BI实现产品分析、销售分析、订单分析、预算执行分析、会员画像等可视化分析。

- 素养目标

✧ 培养创新思维，勇于尝试新的可视化方法，以更加直观、有趣的方式呈现数据。

✧ 培养批判性思维，正确认识不同可视化图表的优缺点，选择最适合的方案。

项目导图

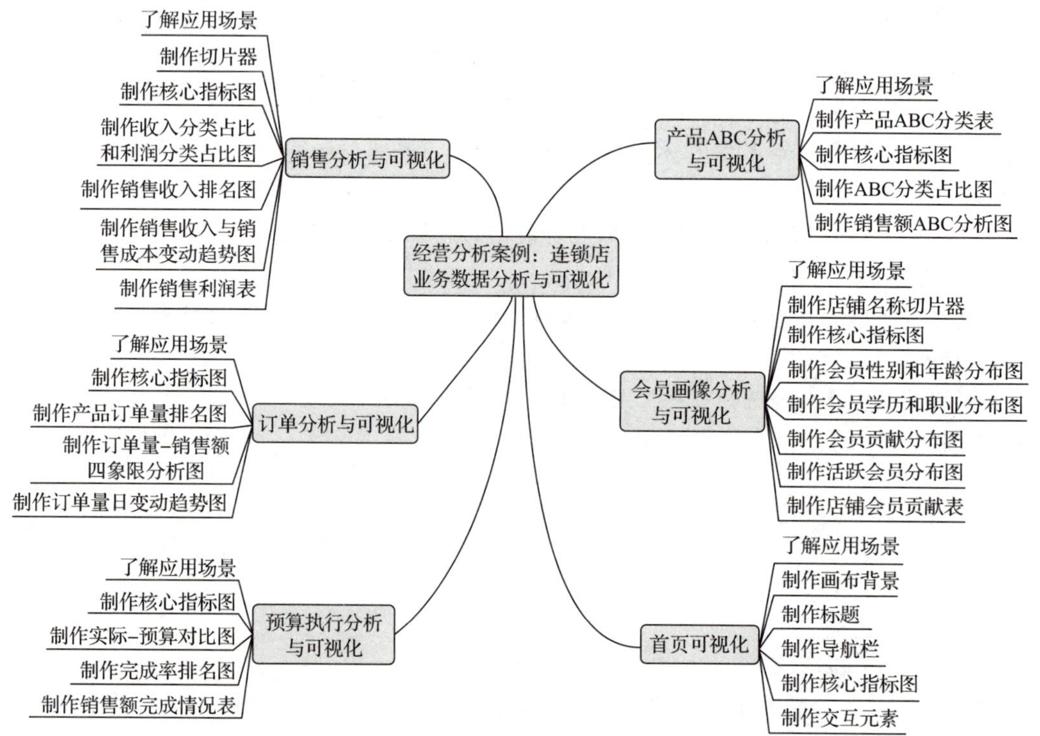

情境案例

微课 8-0

1. 企业简介

动享时刻是一家经营全套滑雪设备的连锁企业，自2016年在黑龙江省哈尔滨市开设第一家连锁店后，先后在东北、华北、西北等多个省市开设了26家连锁店。

各连锁店主要销售雪板、服装、辅助用品三大类滑雪设备。雪板包括单板和双板两类产品，服装包括滑雪服、滑雪镜、滑雪鞋、头盔、帽子、手套、面护7类产品，辅助用品包括固定器、滑雪手杖、滑雪包、防晒霜4类产品。

2. 数据准备

案例数据\项目八\动享时刻-业务报表.xlsx

动享时刻-业务报表.xlsx文件包含产品表、门店表、任务表、会员表、销售表和金额单位表6张工作表，其中，销售表根据动享时刻各连锁店POS机的销售记录整理而成，其他表格根据分析需要制作而成。

（1）产品表。产品表包括“产品分类ID”“产品分类名称”“产品ID”“产品名称”“单价”共5个字段和13条数据（记录），如图8-1所示。

	A	B	C	D	E
1	产品分类ID	产品分类名称	产品ID	产品名称	单价
2	100	雪板	1001	单板	3520
3	100	雪板	1002	双板	4150
4	200	服装	2001	滑雪服	456
5	200	服装	2002	滑雪镜	630
6	200	服装	2003	滑雪鞋	835
7	200	服装	2004	头盔	260
8	200	服装	2005	帽子	78
9	200	服装	2006	手套	65
10	200	服装	2007	面护	55
11	300	辅助用品	3001	固定器	860
12	300	辅助用品	3002	滑雪手杖	140
13	300	辅助用品	3003	滑雪包	210
14	300	辅助用品	3004	防晒霜	78

图8-1 产品表

（2）门店表。门店表包括“店铺ID”“店铺名称”“城市名称”“省份名称”“地区”共5个字段和26条数据，部分显示如图8-2所示。

	A	B	C	D	E
1	店铺ID	店铺名称	城市名称	省份名称	地区
2	201	哈尔滨店	哈尔滨市	黑龙江省	东北
3	202	齐齐哈尔店	齐齐哈尔市	黑龙江省	东北
4	203	佳木斯店	佳木斯市	黑龙江省	东北
5	204	大庆店	大庆市	黑龙江省	东北
6	205	长春店	长春市	吉林省	东北
7	206	吉林店	吉林市	吉林省	东北
8	207	通化店	通化市	吉林省	东北

图8-2 门店表（部分）

（3）任务表。任务表包括“店铺名称”“年度”“任务额”“日期”共4个字段和26条数据，部分显示如图8-3所示。

（4）会员表。金额单位表包括“会员ID”“店铺名称”“姓名”“性别”“出生年月”“职业”“教育程度”共7个字段和4 167条数据，部分显示如图8-4所示。

	A	B	C	D
1	店铺名称	年度	任务额	日期
2	哈尔滨店	2023年	5000000	2023/1/1
3	齐齐哈尔店	2023年	4000000	2023/1/1
4	佳木斯店	2023年	4000000	2023/1/1
5	大庆店	2023年	4000000	2023/1/1
6	长春店	2023年	5000000	2023/1/1
7	吉林店	2023年	4000000	2023/1/1
8	通化店	2023年	5000000	2023/1/1

图8–3　任务表（部分）

	A	B	C	D	E	F	G
1	会员ID	店铺名称	姓名	性别	出生年月	职业	教育程度
2	HY201-00001	哈尔滨店	杨鑫	男	2000/2/22	学生	本科
3	HY201-00002	哈尔滨店	魏磊	男	1989/4/24	公司职员	博士
4	HY201-00003	哈尔滨店	范静	女	1986/3/25	体力劳动者	高中
5	HY201-00004	哈尔滨店	方秋	女	1990/12/21	公司职员	硕士
6	HY201-00005	哈尔滨店	周斌	男	1978/10/8	服务从业人员	高中
7	HY201-00006	哈尔滨店	戚振	男	2004/1/13	学生	本科
8	HY201-00007	哈尔滨店	韦峰	男	1992/2/17	其他	本科

图8–4　会员表（部分）

（5）销售表。销售表包括“订单号”“店铺ID”“订单日期”“产品ID”“数量”“会员ID”共6个字段和12 469条数据，部分显示如图8-5所示。

（6）金额单位表。金额单位表包括“序号”“单位名称”“单位值”3个字段和3条数据，如图8-6所示。

	A	B	C	D	E	F
1	订单号	店铺ID	订单日期	产品ID	数量	会员ID
2	D1-10001	201	2023/1/1	1002	10	HY201-00009
3	D1-10002	201	2023/1/1	1001	1	HY201-00015
4	D1-10003	201	2023/1/1	1002	2	HY201-00003
5	D1-10004	201	2023/1/1	3002	7	HY201-00004
6	D1-10005	201	2023/1/1	1002	4	HY201-00005
7	D1-10006	201	2023/1/1	2001	4	HY201-00006
8	D1-10007	201	2023/1/1	3003	10	HY201-00007

图8–5　销售表（部分）

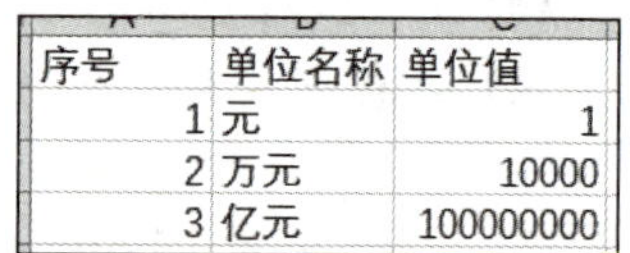

序号	单位名称	单位值
1	元	1
2	万元	10000
3	亿元	100000000

图8–6　金额单位表

3. 数据清洗

将6张工作表加载到Power BI中进行简单的数据清洗。

（1）产品表：将“产品分类ID”“产品ID”设置为文本型。

（2）门店表：将“店铺ID”设置为文本型。

（3）任务表：将“年度”设置为文本型。

（4）销售表：将“店铺ID”“产品ID”设置为文本型。选中“订单号”“订单日期”“店铺ID”“产品ID”“数量”“会员ID”6列，删除其他列。

4. 数据建模

（1）新建列。在销售表中，添加新列，分别如下。

```
售价 = RELATED('产品表'[售价])
成本价 = RELATED('产品表'[成本价])
销售收入 = [数量]*[售价]
销售成本 = [数量]*[成本价]
利润 = [销售收入]-[销售成本]
```

（2）新建表。新建日期表作为销售表的维度表。

```
日期表 =
ADDCOLUMNS(
  CALENDAR ( date(2023,1,1),date(2023,12,31) ),
  "年度" , YEAR( [Date] ),
  "月份" , MONTH( [Date] ),
  "月份名称" ,FORMAT ( [Date], "OOOO" ),
  "年度月份", FORMAT ( [Date], "YYYYMM" ),
```

```
    "季度", QUARTER( [Date] ),
    "报表期间", SWITCH( QUARTER([Date]),1,"第一季度",2,"第二季度",3,"第三季度",
4,"第四季度"),
    "年度季度",YEAR( [Date] )&"Q"& QUARTER( [Date] )
)
```

（3）创建模型。

本案例中的关系模型需要4个维度表和2个事实表。维度表分别是产品表、日期表、门店表和会员表；事实表是销售表和任务表。创建后的关系模型如图8-7所示。

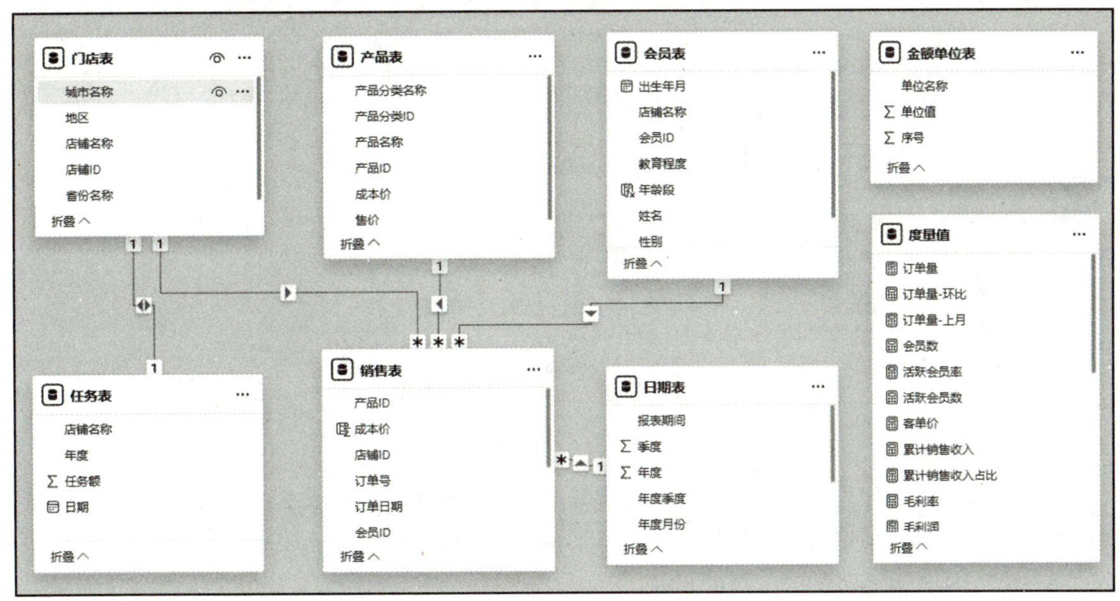

图8–7　关系模型

同时，模型中还需要两个辅助表：一是金额单位表，此表不参与数据建模，只是作为金额单位切换时的计算依据；二是度量值，此表为新建空表，也不参与数据建模，主要用来存放和分类管理所有的度量值。

模型创建后的文件：案例数据\项目八\连锁店经营分析可视化–初始.pbix（此文件已包含全部度量值）

项目学习

任务一　销售分析与可视化

子任务一　了解应用场景

1．场景描述

微课 8-1-1

销售分析是对动享时刻各门店销售数据的全面审视与深入剖析，旨在揭示销售业绩的真相、市场趋势的波动及产品的盈利能力。在这一场景中，通过销售收入的月度变化、各类产品的收入与利润贡献，以及毛利率等关键指标，我们可以对销售数据进行深入挖掘，以全面评估销售业绩的优劣。在分析过程中，我们不仅要关注整体销售趋势，还要关注每个产品线的表现。通过对比不同产品的销售收入、毛利润及毛利率，识别出销售“明星”与潜力产品，同时发现可能存在的销售“瓶颈”或低效产品，并基于这些分析结果，制定或调整销售策略。常见的销售策略有：优化产品组合，提升热销产品的市场投放力度，同时针对表现不佳的产品采取促销、降价或重新定位等措施。

2. 分析思路

销售分析与可视化的思路如图8-8所示。

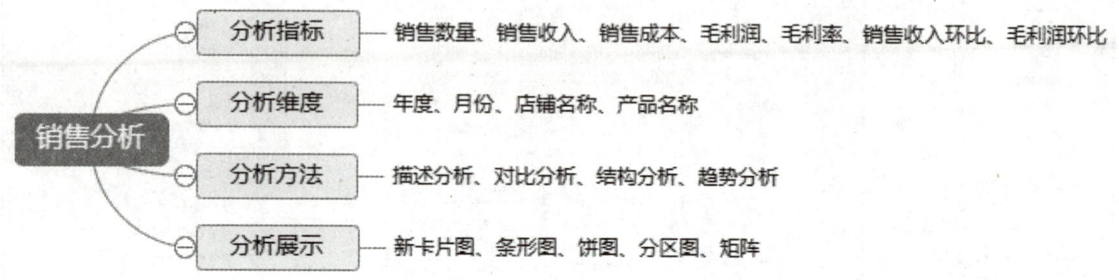

图8-8 销售分析与可视化的思路

3. 准备度量值

销售分析与可视化用的度量值主要有销售数量、销售收入、销售成本、毛利润、毛利率等，同时还要给出相关度量值的上月数据，用于数据指标的环比分析。

```
销售数量 = SUM('销售表'[数量])
销售收入 = SUM('销售表'[销售收入])/SELECTEDVALUE('金额单位表'[单位值],1)
```

注意

这里的度量值“销售收入”与销售表中的列“销售收入”同名，我们后续分析中用的都是度量值“销售收入”，而不是列名“销售收入”。

```
销售成本 = SUM('销售表'[销售成本])/SELECTEDVALUE('金额单位表'[单位值],1)
毛利润 = [销售收入]-[销售成本]
毛利率 = DIVIDE ([毛利润],[销售收入])
销售收入-上月 = CALCULATE([销售收入],PREVIOUSMONTH('日期表'[日期]))
销售收入环比 = DIVIDE([销售收入]-[销售收入-上月],[销售收入-上月])
毛利润-上月 = CALCULATE([毛利润],PREVIOUSMONTH('日期表'[日期]))
毛利润环比 = DIVIDE([毛利润]-[毛利润-上月],[毛利润-上月])
```

4. 可视化效果

销售分析与可视化的效果如图8-9所示。整体配色风格选择“视图”菜单下的“可访问的中性”主题，该主题风格为莫兰迪色系，可视化效果简洁柔和。下面通过6个子任务详细介绍销售分析与可视化的实现过程。

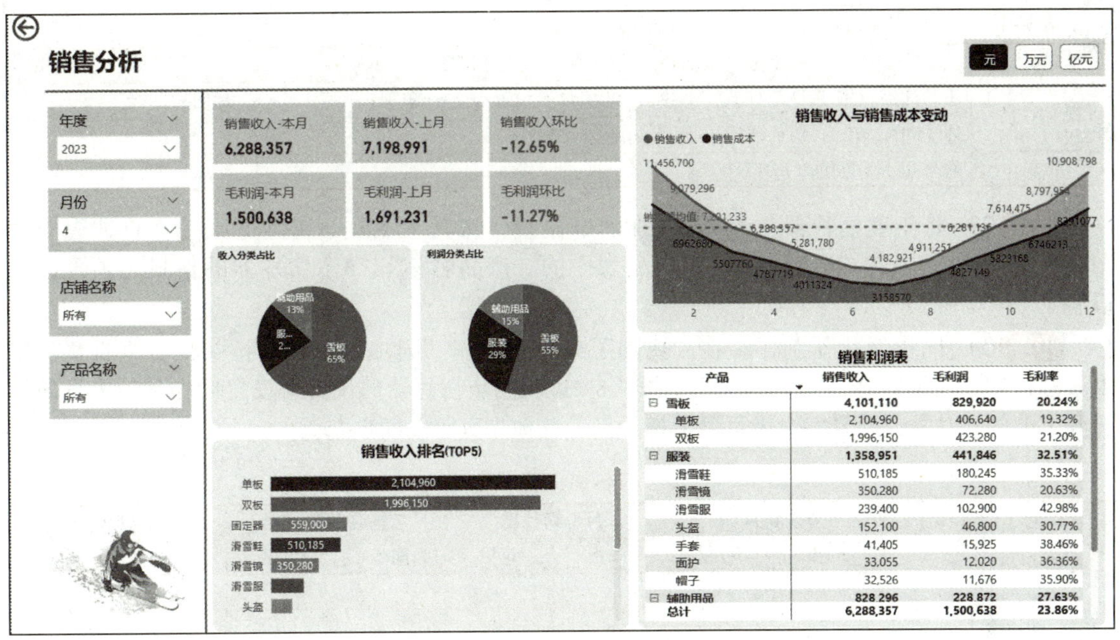

图8-9 销售分析与可视化效果总览

子任务二　制作切片器

1. 分析维度切片器

分析维度切片器用于销售分析的维度选择。本案例需要制作年度、月份、店铺名称、产品名称4个切片器，以查看不同年度、不同月份、不同店铺、不同产品的销售收入、利润及变动情况。

年度、月份、店铺名称、产品名称切片器制作后的效果如图8-10所示。

年度
2023
月份
4
店铺名称
所有
产品名称
所有

图8-10　年度、月份、店铺名称、产品名称切片器

【任务实现】

步骤01 视觉对象生成设置。可视化对象：切片器；字段：日期表中的“年度”。

步骤02 视觉对象格式设置如表8-1所示。

表8-1　年度切片器格式设置

格式类型	属性值设置
视觉对象	①切片器设置-选项：样式（下拉）。②切片器设置-选择：单项选择（打开）。③切片器标头-文本：字体（DIN，12）；切片器标头-背景：颜色(#DFD1C7)
常规	效果-背景：颜色（#DFD1C7）

步骤03 将年度切片器复制3份，排列好位置，将其“字段”属性分别选择日期表中的“日期”、门店表中的“店铺名称”、产品表中的“产品名称”。3个切片器的格式无须再进行设置。

步骤04 同步切片器制作。在“视图”菜单下单击“同步切片器”按钮，分别选择“年度”“月份”“店铺名称”“产品名称”，按表8-2进行同步切片器的设置。设置后在其他表页即可看到需要的切片器，而且每个表页做了切片后，其他表页可以同步变化。

表8-2　同步切片器设置

页面名称	年度切片器		月份切片器		店铺名称切片器		产品名称切片器	
	同步	可见	同步	可见	同步	可见	同步	可见
首页	√	√	√	√				
销售分析	√	√	√	√	√	√	√	√
订单分析	√	√	√	√	√	√	√	√
预算执行分析	√	√			√	√		
产品ABC分析	√	√	√	√	√	√	√	√
会员画像分析	√	√	√	√			√	√

2. 金额单位切片器

金额单位切片器用于切换金额的单位，使得金额单位更符合中国人阅读数据的习惯。

金额单位切片器制作后的效果如图8-11所示。

图8-11　金额单位切片器

【任务实现】

步骤01 视觉对象生成设置。可视化对象：切片器（新）；字段：金额单位表中的“单位名称”。

步骤02 视觉对象格式设置如表8-3所示。

表8-3　金额单位切片器格式设置

格式类型	属性值设置
视觉对象	①切片器设置-选择：单项选择（打开），强制选择（打开）。②形状：形状（圆角矩形），圆角像素（5）
常规	效果-背景：颜色（#E6E6E6）

子任务三　制作核心指标图

利用新卡片图对销售收入、毛利润等核心指标进行展示，不仅展示其本月数据，还展示其上月数据及环比数据，以及时掌握公司核心指标的实际及变动情况。本案例中，我们通过新卡片图展示本月销售收入、上月销售收入、销售收入环比、本月毛利润、上月毛利润、毛利润环比6个重要指标。

核心指标图制作后的效果如图8-12所示。

图8-12　核心指标图

微课 8-1-3

【任务实现】

步骤01 视觉对象生成设置。可视化对象：卡片（新）；数据：销售收入、销售收入-上月、销售收入环比。将“销售收入”重命名为“销售收入-本月”。

步骤02 视觉对象格式设置如表8-4所示。

表8-4　核心指标图格式设置

格式类型	属性值设置
视觉对象	①标注值：数据序列（所有）。②标注值-值：字体（DIN，15）。③标注值：数据序列（销售收入环比）。④标注值-值：颜色（fx，设置如图8-13所示）。⑤标注值-标签：字体（Segoe UI，11）。⑥卡-背景：颜色（#CFD6D7）

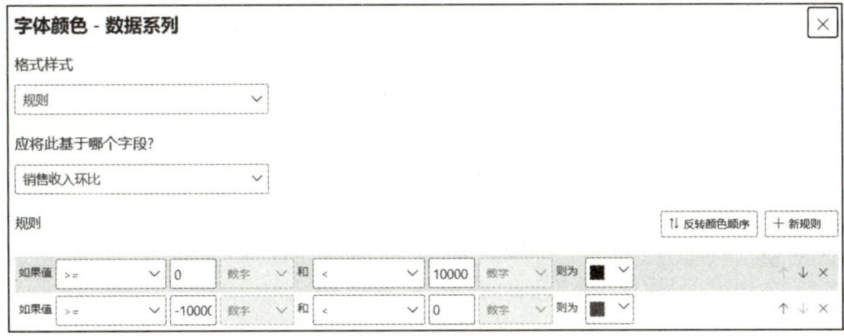

图8-13　新卡片图格式设置

步骤03 按照同样的方法，制作“毛利润-本月”“毛利润-上月”“毛利润环比”卡片图。

数据理解

将切片器设置为年度“2023”、月份“4”、店铺名称和产品名称均为“所有”。图8-12展示了动享时刻所有店铺中所有商品的销售收入和毛利润情况：4月销售收入为6 288 357元，3月为7 198 991元，环比下降12.65%；4月毛利润为1 500 638元，3月为1 691 231元，环比下降11.27%。环比下降表明产品销售季节性特点非常明显，上半年通常是环比下降，而下半年通常是环比上升。

动手练

将切片器设置为2023年11月，看一下销售收入和毛利润环比有何变化。

子任务四　制作收入分类占比和利润分类占比图

饼图是结构分析中的常用图表。本案例中，我们通过饼图洞悉雪板、服装、辅助用品3个分类的销售收入、毛利润占比情况。

收入分类占比和利润分类占比图制作后的效果如图8-14所示。

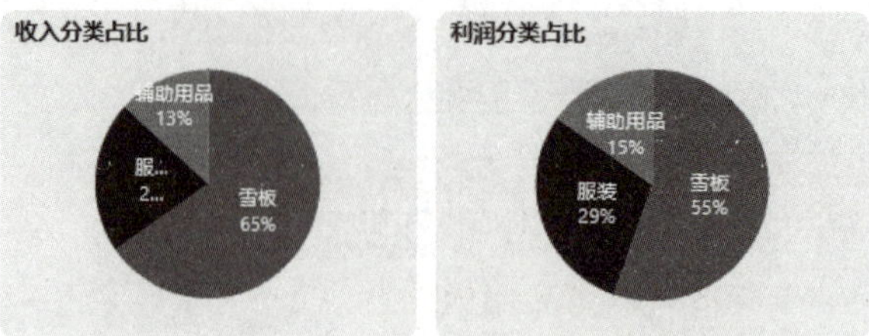

图8–14　收入分类占比和利润分类占比图

【任务实现】

步骤 01　视觉对象生成设置。可视化对象：饼图；图例：产品分类名称；值：销售收入。

步骤 02　视觉对象格式设置如表8-5所示。

表8–5　收入分类占比和利润分类占比图格式设置

格式类型	属性值设置
视觉对象	①关闭图例。②详细信息标签-选项：位置（首选内部），标签内容（类别，总百分比）。③详细信息标签-值：字体（Segoe UI，8），颜色（白色），背景（关）
常规	①标题-标题：文本（收入分类占比）。②效果-背景：颜色(#E6E6E6)。③效果-视觉对象边框：颜色（白色），圆角像素（10） 说明：本案例的大部分可视化对象灰色背景及圆角边框设置方法相同，后面不再赘述

步骤 03　按照同样的方法，制作利润分类占比图。

数据理解

将切片器设置为年度“2023”、月份“4”、店铺名称和产品名称均为“所有”。图8-14中左侧饼图显示了辅助用品、服装和雪板在销售收入中的占比分别为13%、22%和65%；右侧饼图显示了这3类产品在利润中的占比分别为15%、29%和55%。通过比较这两个饼图，我们可以看出服装和辅助用品在利润中的占比明显高于销售收入中的占比，表明服装和辅助用品的利润率明显高于雪板，而雪板的销售收入和利润占比都是最大，说明雪板的销量大或单价高。

子任务五　制作销售收入排名图

条形图和柱形图是排名分析中常用的图表类型，若比较的项目较多，可使用条形图。本案例中，我们通过条形图观察销售收入排名前5的产品都是哪些。

销售收入排名图制作后的效果如图8-15所示。

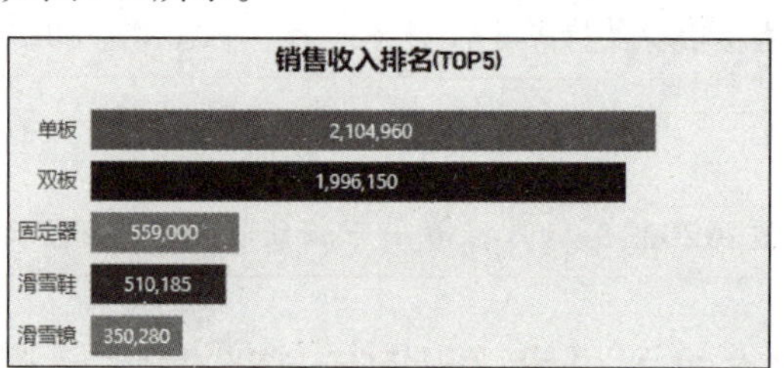

图8–15　销售收入排名图

【任务实现】

步骤 01　视觉对象生成设置。可视化对象：条形图；Y轴：产品名称；X轴：销售收入；

图例：产品名称。

步骤02 视觉对象格式设置如表8-6所示。

表8-6 销售收入排名图格式设置

格式类型	属性值设置
视觉对象	①图例：关闭。②Y轴：标题（关闭）。③Y轴-值：字体（Segoe UI，9）。④数据标签-值：显示单位（无）
常规	标题-标题：文本（销售收入排名(TOP5)）；水平对齐（居中）

步骤03 在"视图"菜单下单击"筛选器"按钮，筛选器的属性设置如图8-16所示。设置完成后要单击"应用筛选器"链接。

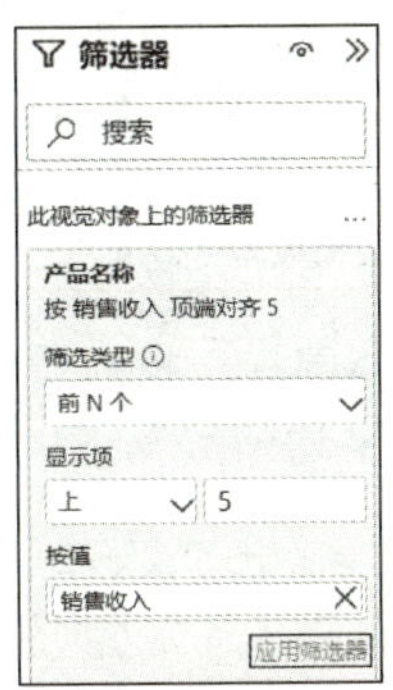

图8-16 筛选器属性设置

数据理解

将切片器设置为年度"2023"、月份"4"、店铺名称和产品名称均为"所有"。图8-15展示了2023年4月5种产品的销售收入排名情况：单板的销售收入最高，为2 104 960元；滑雪镜的销售收入最低，为350 280元。

动手练

查看收入排名后5名的产品和收入排名前5名的店铺。

子任务六 制作销售收入与销售成本变动趋势图

分区图是折线图的变化形式，通常用来表示时间序列数据的波动情况，可视化效果强烈。本案例中，我们通过分区图展示销售收入与销售成本的月度变动情况，两条折线之间的区域为毛利润的变动情况。

销售收入与销售成本变动趋势图制作后的效果如图8-17所示。

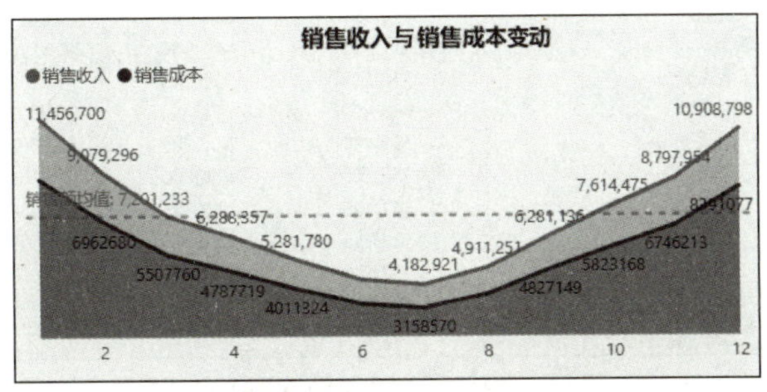

图8-17 销售收入与销售成本变动趋势图

【任务实现】

步骤 01 视觉对象生成设置。可视化对象：分区图；*X*轴：月份；*Y*轴：销售收入、销售成本。

步骤 02 编辑交互设置。选择月份切片器，在“格式”菜单下单击“编辑交互”按钮，然后单击分区图右上角的⊘，使其变为黑色，再单击“编辑交互”按钮。

步骤 03 视觉对象格式设置如表8-7所示。

表8-7 销售收入与销售成本分区图格式设置

格式类型	属性值设置
视觉对象	①*X*轴：标题（关闭）。②*Y*轴：值（关闭），标题（关闭）。③数据标签：打开；数据标签-值：显示单位（无）。④数据标签：数据系列（销售收入）；数据标签-选项：位置（高于）。⑤数据标签：数据系列（销售成本）；数据标签-选项：位置（下）
常规	①标题-标题：文本（销售收入与销售成本变动）。②标题-标题：水平对齐（居中）

步骤 04 视觉对象分析设置。单击图标，执行“平均值线”→“添加行”命令，将“平均值线1”改名为“销售额均值”；选择“平均值线”下的“数据标签”，将颜色设为“红色”，样式设为“双向”。

数据理解

图8-17展示了销售收入和销售成本随时间的变动情况。两条折线分别代表销售收入（灰色区域）和销售成本（深灰色区域），横轴表示时间（从1月到12月）。从图8-17中可以看出，收入和成本的变动趋势一致，收入和成本之间的区域恰好是毛利润，年初和年末的毛利润区域要大于6—8月的毛利润区域，说明连锁店冬季的收入、毛利润都高于夏季。红色虚线表示销售额均值，该值为7 201 233元，进一步观察哪些月份的收入高于平均值，这有助于理解各月销售收入相对于平均水平的波动情况。

子任务七 制作销售利润表

本案例中，我们通过矩阵来直接反映动享时刻不同产品的销售收入、毛利润及毛利率情况，从而找出盈利能力最强的产品。

销售利润表制作的效果如图8-18所示。

销售利润表

产品	销售收入	毛利润	毛利率
⊟ 雪板	4,101,110	829,920	20.24%
单板	2,104,960	406,640	19.32%
双板	1,996,150	423,280	21.20%
⊟ 服装	1,358,951	441,846	32.51%
滑雪鞋	510,185	180,245	35.33%
滑雪镜	350,280	72,280	20.63%
滑雪服	239,400	102,900	42.98%
头盔	152,100	46,800	30.77%
手套	41,405	15,925	38.46%
面护	33,055	12,020	36.36%
帽子	32,526	11,676	35.90%
⊟ 辅助用品	828,296	228,872	27.63%
总计	6,288,357	1,500,638	23.86%

图8-18 销售利润表

【任务实现】

步骤01 视觉对象生成设置。可视化对象：矩阵▦；行：产品分类名称、产品名称；值：销售收入、毛利润、毛利率。将“产品分类名称”重命名为“产品”。

步骤02 视觉对象格式设置如表8-8所示。

表8-8 销售利润表格式设置

格式类型	属性值设置
视觉对象	①列标题-文本：字体（Segoe UI，10，粗体），对齐方式（居中）。②网格-边框：节（列标头），边框位置（上）
常规	标题-标题：文本（销售利润表），字体（DIN，12），水平对齐（居中）

数据理解

将切片器设置为年度“2023”、月份“4”、店铺名称和产品名称均为“所有”。图8-18详细展示了各种滑雪产品的销售收入、毛利润和毛利率情况。从中可以看出，销售收入和毛利润最高的产品是单板，分别是2 104 960元和406 640元；而毛利率最高的产品是滑雪服，达到42.98%，若能提高其销售数量，滑雪服必将为连锁店贡献更多的毛利润。

任务二 订单分析与可视化

微课 8-2-1

子任务一 了解应用场景

1. 场景描述

订单分析是企业运营过程中至关重要的一环，通过对订单数据的深入挖掘和分析，企业能够更好地掌握市场动态、优化产品结构、提高客户满意度，从而实现可持续发展。在市场竞争日益激烈的今天，企业需要实时关注订单情况，以便迅速调整经营策略。订单分析的场景主要包括以下几个方面。

（1）销售预测。通过对历史订单数据的分析，企业可以预测未来一段时间内的销售趋势，为生产、采购、库存等环节提供数据支持。这有助于企业合理安排资源，降低经营风险。

（2）客户细分。订单分析可以帮助企业了解不同客户群体的购买特点，如购买频率、购买金额、购买偏好等。据此，企业可以制订有针对性的营销策略，提高客户转化率和留存率。

（3）产品组合优化。通过分析订单数据，企业可以了解各产品的销售情况，从而调整产品结构，提高整体盈利能力。例如，对于热销产品，企业可以加大生产力度；对于滞销产品，企业可以及时调整营销策略或淘汰产品。

（4）售后服务优化。订单分析可以帮助企业了解客户在购买过程中遇到的问题，从而改进售后服务体系，提升客户满意度。例如，针对频繁退、换货的问题，企业可以加强产品质量把控，减少售后纠纷。

总之，订单分析在企业运营中具有广泛的应用场景。通过深入挖掘订单数据，企业可以更好地把握市场脉搏，提升自身竞争力。

2. 分析思路

订单分析与可视化的思路如图8-19所示。

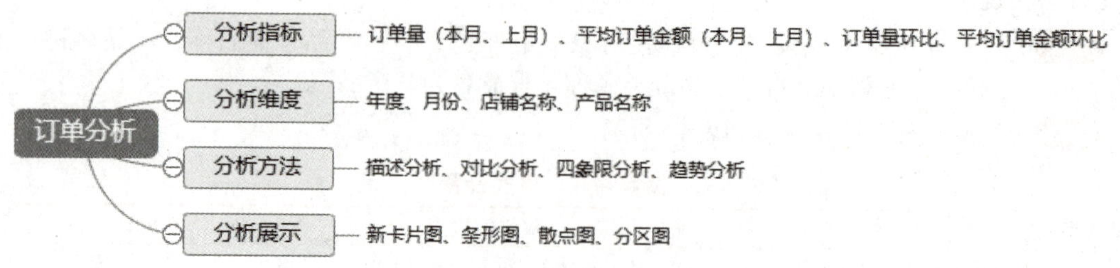

图8-19 订单分析与可视化的思路

3. 准备度量值

订单分析与可视化用的度量值主要有本月订单量、本月平均订单金额、上月订单量、上月平均订单金额，同时要计算订单量和平均订单金额的环比。

```
订单量 = COUNTROWS('销售表')
订单量-上月 = CALCULATE([订单量],PREVIOUSMONTH('日期表'[日期]))
订单量-环比 = DIVIDE([订单量]-[订单量-上月],[订单量-上月])
平均订单金额 = DIVIDE([销售收入],[订单量])
平均订单金额-上月 = CALCULATE([平均订单金额],PREVIOUSMONTH('日期表'[日期]))
平均订单金额-环比 = DIVIDE([平均订单金额]-[平均订单金额-上月],[平均订单金额-上月])
```

4. 可视化效果

订单分析与可视化的效果如图8-20所示。下面通过4个子任务详细介绍订单分析与可视化的实现过程。

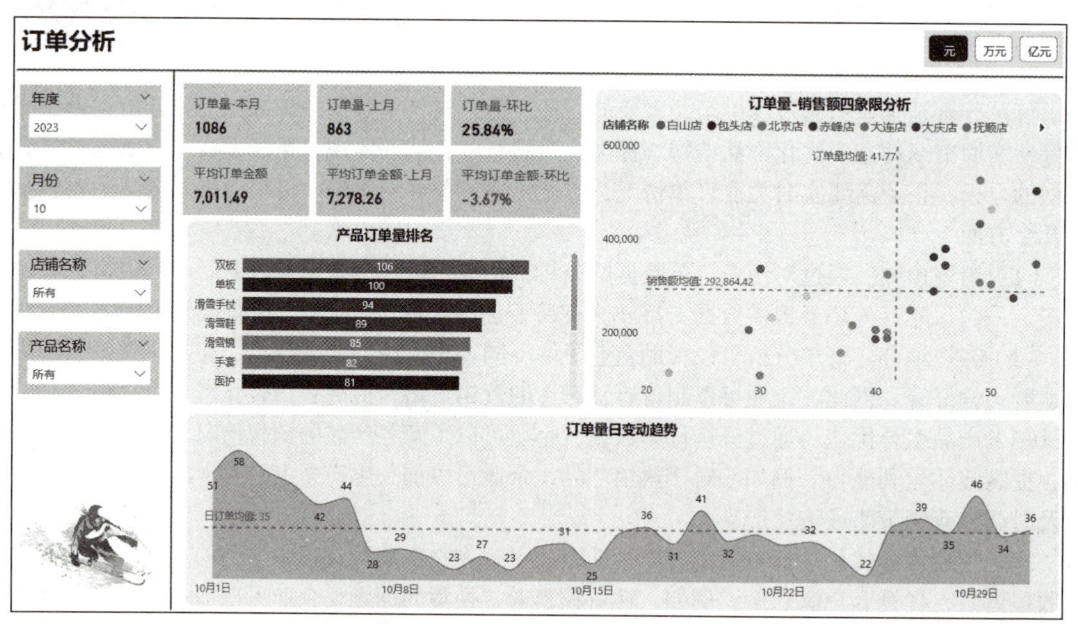

图8-20 订单分析与可视化效果总览

子任务二 制作核心指标图

本案例中，我们通过卡片图展示本月订单量、上月订单量、订单量环比、本月平均订单金额、上月平均订单金额、平均订单金额环比6个重要指标。

核心指标图制作后的效果如图8-21所示。其制作过程不再赘述。

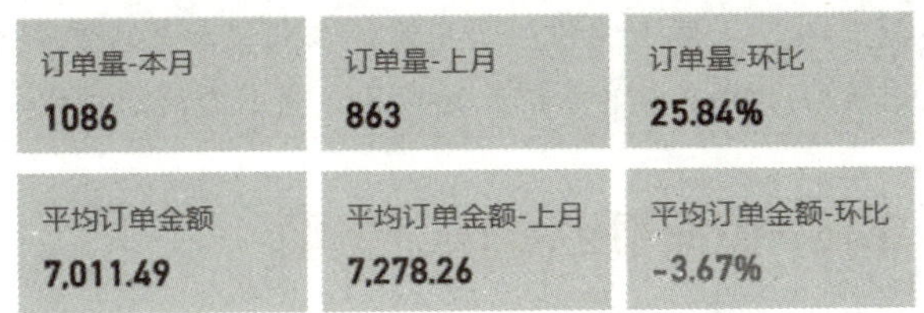

图8-21　核心指标图

数据理解

将切片器设置为年度“2023”、月份“10”、店铺名称和产品名称均为“所有”。图8-21展示了10月订单量为1 086，9月订单量为863，环比增长了25.84%；而从平均订单金额来看，10月为7 011.49元，9月为7 278.26元，环比下降了-3.67%。从中可以看出：本月订单量相比上月有显著增长，这表明市场需求增加，销售策略可能有效；但平均订单金额有所下降，这可能意味着客户购买了更多低价产品，或者促销活动影响了产品的平均售价。

基于以上理解，连锁店可以考虑以下策略。①增强市场推广：可以考虑继续加大市场推广活动，进一步扩大市场份额。②优化产品组合：分析销售数据，了解哪些产品或服务最受欢迎，优化产品组合，提高平均订单金额。③客户细分：研究客户购买行为，对客户进行细分，针对不同细分市场制定个性化营销策略。④成本控制：在增加订单量的同时，注意控制成本，确保利润率。

子任务三　制作产品订单量排名图

本案例中，我们通过条形图了解哪些产品的订单量排名靠前，这些订单量多的产品是否带来了更多的销售额和利润。

产品订单量排名图制作后的效果如图8-22所示。其制作过程不再赘述。

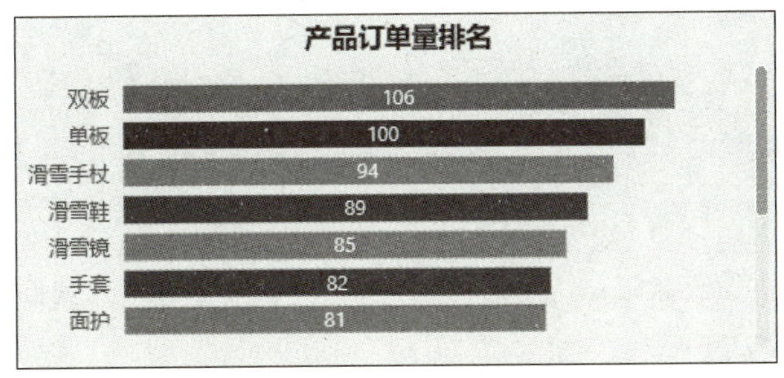

图8-22　产品订单量排名图

数据理解

将切片器设置为年度“2023”、月份“10”、店铺名称和产品名称均为“所有”。图8-22展示了所有店铺中所有产品10月的订单量排名情况。从中可以看出，双板和单板的订单量排在前两位，表明这些产品在市场上更受欢迎；滑雪手杖、滑雪鞋、滑雪镜、手套和面护的订单量相对较低，但仍然有稳定的市场需求。

基于此，连锁店可以考虑如下营销策略。①重点推广：继续加大对双板和单板的推广力度，利用其高人气来吸引更多顾客。②优化产品组合：考虑增加双板和单板的配套产品，如滑雪鞋、滑雪镜等，以提高整体销售额。③市场调研：研究为什么双板和单板更受欢迎，是否因为价格、品质或其他因素。④促销活动：对于订单量较低的产品，可以尝试通过促销活动来提升销量。

子任务四　制作订单量-销售额四象限分析图

四象限图的前身来自于波士顿矩阵图。波士顿矩阵又称市场增长率-相对市场份额矩阵，是由美国著名的管理咨询公司波士顿咨询集团在1970年提出的一种企业产品组合分析工具。波士顿矩阵将企业所有产品从市场增长率和市场份额两个维度进行再组合，把产品分为4类：明星产品、金牛产品、问题产品、瘦狗产品，分别对应矩阵的4个象限。波士顿矩阵可以帮助企业决策者对不同产品或业务单元进行资源配置，制定相应的战略，如投资、维持或放弃，从而优化产品组合，提高整体竞争力和市场表现。波士顿矩阵本质上就是四象限，我们可以选择任何相互关联的指标做四象限分析。在Power BI中，散点图更易于发现两个分析指标的关联关系，如果对每个分析指标加上均值线，即可构成四象限图。在本案例中我们选择订单量和销售额两个指标做四象限分析，以发现两个指标的关联性，从而调整店铺的营销策略。

微课 8-2-2

订单量-销售额四象限分析图制作后的效果如图8-23所示。

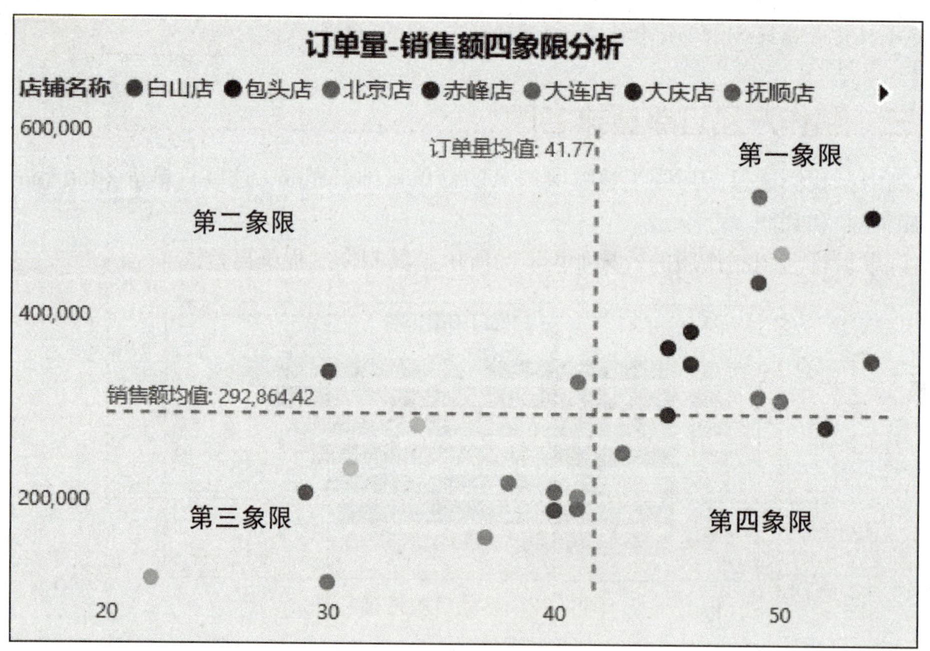

图8-23　订单量-销售额四象限分析图

【任务实现】

步骤01 视觉对象生成设置。可视化对象：散点图；值：月份；*X*轴：订单量；*Y*轴：销售收入；图例：店铺名称。

步骤02 视觉对象格式设置如表8-9所示。

表8-9　订单量-销售额四象限分析图格式设置

格式类型	属性值设置
视觉对象	①X轴：标题（关闭）。②Y轴-值：显示单位（无），值的小数位（0）。③Y轴：标题（关闭）
常规	标题-标题：文本（订单量-销售额四象限分析），字体（DIN，12，粗体），水平对齐（居中）

步骤03 视觉对象分析设置。单击图标，执行“平均值线”→“添加行”命令，数据系列选择“订单量”，将“平均值线1”改名为“订单量均值”；选择“平均值线”下的“数据标签”，将颜色设为“红色”，样式设为“双向”，小数位设为“2”。同理，添加销售额的均值线，注意此时的数据序列要选择“销售收入”。

数据理解

将切片器设置为年度“2023”、月份“10”、店铺名称和产品名称均为“所有”。在订单量和销售额的四象限分析中，4个象限代表了高订单量/高销售额、高订单量/低销售额、低订单量/高销售额和低订单量/低销售额4种情况。在分析时应重点关注高订单量/低销售额、低订单量/高销售额的店铺有哪些。根据图8-23，高订单量/低销售额店铺有长春店和抚顺店，说明这两家店的平均订单金额较低；低订单量/高销售额店铺有佳木斯店和张家口店，说明这两家店的平均订单金额较高。

根据四象限分析，连锁店应采取以下策略。①优化资源分配：对位于第一象限（高订单量/高销售额）的店铺，可以考虑增加资源投入，如库存、人力等，进一步提高销售额和市场份额。②策略调整：位于第四象限（高订单量/低销售额）的店铺可能需要调整定价策略或提高产品附加值，以提升销售额。③市场拓展：位于第二象限（低订单量/高销售额）的店铺可能有潜力扩大市场，增加订单量，如通过营销活动或拓宽销售渠道。④改进或淘汰：位于第三象限（低订单量/低销售额）的店铺可能需要深入分析原因，决定是改进产品或服务，还是考虑淘汰产品或转型。

子任务五　制作订单量日变动趋势图

订单量日变动趋势的分析对零售企业具有重要作用。

（1）可以了解市场动向与消费者需求：通过对日常销售数据的深入挖掘和分析，可以揭示产品在市场上的表现，洞察消费者行为趋势，把握企业收入的动态变化。

（2）评估促销效果：订单数据分析涉及订单数量、规模、增长趋势及客户重复购买率的分析。这些数据可以帮助企业评估促销活动效果，了解受欢迎的产品或服务，以及衡量客户忠诚度。

（3）销售模式洞察：通过订单时间数据分析，可以识别销售高峰时段，优化商品上架、下架和促销活动时间。

本案例中，我们通过分区图来展示所有店铺10月订单量的日变动趋势。订单量日变动趋势图制作后的效果如图8-24所示。

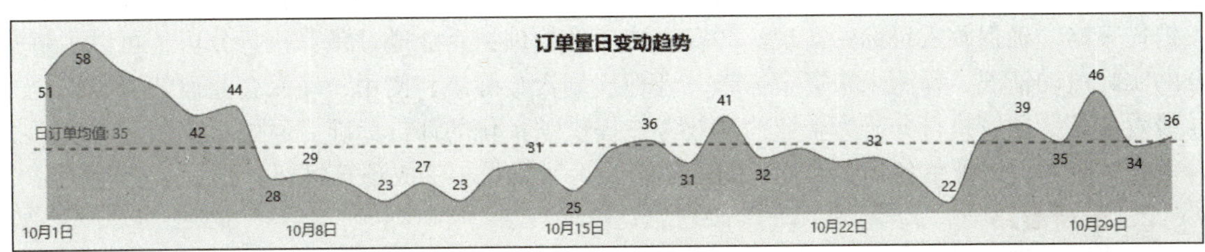

图8-24　订单量日变动趋势图

【任务实现】

步骤01 视觉对象生成设置。可视化对象：分区图；X轴：日期；Y轴：订单量。

步骤02 视觉对象格式设置如表8-10所示。

表8-10 订单量日变动趋势图格式设置

格式类型	属性值设置
视觉对象	①X轴-值：显示单位（无），标题（关闭）。②Y轴：值（关闭），标题（关闭）。③阴影区域：数据标签（打开）。④行-直线：宽度（1），插补类型（平滑）
常规	标题-标题：文本（订单量日变动趋势），字体（DIN，12，粗体），水平对齐（居中）

步骤03 视觉对象分析设置。单击图标，执行“平均值线”→“添加行”命令，将“平均值线1”改名为“日订单均值”；选择“平均值线”下的“数据标签”，将颜色设为“红色”，样式设为“双向”。

数据理解

将切片器设置为年度“2023”、月份“10”、店铺名称和产品名称均为“所有”。图8-24清晰地展示了2023年10月1日到10月31日的订单量日变动趋势。我们可以看到订单量在这段时间内波动较大，10月2日订单量最高为58，10月25日订单量最低为22，日订单均值为35，总体呈现下降趋势。

基于以上观察，连锁店可以采取以下营销手段。①市场分析：深入了解市场需求和竞争对手情况，确定订单量下降的具体原因。②产品优化：根据客户反馈和市场需求调整产品特性，提高产品竞争力。③增加营销活动：加大市场推广力度，利用社交媒体、广告等多种渠道提升品牌知名度。④客户服务：提升客户服务质量，增强客户忠诚度和满意度。

任务三 预算执行分析与可视化

子任务一 了解应用场景

微课 8-3

1. 场景描述

预算执行分析是企业经营分析的重要组成部分，它通过对预算执行情况的监控和分析，帮助企业确保资源合理分配，提高资金使用效率，实现企业战略目标。在复杂多变的经济环境中，企业需要密切关注预算执行情况，以确保各项业务活动按照既定计划进行。预算执行分析的场景主要包括以下4个方面。①成本控制：通过分析预算执行数据，企业可以实时监控各项成本支出，及时发现超支现象，并采取措施进行调整。这有助于企业控制成本，避免浪费，提高经济效益。②收入分析：预算执行分析可以帮助企业评估收入完成情况，对比预算目标与实际收入，找出差距所在，进而调整销售策略，确保收入目标的实现。③资金流动性管理：企业通过预算执行分析，可以了解资金的实际流动情况，预测未来资金需求，合理规划资金筹集和使用，确保企业运营资金安全。④绩效考核：预算执行分析为企业的绩效考核提供了量化的评价标准。通过对比预算与实际执行情况，企业可以评估各部门和员工的工作绩效，激励员工达成预算目标。

2. 分析思路

预算执行分析与可视化的思路如图8-25所示。

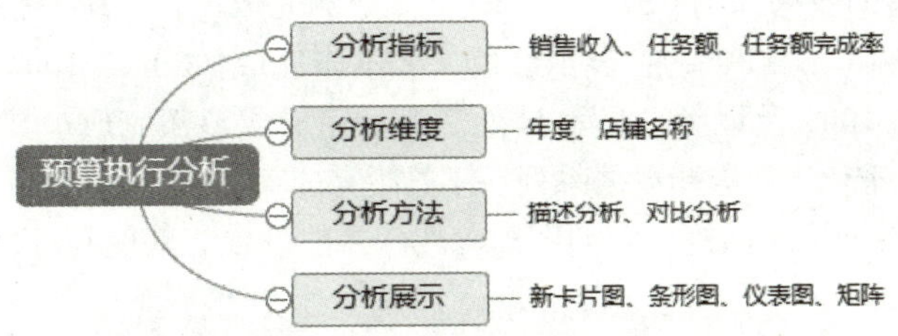

图8-25　预算执行分析与可视化的思路

3. 准备度量值

预算执行分析与可视化用到的度量值主要有销售收入、任务额和任务额完成率。

```
任务额 = SUM('任务表'[任务额])/SELECTEDVALUE('金额单位表'[单位值],1)
任务额完成率 = DIVIDE([销售收入],[任务额])
```

4. 可视化效果

预算执行分析与可视化的效果如图8-26所示。下面通过4个子任务详细介绍预算执行分析与可视化的实现过程。

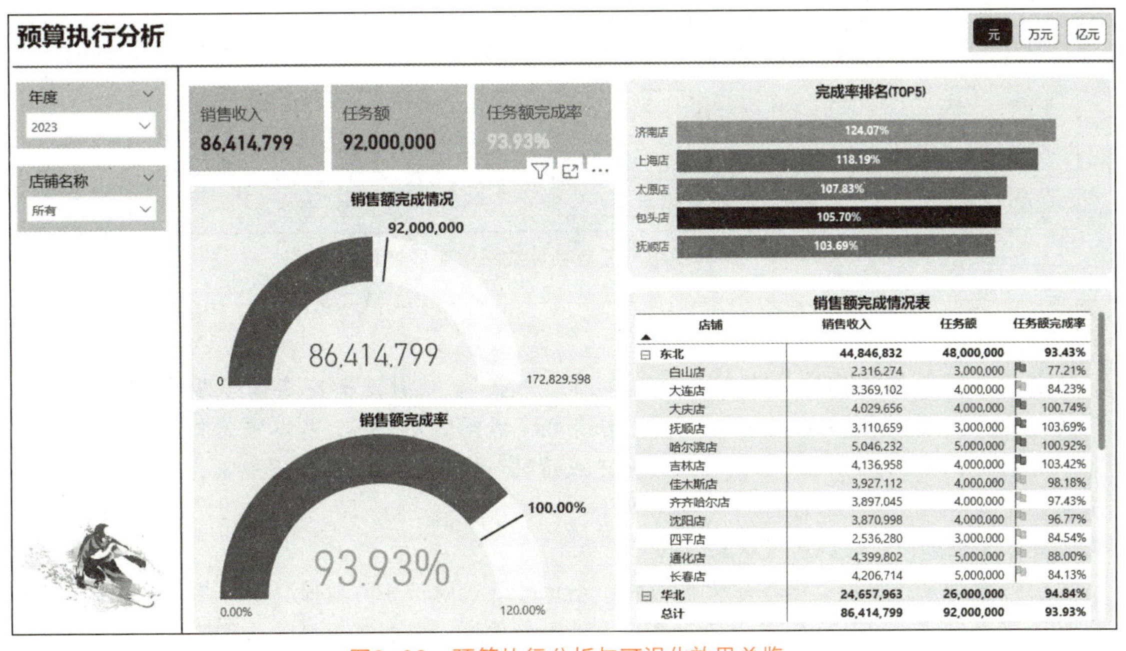

图8-26　预算执行分析与可视化效果总览

子任务二　制作核心指标图

卡片图可以直观地展示连锁店的销售情况、任务完成情况和整体业绩。本案例主要包含3个指标。①销售收入：表示连锁店在一定时期内销售商品或提供服务的总收入，该指标反映了企业的市场表现和盈利能力。②任务额：指各连锁店设定的年度销售目标总金额。③任务额完成率：该指标可以用来评估任务的完成情况，判断是否达到了预期的目标，是店铺KPI考核的重要依据。

核心指标图制作后的效果如图8-27所示。对于任务额完成率，系统会根据不同的参数设置显示不同的颜色。0～80%（不含80%）：显示红色，表示未完成。80%～100%（不含100%）：显示黄色，表示基本完成。100%及以上：显示绿色，表示完成或超额完成。具体设置方法是：在设置视觉对象时，在“标准值”下选择数据系列“任务额完成率”，然后在“值”下单击“fx”按钮，打开“字体颜色-数据系列”对话框，参照图8-28进行参数设置。其他制作过程不再赘述。

图8-27　核心指标图

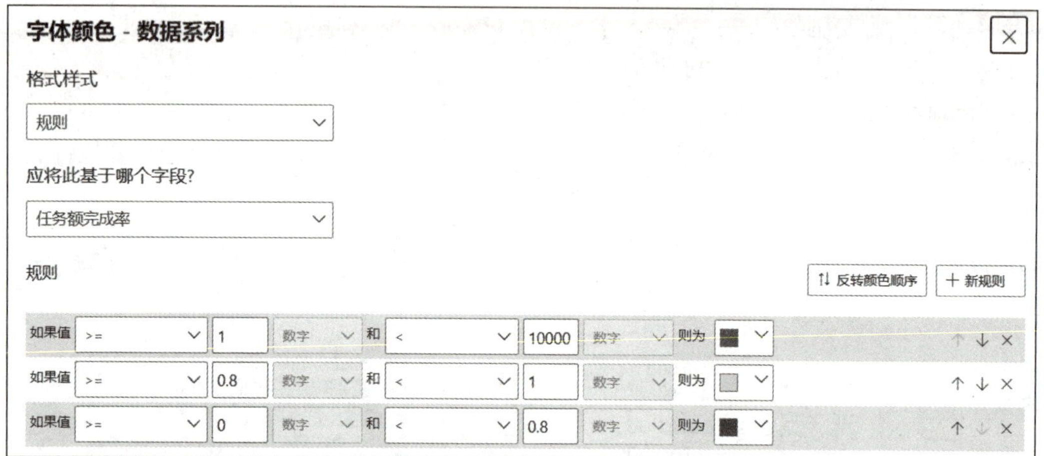

图8-28　卡片图中“任务额完成率”字段的格式设置

数据理解

将切片器设置为年度“2023”、店铺名称“所有”。连锁店所有店铺2023年的任务额为92 000 000元，销售收入为86 414 799元，任务额完成率达93.93%，基本完成任务。通过店铺名称切片器，可以查看不同店铺的任务额完成情况：白山店的任务额完成率为77%，未完成任务；济南店的完成率为124%，超额完成任务。

基于上述分析，连锁店可以采取以下行动。

（1）分析差异原因：深入分析未完成任务和超额完成任务的原因。了解超额完成任务店铺的策略和做法，以及未能完成任务店铺的障碍和挑战。白山店为经营多年的老店铺，客户相对稳定，客户购买力趋于饱和，加之任务额连年提高，导致白山店全年任务额未完成。而济南店为新开拓的店铺，客户购买力强，由于是新店，任务额定得相对较低。

（2）优化资源分配：根据各店铺的表现，重新分配资源和支持力度。对表现不佳的店铺提供额外支持和培训，对表现优秀的店铺则可以适当减少资源投入，以优化整体效率。

（3）提升销售策略：针对未完成任务的店铺，制定特定的销售提升策略，如开展促销活动、优化产品组合或改进客户服务。

（4）分享最佳实践：在连锁店内部分享表现优秀店铺的成功经验，促进知识和策略的共享，提升整个连锁店的销售表现。

（5）设定合理目标：根据各店铺的历史表现和市场情况，设定更为合理的销售目标，确保在目标的挑战性和可实现性之间取得平衡。

（6）定期监控和调整：定期监控各店铺的销售表现，及时调整策略和资源分配，以应对市场变化和提升销售效率。

子任务三　制作实际-预算对比图

实际-预算对比图应能展示实际数据和预算数据，并可清晰看到两个数据的对比及差距情况。仪表图是实现实际-预算对比分析的有力工具。若在仪表图中加入目标值，则可以随时观察实际值与目标值的差距，有助于管理层和决策者基于数据做出更合理的决策。通过监控仪表图，用户可以快速识别业务中的异常情况、潜在风险和问题，为监测实际数据的完成情况及KPI考核情况提供决策依据。本案例中制作了店铺销售额完成情况和完成率仪表图，并加入任务额作为对比。

销售额完成情况仪表图制作后的效果如图8-29所示。销售额完成率仪表图制作后的效果如图8-30所示。

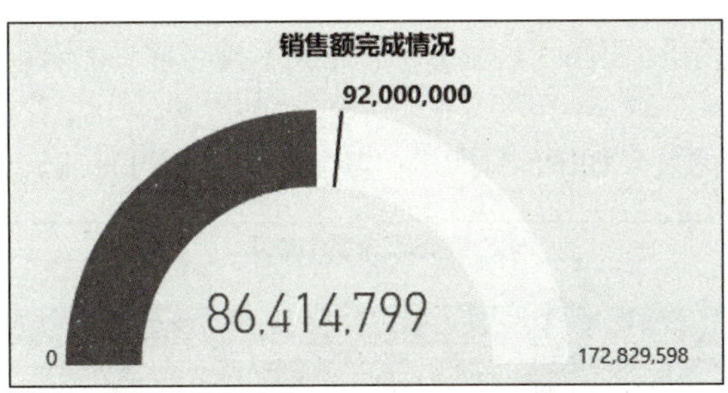

图8-29　销售额完成情况仪表图

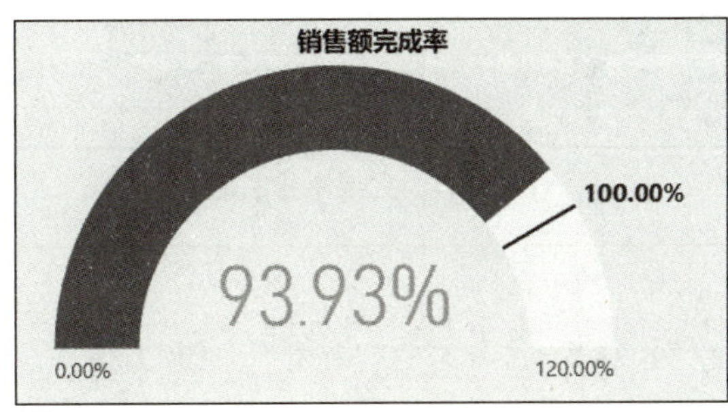

图8-30　销售额完成率仪表图

【任务实现】

1. 制作销售额完成情况仪表图

步骤01　视觉对象生成设置。可视化对象：仪表图；值：销售收入；目标值：任务额。

步骤02　视觉对象格式设置如表8-11所示。

表8-11　销售额完成情况仪表图格式设置

格式类型	属性值设置
视觉对象	①数据标签-值：字体（Segoe UI，10），显示单位（无）。②目标标签-值：显示单位（无）。③标注值-值：显示单位（无）
常规	标题-标题：文本（销售额完成情况），字体（DIN，12，粗体），水平对齐（居中）

2. 制作销售额完成率仪表图

步骤01 视觉对象生成设置。可视化对象：仪表图；值：任务额完成率。

步骤02 视觉对象格式设置如表8-12所示。

表8-12 销售额完成率仪表图格式设置

格式类型	属性值设置
视觉对象	①测量轴：最大（1.2），目标（1）。②数据标签-值：字体（Segoe UI，10），显示单位（无）。③标注值-值：颜色（fx，具体设置与图8-28相同）
常规	标题-标题：文本（销售额完成率），字体（DIN，12，粗体），水平对齐（居中）

数据理解

将切片器设置为年度“2023”、店铺名称“所有”。仪表图的数据展示内容与卡片图一样，卡片图以“文字+数字”方式直接表达，而仪表图的可视化效果更强烈。其数据解读不再赘述。

子任务四 制作完成率排名图

本案例中，我们通过条形图随时了解任务额完成率排名前5的店铺有哪些。这些店铺是其他店铺学习和追赶的榜样。

完成率排名图制作后的效果如图8-31所示。其制作过程不再赘述。

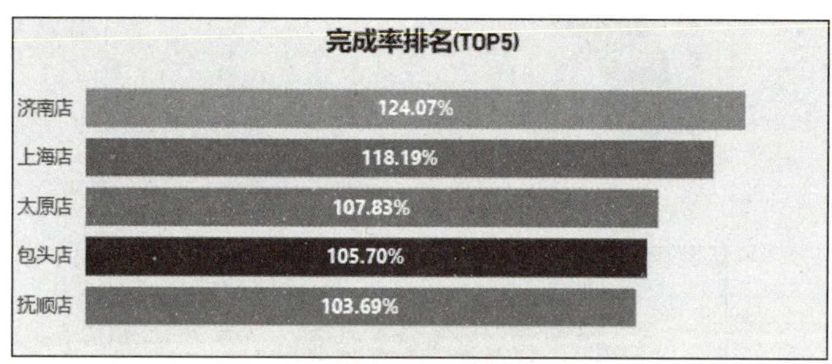

图8-31 完成率排名图

数据理解

将切片器设置为年度“2023”、店铺名称“所有”。图8-31展示了动享时刻任务完成率排名前5的店铺。可以看出，济南店的完成率最高，达到124.07%，位于排行榜首位。其次是上海店，完成率为118.19%。太原店、包头店和抚顺店分列第三、四、五位。

基于以上分析，连锁店可采取以下策略。①分析完成率差异：比较不同店铺的运营策略、市场环境、顾客群体等方面的差异。②探索潜在原因：探索造成这些完成率差异的潜在原因，如济南店是否采用了特殊的营销策略，或者是否有特定的顾客群体使得其完成率如此之高。③实施奖励计划：根据公司KPI考核办法，对完成率较高的店铺实施奖励。

子任务五 制作销售额完成情况表

本案例中，我们通过矩阵来直接反映动享时刻每一家店铺的销售收入、任务额及其完成率情况。根据任务额完成率的数值，用不同颜色的旗子进行标注，以随时掌握各店铺的任务完成情况。

销售额完成情况表制作后的效果如图8-32所示。

销售额完成情况表

店铺	销售收入	任务额	任务额完成率
⊟ 东北	44,846,832	48,000,000	93.43%
白山店	2,316,274	3,000,000	77.21%
大连店	3,369,102	4,000,000	84.23%
大庆店	4,029,656	4,000,000	100.74%
抚顺店	3,110,659	3,000,000	103.69%
哈尔滨店	5,046,232	5,000,000	100.92%
吉林店	4,136,958	4,000,000	103.42%
佳木斯店	3,927,112	4,000,000	98.18%
齐齐哈尔店	3,897,045	4,000,000	97.43%
沈阳店	3,870,998	4,000,000	96.77%
四平店	2,536,280	3,000,000	84.54%
通化店	4,399,802	5,000,000	88.00%
长春店	4,206,714	5,000,000	84.13%
⊟ 华北	24,657,963	26,000,000	94.84%
总计	86,414,799	92,000,000	93.93%

图8-32　销售额完成情况表

【任务实现】

步骤01　视觉对象生成设置。可视化对象：矩阵▦；行：地区分类、店铺名称；值：销售收入、任务额、任务额完成率。将“地区分类”重命名为“店铺”。

步骤02　视觉对象格式设置如表8-13所示。

表8-13　销售额完成情况表格式设置

格式类型	属性值设置
视觉对象	①列标题-文本：字体（Segoe UI，10，粗体），对齐方式（居中）。②网格-边框：节（列标头），边框位置（上）。③单元格元素：数据系列（任务额完成率），图标（fx，具体设置如图8-33所示）
常规	标题-标题：文本（销售额完成情况表），字体（DIN，12，粗体），水平对齐（居中）

图标 - 图标

格式样式：规则　　应用于：仅值

应将此基于哪个字段?：任务额完成率

图标布局：数据左侧　　图标对齐方式：中　　样式：自定义

规则　　⇅ 反转图标顺序　　+ 新规则

如果值				和				则为
如果值	>=	1	数字	和	<	10	数字	则为
如果值	>=	0.8	数字	和	<	1	数字	则为
如果值	>=	0	数字	和	<	0.8	数字	则为

图8-33　图标格式设置

数据理解

将切片器设置为年度“2023”店铺名称“所有”。图8-32展示了动享时刻26个店铺的销售额完成情况。从中可以看出，超额完成任务的店铺有10家，基本完成任务的店铺有14家，未完成任务的店铺有2家。其中，济南店的任务额完成率最高，达到了124%；而西安店的任务额完成率最低，为72%。

基于各店铺表现，连锁店可以采取如下策略。①分析成功因素：分析超额完成任务店铺的成功因素，如市场定位、营销策略、顾客服务、产品多样性等方面的优势，还要关注这些因素是否具有普适性。②找出不足之处：找出基本完成和未完成任务店铺的不足之处，如市场分析、销售渠道、产品竞争力等方面。③制定改进措施：根据分析结果制定改进措施，如优化营销策略、提高产品竞争力、增强顾客服务等。连锁店的最终目标是帮助所有店铺提高其销售表现，实现更高的任务完成率。

任务四　产品ABC分析与可视化

子任务一　了解应用场景

微课 8-4-1

1. 场景描述

帕累托分析法又称ABC分类法，它是由意大利经济学家帕累托首创的。1879年，帕累托在研究个人收入的分布状态时发现，少数人的收入占全部人收入的大部分，而多数人的收入却只占一小部分。他将这一关系用图表示出来，就是著名的帕累托图。帕累托分析法的核心思想是在决定一个事物的众多因素中分清主次，识别出少数的但对事物起决定作用的关键因素和多数的对事物影响较小的次要因素。

产品帕累托分析本质上是一种分组分析，将产品按重要程度分成A、B、C三类。判断每一种产品的ABC属性。判定原则如下：①先将每种产品按销售额从高到低排序；②确定每种产品的ABC属性。累计销售额占70%以内（含70%）的为A类产品，累计销售额大于70%小于等于90%的为B类产品，累计销售额大于90%的为C类产品。其中，A类产品是企业收入和利润的主要来源，应重点关注。

2. 分析思路

产品ABC分析与可视化的思路如图8-34所示。

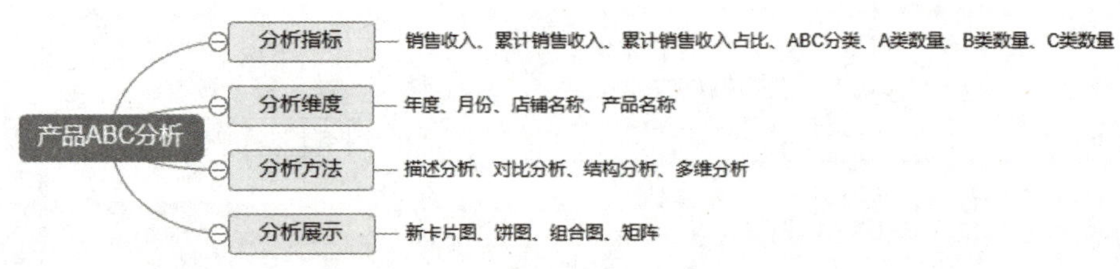

图8-34　产品ABC分析与可视化的思路

3. 准备度量值

产品ABC分析与可视化用的度量值主要有销售收入、累计销售收入、累计销售收入占比、ABC分类、A类数量、B类数量、C类数量等。

```
累计销售收入 =
    VAR X=[ 销售收入 ]
    VAR Y=CALCULATE([ 销售收入 ],FILTER(ALL(' 产品表 '[ 产品名称 ]),[ 销售收入 ]>=X))
    RETURN Y
累计销售收入占比 = DIVIDE([ 累计销售收入 ],CALCULATE([ 销售收入 ],ALL(' 产品表 '[ 产品名称 ])))
ABC 分类 =
    SWITCH(TRUE(),
    [ 累计销售收入占比 ]<=0.7,"A",
    [ 累计销售收入占比 ]<=0.9,"B",
    "C")
A 类数量 = COUNTROWS(FILTER(ALL(' 产品表 '[ 产品名称 ]),[ABC 分类 ]="A"))
B 类数量 = COUNTROWS(FILTER(ALL(' 产品表 '[ 产品名称 ]),[ABC 分类 ]="B"))
C 类数量 = COUNTROWS(FILTER(ALL(' 产品表 '[ 产品名称 ]),[ABC 分类 ]="C"))
```

4. 可视化效果

产品ABC分析与可视化的效果如图8-35所示。下面通过4个子任务详细介绍产品ABC分析与可视化的实现过程。

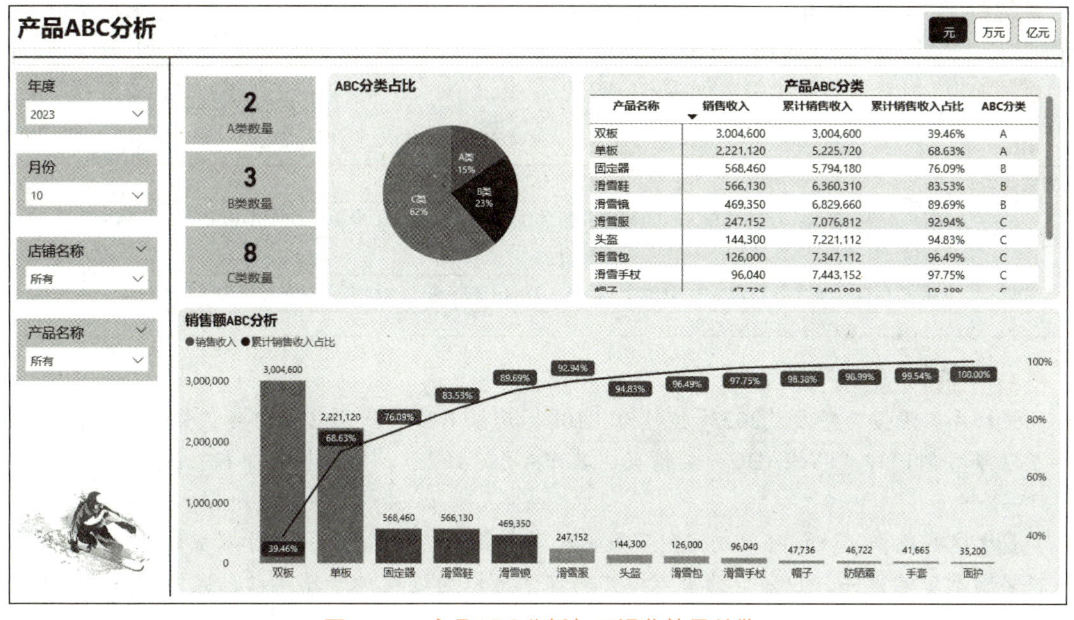

图8-35　产品ABC分析与可视化效果总览

子任务二　制作产品ABC分类表

产品ABC分类表是一种常用的管理工具，用于对产品进行分类和评估。在企业管理和市场营销领域，ABC分类法通常根据产品的销售量、利润贡献率、市场份额等因素，将产品分为A、B、C三类。这种分类方法有助于企业更好地了解和掌握不同产品的表现情况，从而制定相应的营销策略和管理措施。对于销售额ABC分类，可以这样理解：A类产品，即销售收入高的产品，通常是企业的支柱产品或明星产品，对企业的整体销售业绩有显著贡献；B类产品，即中等销售收入的产品，虽然不如A类产品那么突出，但对企业的销售业绩也有一定的贡献；C类产品，即销售收入低的产品，可能是新上市的产品或市场占有率较低的产品，需要更多关注和推广。本案例中，我们通过矩阵来直接反映动享时刻每一种产品的销售收入、累计销售收入、累计销售收入占比及ABC分类情况。

产品ABC分类表制作后的效果如图8-36所示。

产品ABC分类

产品名称	销售收入	累计销售收入	累计销售收入占比	ABC分类
双板	3,004,600	3,004,600	39.46%	A
单板	2,221,120	5,225,720	68.63%	A
固定器	568,460	5,794,180	76.09%	B
滑雪鞋	566,130	6,360,310	83.53%	B
滑雪镜	469,350	6,829,660	89.69%	B
滑雪服	247,152	7,076,812	92.94%	C
头盔	144,300	7,221,112	94.83%	C
滑雪包	126,000	7,347,112	96.49%	C
滑雪手杖	96,040	7,443,152	97.75%	C
帽子	47,736	7,490,888	98.38%	C

图8-36　产品ABC分类表

【任务实现】

步骤01 视觉对象生成设置。可视化对象：矩阵；行：产品名称；值：销售收入、累计销售收入、累计销售收入占比、ABC分类。

步骤02 视觉对象格式设置如表8-14所示。

表8-14　产品ABC分类表格式设置

格式类型	属性值设置
视觉对象	①列标题-文本：字体（Segoe UI，10，粗体），对齐方式（居中）。②网格-边框：节（列标头），边框位置（上）；
常规	标题-标题：文本（产品ABC分类），字体（DIN，12，粗体），水平对齐（居中）

数据理解

将切片器设置为年度“2023”、月份“10”、店铺名称和产品名称均为“所有”。图8-36展示了动享时刻13种产品的ABC分类情况，其中A类产品2个，为双板和单板；B类产品3个；C类产品8个。

基于这些数据，我们可以制定以下策略。①重点推广A类产品：由于双板和单板是销售收入排名前两位的产品，应该作为重点推广对象。可以通过增加营销活动、优化产品展示和提升客户体验来进一步增加这些产品的销售收入。②优化B类产品：固定器、滑雪鞋和滑雪镜作为B类产品也有不错的销售收入。可以考虑对这些产品进行一些优化，通过有效的促销活动提高它们的销售量和分类等级。③管理和调整C类产品：C类产品数量最多，但销售收入较低，需要对这些产品进行仔细分析，看看是否值得继续销售。对于一些销售不佳的产品，可以考虑减少库存、降价销售或淘汰等措施。

子任务三　制作核心指标图

卡片图可以直观地展示ABC三类产品的数量，使决策者能够快速洞察高收入、中收入和低收入产品各有多少种。

核心指标图制作后的效果如图8-37所示。其制作过程不再赘述。数据解读与ABC产品分类表类似。

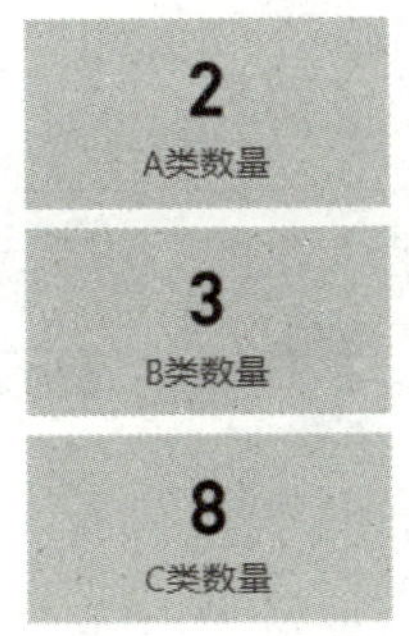

图8-37　核心指标图

子任务四　制作ABC分类占比图

我们通过饼图来清晰展示ABC产品数量的占比。若A类产品数量占比较小，说明每种A类产品提供的销售额都较高；若A类产品数量占比较大，则说明A类产品数量较多，每种A类产品贡献的销售额都没有特别突出。

ABC分类占比图制作后的效果如图8-38所示。其制作过程不再赘述。

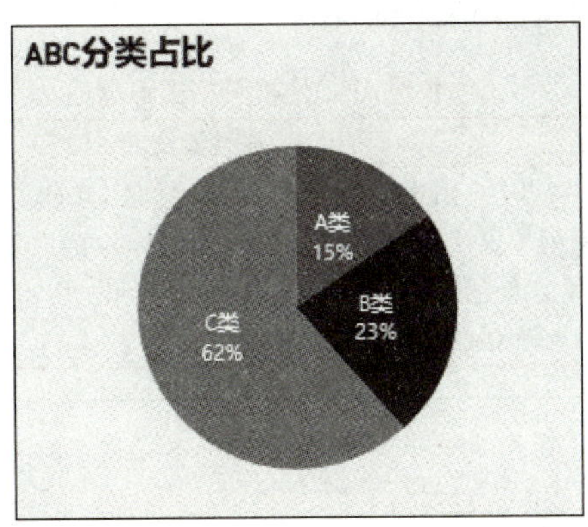

图8-38　ABC分类占比图

数据理解

将切片器设置为年度“2023”、月份“10”、店铺名称和产品名称均为“所有”。从图8-38中可以看出：A类产品数量占15%，B类产品占23%，C类产品占62%。C类产品数量最多，但其贡献的销售额最低。连锁店应根据ABC分类占比，合理调整产品组合，确保A类和B类产品有足够的库存和展示空间，减少C类产品的库存和展示空间，同时提供优质的客户服务，以促进销售和提升客户忠诚度。

子任务五　制作销售额ABC分析图

微课 8-4-2

组合图是一种常见的数据可视化工具，它通过将不同的图表类型组合在一起，以更全面地展示和比较数据。我们采用组合图（折线和堆积柱形图）来实现销售额ABC分析。堆积柱形图按产品销售收入由高到低排列，折线图按累计销售收入占比由低到高进行展示。同时，对于ABC三种分类的产品柱形图用不同的颜色进行区分，可视化效果非常明显。

销售额ABC分析图制作后的效果如图8-39所示。

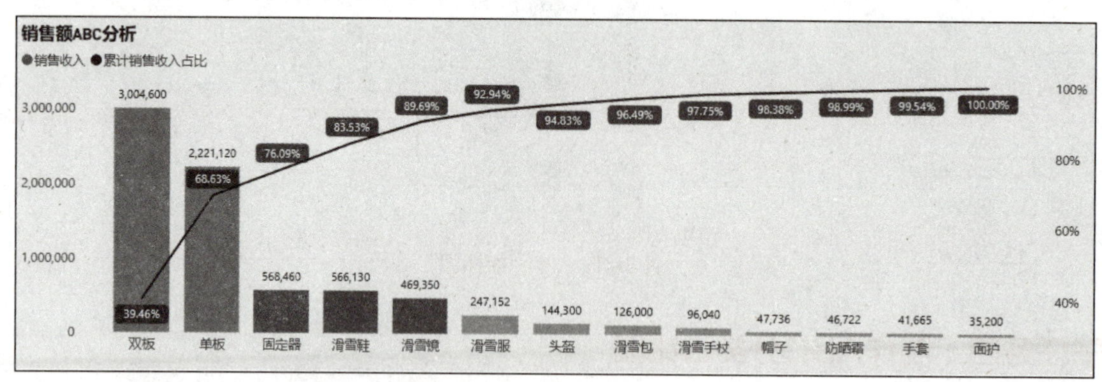

图8-39 销售额ABC分析图

【任务实现】

步骤01 视觉对象生成设置。可视化对象：折线和堆积柱形图；X轴：产品名称；列Y轴：销售收入；行Y轴：累计销售收入占比。

步骤02 视觉对象格式设置如表8-15所示。

表8-15 销售额ABC分析图格式设置

格式类型	属性值设置
视觉对象	①X轴：标题（关闭）。②Y轴-值：显示单位（无）；标题（关闭）。③数据标签-值：显示单位（无）。④数据标签：数据系列（累计销售收入占比）；数据标签-值：颜色（白色）；数据标签-背景：颜色（#24212E）。⑤列-颜色：颜色（fx，具体设置如图8-40所示）
常规	标题-标题：文本（销售额ABC分析），字体（DIN，12，粗体）

颜色 - 类别

格式样式

规则

应将此基于哪个字段?

累计销售收入占比

规则

反转颜色顺序　＋新规则

如果值 >= 0.9 数字 和 <= 1 数字 则为

如果值 >= 0.7 数字 和 < 0.9 数字 则为

如果值 >= 0 数字 和 < 0.7 数字 则为

图8-40 颜色类别设置

数据理解

将切片器设置为年度“2023”、月份“10”、店铺名称和产品名称均为“所有”。从图8-39中可以清晰看到，双板和单板贡献了将近70%的销售额，固定器、滑雪鞋、滑雪镜贡献了约20%的销售额，而剩下8种产品只贡献了约10%的销售额。

基于此，连锁店可以采取的综合策略如下。①重点产品优化：通过多种手段加强双板和单板的产品销售，如开发定制款或联名款雪板，吸引年轻消费群体，确保这些高销售额产品保持市场领先地位。针对双板和单板，可以进一步细分市场，满足不同消费群体的需求，如初学者、中级和高级滑雪者。②次要产品提升：提升固定器、滑雪鞋、滑雪镜的市场表现。这些产品贡献了20%的销售额，有潜力成为新的增长点。可以通过产品差异化、营销推广和捆绑销售策略来提升它们的销售额。③低贡献产品策略：开展特色营销。对于低贡献产品，可以尝试寻找特定的市场细分，或者开发特色功能，以增加其市场吸引力。④交叉销售和捆绑销售：推广配套产品，鼓励购买双板和单板的消费者同时购买固定器、滑雪鞋、滑雪镜等配套产品，通过套餐优惠等方式提高整体销售额。⑤市场研究和消费者洞察：深入了解消费者需求，通过市场调研了解消费者的购买偏好和使用习惯，以便更好地调整产品策略和营销计划。

任务五　会员画像分析与可视化

微课 8-5-1

子任务一　了解应用场景

1. 场景描述

在现代商业环境中，谁抓住了客户，谁就能取得竞争优势。会员是连锁店的核心资产。会员画像分析是一种重要的市场研究和消费者行为分析技术，通过收集、整合和分析会员数据，企业可以深入了解会员的特征、偏好和行为模式，从而制定更有效的营销策略和服务方案。

会员画像分析的重要应用如下。

（1）了解会员基本信息：通过会员画像分析，企业可以了解会员的基本人口统计信息，如年龄、性别、职业、收入水平等。这些信息有助于企业更好地定位目标市场，为不同类型的会员提供个性化的服务和促销活动。

（2）分析消费行为：会员画像分析还可以揭示会员的消费习惯和偏好，如购买频率、消费金额、喜欢的商品或服务类型等。这有助于企业优化产品线，提高销售额，并为会员提供更多符合其需求的商品和服务。

（3）识别潜在需求：通过分析会员的历史购买数据和行为模式，企业可以识别出会员的潜在需求和兴趣点。例如，如果某个会员经常购买特定类别的商品，那么企业可以推测该会员可能对相关领域的其他产品或服务也有需求。

（4）个性化营销：根据会员的画像信息，企业可以为每个会员提供个性化的营销内容和服务。例如，对于高消费额的会员，企业可以提供专属优惠和高端产品推荐；而对于低消费额的会员，企业可以提供更多的促销活动和入门级产品。

（5）改善客户体验：会员画像分析可以帮助企业改善客户体验。

（6）预测市场趋势：会员画像分析还可以帮助企业预测市场趋势。例如，通过对大量会员数据的分析，企业可以洞察消费潮流的变化，提前准备应对策略，保持市场竞争优势。

总之，会员画像分析是现代企业不可或缺的市场研究手段之一。通过深入挖掘和分析会员数据，企业可以更好地理解会员需求，优化业务流程，提升客户体验，降低风险，最终实现可持续发展的目标。

2. 分析思路

会员画像分析与可视化的思路如图8-41所示。

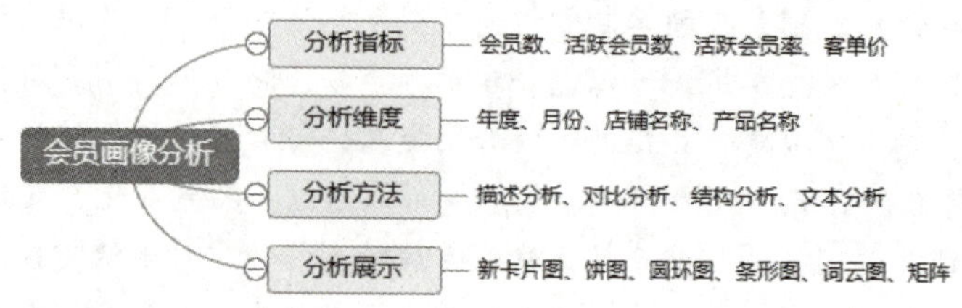

图8-41　会员画像分析与可视化的思路

3. 准备度量值

会员画像分析与可视化用的度量值主要有会员数、活跃会员数、活跃会员率、客单价等。其中，活跃会员数是指本期有购买行为的会员人数，客单价为活跃会员人数的平均销售额。

```
会员数 = COUNT('会员表'[会员 ID])
活跃会员数 = DISTINCTCOUNT('销售表'[会员 ID])
活跃会员率 = DIVIDE([活跃会员数],[会员数])
客单价 = DIVIDE([销售收入],[活跃会员数])
```

4. 可视化效果

会员画像分析与可视化的效果如图8-42所示。下面通过7个子任务详细介绍会员画像分析与可视化的实现过程。

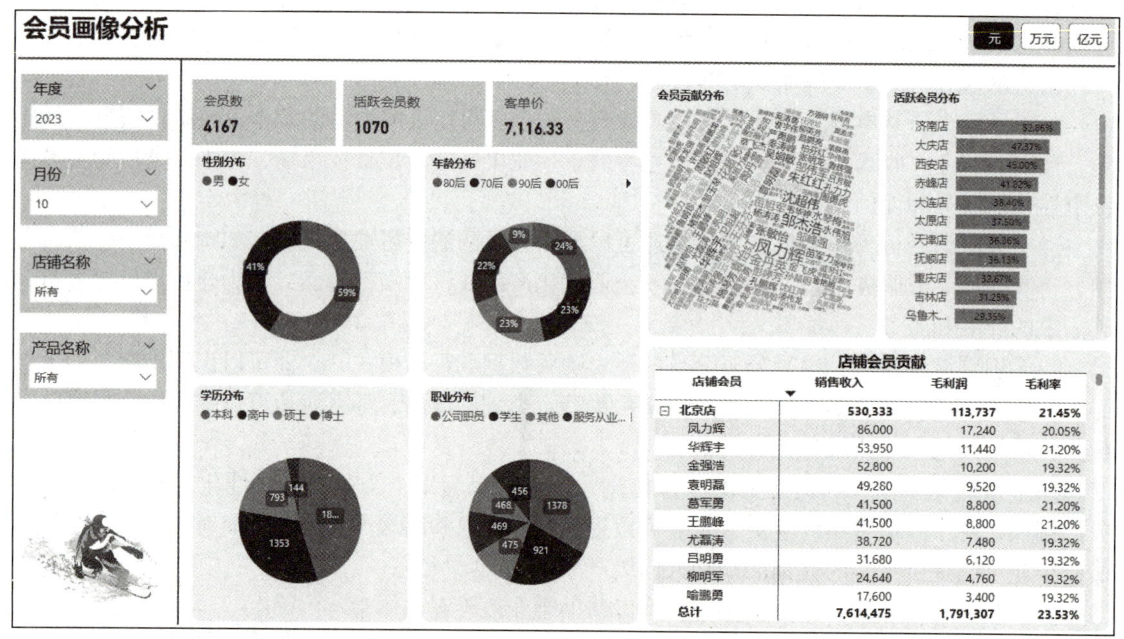

图8-42　会员画像分析与可视化效果总览

子任务二　制作店铺名称切片器

图8-42中的年度、月份、产品名称切片器由同步切片器自动生成，无需设置。店铺名称切片器需要重新制作。该店铺名称切片器的字段要选择会员表的“店铺名称”，这样才能看到不同店铺下的会员信息变化情况。其制作过程不再赘述。

子任务三 制作核心指标图

卡片图可以直观地展示会员数、活跃会员数、客单价等核心指标，这些数据可以帮助商家了解其会员基本情况，尤其是活跃会员有哪些，购买了哪些商品，应重点分析他们的购买行为，从而更好地制定营销策略和服务计划。

核心指标图制作后的效果如图8-43所示。其制作过程不再赘述。

会员数	活跃会员数	客单价
4167	1070	7,116.33

图8-43 核心指标图

数据理解

将切片器设置为年度“2023”、月份“10”、店铺名称和产品名称均为“所有”。从图8-43中可以看出，连锁店会员总数为4 167，但10月活跃会员数为1 070，活跃会员率仅为26%，有近2/3的会员本月没有购买行为，客单价为7 116.33元。

据此，连锁店可以采取以下行动。①提高会员活跃度：可以通过推出会员专属活动、优惠或增加会员之间的互动来提高活跃度。②优化产品或服务：分析会员不活跃的原因，如果是产品或服务不满足他们的需求，应收集会员反馈，针对问题进行改进。③针对高价值产品促销：客单价较高，表明会员可能更倾向于购买高价值产品。可以针对这些产品进行促销活动，吸引会员消费。④个性化营销：根据会员的购买历史和偏好，进行个性化营销，提高转化率和满意度。

子任务四 制作会员性别和年龄分布图

环形图是一种强大的数据可视化工具，适用于各种需要展示数据分布和比较的应用场景。通过不同颜色的圆环区域，我们可以清晰地看到各部分所占的比例。环形图常用于比较不同类别或时间段的数据：如在性别分布图中，可以比较男性和女性的比例；在年龄分布图中，可以比较不同年龄段的比例。在市场研究领域，环形图常用于分析消费群体、产品偏好等。在企业经营过程中，环形图常用于分析销售情况、客户满意度等。本案例中，我们用环形图展示会员性别占比和年龄分布情况。

会员性别和年龄分布图制作后的效果如图8-44所示。

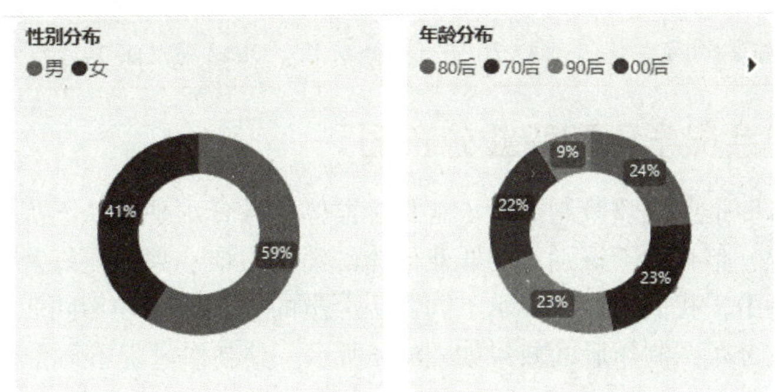

图8-44 会员性别和年龄分布图

【任务实现】

1. 制作会员性别分布环形图

步骤01 视觉对象生成设置。可视化对象：环形图；图例：性别；值：会员数。

步骤02 视觉对象格式设置如表8-16所示。

表8-16　　会员性别和年龄分布图格式设置

格式类型	属性值设置
视觉对象	①图例-选项：位置（靠上左对齐），标题（关闭）。②详细标签信息-选项：位置（内部），标签内容（总百分比）；详细标签信息-值：背景（开），百分比小数位数（0）
常规	标题-标题：文本（性别分布）、字体（DIN，8，粗体）

2. 制作年龄分布环形图

步骤01 添加“年龄段”列。在表格视图下，选中会员表，单击“新建列”按钮，输入以下DAX公式。

```
年龄段 =
SWITCH(
    TRUE(),
    [出生年月].[年]<1970,"60后及以前",
    [出生年月].[年]<1980,"70后",
    [出生年月].[年]<1990,"80后",
    [出生年月].[年]<2000,"90后",
    "00后"
)
```

步骤02 视觉对象生成设置。可视化对象：环形图；图例：年龄段；值：会员数。

步骤03 视觉对象格式设置。年龄分布环形图的格式设置与性别分布环形图的格式设置类似，这里不再赘述。

数据理解

将切片器设置为年度“2023”、月份“10”、店铺名称和产品名称均为“所有”。从图8-44的左图中可以看出，男性会员占59%，女性会员占41%。这意味着在制定策略时，我们需要考虑到增加女性的需求可以给连锁店带来更多的收入。例如，在产品选择和市场推广方面，可以更多地考虑女性的喜好和需求。从图8-44的右图来看，年龄段占比最高的是80后，为24%；其次是70后和90后，占比均为23%；00后占22%；60后只占9%。可以看出，70、80、90、00后4个群体占比达到82%，是店铺销售额的主要贡献人群。企业在制定策略时，除了多关注70、80、90后群体的需求和喜好外，同时要深入挖掘00后群体的消费需求，扩大该群体的会员人数，他们是未来的消费主力军。对于60后群体，可以开发一些高价值产品以满足其需求。

子任务五　制作会员学历和职业分布图

学历分布可以帮助企业或政策制定者了解目标群体的教育水平，从而提供更符合该群体需求的产品或服务。职业分布有助于识别不同职业群体的消费习惯、兴趣爱好及潜在需求，为市场细分提供依据。本案例中，我们用饼图展示不同学历会员的分布情况和不同职业的会员分布情况。

会员学历和职业分布图制作后的效果如图8-45所示。其制作过程不再赘述。

数据理解

将切片器设置为年度“2023”、月份“10”、店铺名称和产品名称均为“所有”。从图8-45中左侧饼图可以看出，本科和高中学历的人数较多；右侧饼图显示，公司职员和自由职业者的人数占比较高。连锁店可以针对不同学历、不同职业人群采取相应的策略。硕士、博士等高学历人群有很大的市场开拓空间，可以考虑推出更高端、更具创新性的产品或服务，以满足这一群体可能更高的需求；多关注学生群体，该群体追求时尚，喜欢探索和迎接挑战，可以考虑推出学生优惠或与学生相关的产品或服务。

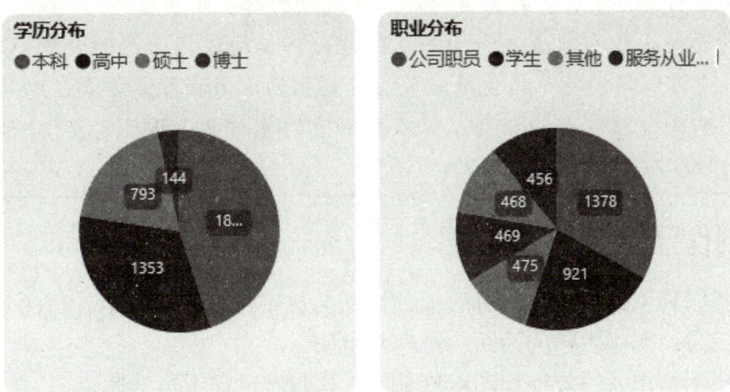

图8-45　会员学历和职业分布图

子任务六　制作会员贡献分布图

会员贡献分布图用于展示会员对某一组织、平台或商业实体贡献度的分布情况。这种图表通常基于会员的消费金额、活跃度、参与度或其他贡献指标来构建。通过会员贡献分布图，企业可以快速识别出贡献度最高的会员（通常称为VIP会员或高价值会员），这些会员对企业的收入和增长至关重要。本案例中，我们在词云图中显示会员的姓名，名字越大，代表其本月的购买金额越高。

会员贡献分布图制作后的效果如图8-46所示。

图8-46　会员贡献分布图

微课 8-5-2

【任务实现】

步骤01　视觉对象生成设置。可视化对象：词云图；类别：姓名；值：销售收入。

步骤02　视觉对象格式保留默认设置。

数据理解

将切片器设置为年度“2023”、月份“10”、店铺名称和产品名称均为“所有”。从图8-46中可以看出，10月购买金额最多的会员为北京店的凤力辉，购买金额为86 000元。购买金额排名第二和第三的为包头店的邹杰浩和西安店的沈超伟。通过词云图的分析，对于购买金额的主要贡献者，企业可以提供特殊的会员服务、定制化的沟通和答谢方式，以及可能的VIP待遇或奖励；而对于购买金额较小的会员，可以鼓励他们参与更多活动，提供一些小额优惠或奖励，以增加他们的参与度和贡献。

子任务七　制作活跃会员分布图

本案例中，我们利用条形图对所有店铺的活跃会员率进行排序展示，目的是快速洞察哪些店铺的活跃会员率较高，哪些店铺的活跃会员率较低。

活跃会员分布图制作后的效果如图8-47所示。其制作过程不再赘述。

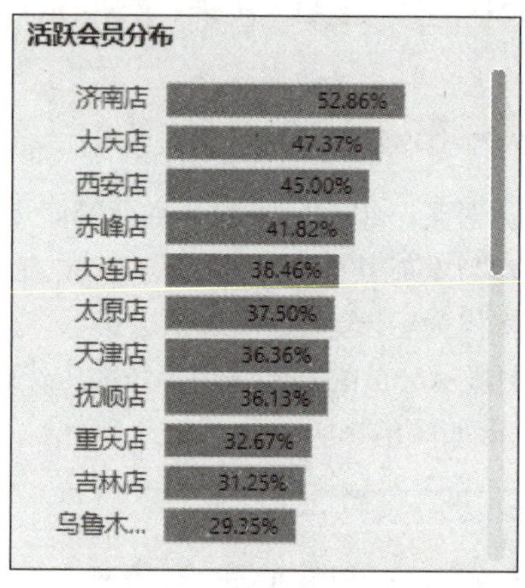

图8–47　活跃会员分布图

数据理解

将切片器设置为月度“2023”、月份“10”、店铺名称和产品名称均为“所有”。从图8-47中可以看出，济南店以52.86%的活跃会员率领先，表明该店可能有有效的会员维护策略或特别吸引会员的活动。大庆店、西安店等紧随其后，也有较高的活跃会员率。对于活跃会员率较低的地区，如乌鲁木齐店，可能需要采取特定的策略来提高会员活跃度。

子任务八　制作店铺会员贡献表

店铺会员贡献表是一种记录和分析会员在特定店铺消费行为和贡献度的数据表。它通常包括会员的购买频率、购买金额、购买品类、积分累积等信息。通过会员贡献表，店铺可以将会员分为不同的层级（如普通会员、银卡会员、金卡会员、钻石会员等），以便针对不同层级的会员提供差异化的服务和营销策略。同时，店铺会员贡献表有助于快速识别出对店铺销售额贡献最大的会员，这些会员是店铺的重要资产，需要特别关注和维护。本案例中，我们利用矩阵对所有店铺、所有会员的销售收入、毛利润和毛利率进行展示，以直观了解店铺的销售收入和利润贡献情况。

店铺会员贡献表制作后的效果如图8-48所示。其制作过程不再赘述。

店铺会员贡献

店铺会员	销售收入	毛利润	毛利率
⊟ 北京店	530,333	113,737	21.45%
凤力辉	86,000	17,240	20.05%
华辉宇	53,950	11,440	21.20%
金强浩	52,800	10,200	19.32%
袁明磊	49,280	9,520	19.32%
葛军勇	41,500	8,800	21.20%
王鹏峰	41,500	8,800	21.20%
尤磊涛	38,720	7,480	19.32%
吕明勇	31,680	6,120	19.32%
柳明军	24,640	4,760	19.32%
喻鹏勇	17,600	3,400	19.32%
总计	7,614,475	1,791,307	23.53%

图8-48　店铺会员贡献表

数据理解

将切片器设置为年度“2023”、月份“10”、店铺名称和产品名称均为“所有”。图8-48主要展示了2023年10月北京店的活跃会员销售收入、毛利润和毛利率，下拉滚动条可以看到全部会员的贡献情况。北京店的销售收入为530 333元，毛利润为113 737元，毛利率为21.45%，略低于所有店铺的平均毛利率23.53%。会员凤力辉的销售收入最高，为86 000元，但毛利率略低于店铺平均水平。

根据分析，连锁店可以采取以下策略。①对于销售收入高的会员，可以进一步分析其购买行为，并查看其学历、年龄段、职业等特点，看是否可以在同类会员中推广。②对于销售收入较低但毛利率较高的会员，可以采取更多的促销手段，提高其购买数量。③对于毛利率低于平均水平的会员，连锁店应采取产品组合优化策略，分析这些会员购买的产品组合，看是否可以通过引入利润率更高的产品来提高整体毛利率。

任务六　首页可视化

微课 8-6

子任务一　了解应用场景

首页可视化的一般思路在项目七中已经介绍过，这里不再赘述。本案例的首页可视化主要设计了背景、标题、导航栏、核心指标、互动元素等。具体可视化效果如图8-49所示。下面主要通过5个子任务详细介绍首页可视化的实现过程。

动享时刻经营分析
Enterprise Business Analysis
销售分析
订单分析
预算执行分析
产品ABC分析
会员画像分析
年度 2023
月份 10
7,614,475
1,791,307
23.53%
1086
1070
7,116.33

图8-49　首页可视化效果总览

子任务二 制作画布背景

通常可以选择一张精美的图片作为画布背景，突出首页的可视化效果。这里我们选择连锁店的Logo图片作为画布背景。

【任务实现】

步骤01 单击画布空白处，在右侧可视化窗格中选择图标。

步骤02 选择“画布背景”下的“图像”，单击“浏览”，选择“动享时刻背景图片.png”文件，然后单击“打开”按钮；将透明度（%）设置为“80”，最终效果如图8-49中所示。

子任务三 制作标题

标题可以体现数据分析的主题，是首页可视化的重要内容，通常可以选择插入文本框、形状、图片等方式实现。本案例通过插入文本框来实现标题的制作。标题制作后的效果如图8-50所示。

动享时刻经营分析
Enterprise Business Analysis

图8-50 标题文本框

【任务实现】

步骤01 在“插入”菜单下单击“文本框”按钮，在画布左上角插入一个文本框。

步骤02 文本框的格式设置如表8-17所示。

表8-17 标题文本框格式设置

格式类型	属性值设置
常规	①标题-标题：文本（动享时刻经营分析），字体（DIN，32，粗体）。②标题-字幕：文本（Enterprise Business Analysis），字体（Segoe UI，14）。③标题：分隔线（打开）

子任务四 制作导航栏

通过导航栏，报表使用者可以快速切换到“销售分析”“订单分析”“预算执行分析”“产品ABC分析”“会员画像分析”页面。本案例采用系统的“导航器”实现导航功能，并通过在每个页面插入“返回”按钮，实现返回首页的功能。导航和返回操作均需按住“Ctrl”键再单击相应按钮方可实现页面的切换。

导航栏制作后的效果如图8-51所示。

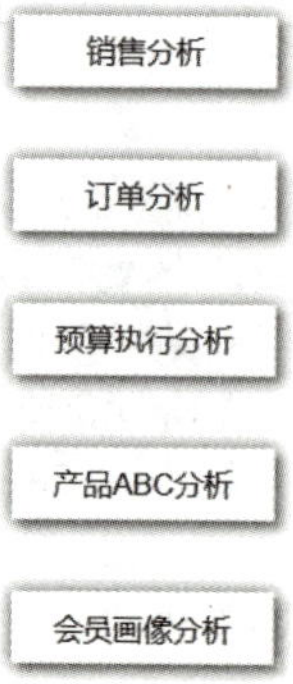

销售分析

订单分析

预算执行分析

产品ABC分析

会员画像分析

图8-51 导航栏

【任务实现】

步骤01 在“插入”菜单下选择“按钮”→“导航器”→“页面导航器”，系统自动生成以表页名称为按钮的导航栏。

步骤02 页面导航器的格式设置如表8-18所示。

表8-18　页面导航器格式设置

格式类型	属性值设置
视觉对象	①网格布局：方向（垂直），填充像素（10）。②样式-文本：字体（Arial，12），边框（关闭）；阴影（打开），发光（打开）。③页-显示：首页（关闭）

步骤03 在“插入”菜单下选择“按钮”→“上一步”，在每个表页的左上角插入“返回”按钮，选中“上一步”按钮，设置其格式，如表8-19所示。

表8-19　返回按钮格式设置

格式类型	属性值设置
按钮	操作-操作：类型（页导航），目标（首页）

子任务五　制作核心指标图

本案例选择了6个核心指标在首页进行动态展示，它们分别是销售额、毛利润、毛利率、订单量、活跃会员数、客单价。核心指标展示通过卡片图实现，每张卡片中加入相应的小图标以增强可视化效果。

核心指标图制作后的效果如图8-52所示。

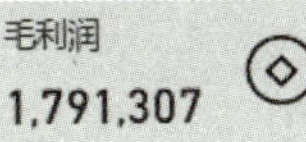

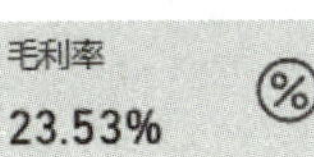

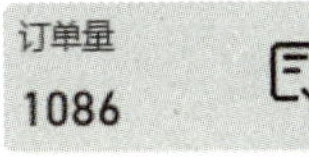

图8-52　核心指标图

【任务实现】

步骤01 视觉对象生成设置。可视化对象：卡片（新）；数据：销售额、毛利润、毛利率、订单量、活跃会员数、客单价。

步骤02 视觉对象格式设置如表8-20所示。

表8-20　核心指标图格式设置

格式类型	属性值设置
视觉对象	①布局-布局：显示的最大卡片数（6）。②标注值-值：字体（DIN，15），显示单位（无，此操作需针对每个数据系列进行）；标注值-标签：字体（Segoe UI，8）。③图像：映画类型（选择对应的图像，此操作需针对每个数据系列进行），位置（文本右侧）。④卡：形状（圆角矩形），圆角像素（5）；卡-背景：颜色（#D6EDE9）

子任务六　制作交互元素

首页交互元素通过年度切片器和月份切片器设置，从而实现核心指标的动态展示。年度和月份切片器通过同步切片器自动生成，不需要重新设置。

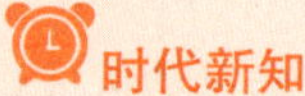

时代新知

数据资产的新时代价值

随着数字技术的迅猛发展，数据已经成为当今时代的重要资源。2023年8月，财政部发布了《企业数据资源相关会计处理暂行规定》，体现了国家对数据资产管理的重视和规范。

在这一政策指引下，越来越多的企业开始重新审视和评估自身的数据资产。以前可能被忽视的用户浏览记录、消费习惯等数据，现在都被视为宝贵的资产，能够为企业的决策提供有力支持。同时，数据资产入表也推动了数据保护意识的提升。在数据的采集、存储和使用过程中，企业必须严格遵守相关法律法规，确保数据的合法性和安全性。这既保护了消费者的隐私权益，也为企业赢得了社会的信任和尊重。

新时代的大学生应深刻理解数据资产管理的重要性，以及作为未来职场人应具备的数据意识和能力；同时，在未来的工作中，也要坚守法律和道德的底线，实现个人价值和社会价值的和谐统一。

巩固提高

一、思考题

1. 本项目案例设计了5个分析页面，简要说明每个分析页面针对的业务场景及具体的分析思路。

2. 项目一中介绍过客户价值分析的RFM模型，请尝试用此模型分析每一类会员的购买行为，并思考针对不同类型的会员应采取哪些有针对性的营销策略。

3. 思考如何按利润额做产品ABC分析，并能通过销售额和利润额的切换，实现产品ABC分析的动态展示。

二、实训题

根据本项目所讲内容，进行某超市销售数据的智能分析与可视化。

案例数据\项目八\9-超市销售数据.xlsx

1. 解读该超市销售数据中的数据表，对订单数据进行适当处理，设计并添加维度表。

2. 选用适当的可视化图表，设计合适的度量值，参考图8-53所示的思路进行超市销售运营分析与可视化。

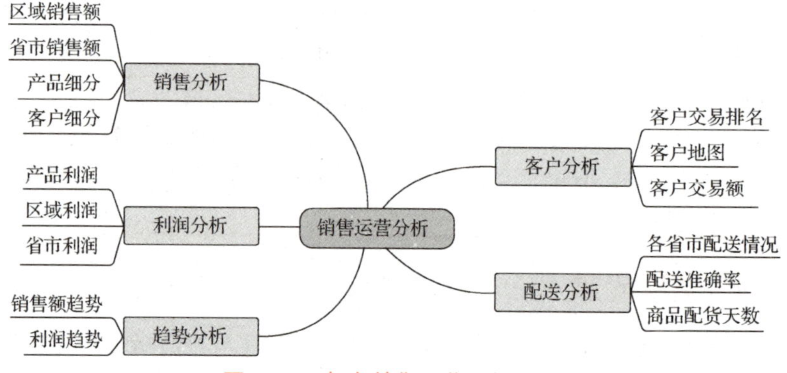

图8-53 超市销售运营分析导图